그리움을 걷는다

그리움을 걷는다

초판 1쇄 인쇄 | 2024년 11월 29일
지은이 | 윤은숙
펴낸이 | 이재욱(필명:이승훈)
펴낸곳 | 해드림출판사
주 소 | 서울 영등포구 경인로82길 3-4(문래동1가 39)
센터플러스빌딩 1004호(07371)
전 화 | 02-2612-5552
팩 스 | 02-2688-5568
E-mail | jlee5059@hanmail.net

등록번호 제2013-000076
등록일자 2008년 9월 29일

ISBN 979-11-5634-604-3

유년 시절 기억의 편린

그리움을 걷는다

윤은숙 수필집

해드림출판사

머리글

시골집이 사라진 지 오래다. 흔적도 없는 시골집을 우리 형제는 가끔 찾아간다. 좋은 기억보다 아픈 기억이 많았던 그곳을 우리는 왜 잊지 못하는 걸까.

우리는 집이 사라진 공터 위에 오래된 기억을 풀어 놓는다. 봄 내음 물씬 풍기던 쑥버무리, 한여름 밤 머리 위로 아스라이 쏟아지던 별똥별, 도리깨질에 놀라 콩꼬투리가 튀던 가을날, 비료 포대 타고 내려오던 하얀 언덕길 등 계절마다 각인된 유년의 기억들을 불러와 쓸쓸하게 웃는다.

우리는 어느새 추억을 먹고 사는 나이가 되었다. 별거 아닌 기억도 추억으로 만들며 한마음이 된다. 불현듯 두려워진다. 우리의 추억이 언제까지 선명한 빛깔로 남아 있을까.

유년에 어렴풋이 가졌던 꿈을 오십이 훨씬 넘어 이루게 되었다. 오랜 꿈과 마주할 수 있어 설레었다. 제일 먼저 무슨 얘기를 써 내려갈까 생각하다 한 치의 망설임도 없이 '추억'이었다.

유년 시절 기억들은 빛이 점점 희미해져 간다. 더 늦기 전에 기억의 편린들을 서사화하고 싶었다. 아픈 기억보다는 행복했던 시간을 붙잡으려 애썼다.

오래전 고인이 된 엄마, 아버지를 다시 만나 회한에 젖었다. 격조했던 형제들도 불러왔다. 남편과의 동행을 반추하고 아들, 딸의 성장기까지 시간을 거스르며 묘한 감정에 사로잡혔다. 친절하지 못했던 삶과 화해를 한 기분이라면 설명이 될까.

길고도 고된 여행을 한 것 같은데 의외로 평온이 깃들었다. 오십 년의 듬성듬성한 기억이지만 감사한 시간이었다.

누구나 그리움을 안고 산다. 부끄러움을 무릅쓰고 꺼내 놓은 그리움이 누군가의 그리움을 다소나마 채울 수 있다면 더 바랄 게 없다.

변함없는 사랑과 응원을 아끼지 않는 남편에게 고마움을 전하고 사랑스러운 아들, 딸, 사위와 출판의 기쁨을 함께하고 싶다. 이번에 불러오지 못한 여고 친구 '이쁜 사오정'에게 양해를 구한다.

이제는 새로운 시간 속에 새로운 마음을 담으려 한다.

2024년 가을

윤은숙

차례

머리글 4
윤은숙 수필론 | 신상성 294

1부 그리움을 더하다

이제는 가야겠다 12
엄마의 다시, 홀로서기 17
다시, 까치가 울면 22
겨자씨만 한 희망 27
아버지와 보신탕 32
엄마의 천국 37
아버지의 우물 43
상수리 묵 48
호미질 53
엄마 냄새, 쭉갈이빵 58

2부 또 다른 그리움

4분의 3 65

벌레와의 한판승 71

오빠의 검은 실타래 76

혼자가 된다는 건 82

외발 수레 1 87

외발 수레 2 92

끈 97

두려움에 대하여 102

큰언니 1 108

큰언니 2 113

항아리 탈출기 118

감자 한 알 123

8월의 복숭아 128

3부 행복한 동행

새로운 삶 136

김치만두 141

어찌해야 할까 146

행복한 동행 151

기분 좋은 날 156

내가 꿈꾸는 문학 161

경찰차 타 본 여자 166

따뜻한 위로 172

남편이 사라졌다 178

느림의 미학, 삶의 여유를 183

꽃망울 오물거리며 봄이 온다 188

4부 알알이 여물다

칭찬이 필요해 195

아들의 홀로서기 200

진짜 사나이 205

시간에 대하여 210

기다림을 배우다 215

딸아이는 유럽 여행 중 220

학예회 225

짚 동가리 아지트 230

MZ식 효도 235

5부 일상이 물들다

부끄러운 스승 242

준비 없는 이별 247

오호통재라! 252

남의 말하기와 흉보기 257

어둠은 쉬어 가라는 손짓이다 262

철이 들어야 할까 267

말이 고파 272

굽은 소나무 277

갈등 282

벗님네야 288

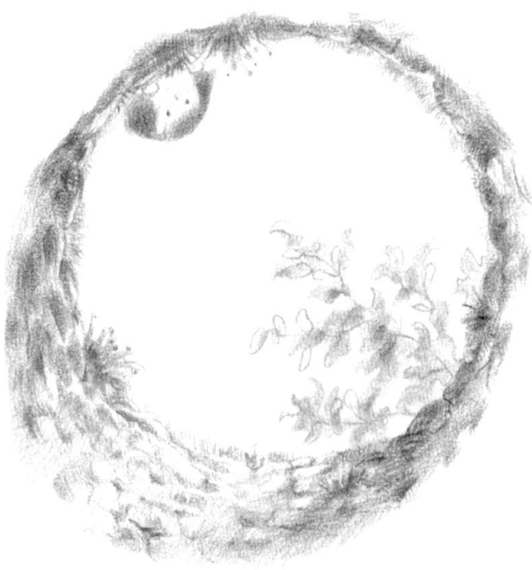

1부

그리움을 더하다

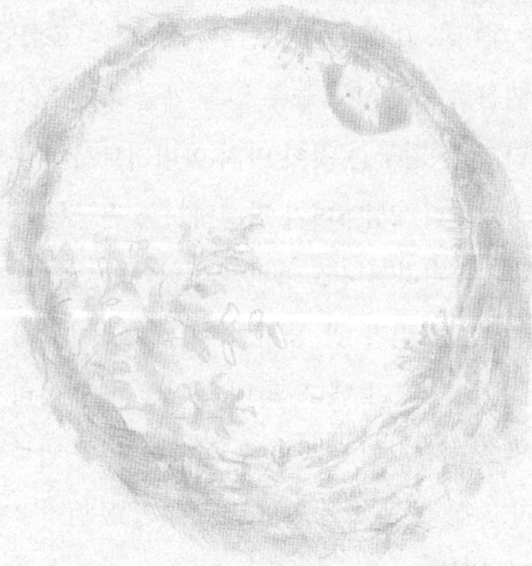

이제는 가야겠다

상엿소리가 산자락에 울려 퍼졌다. 깊게 파놓은 구덩이로 아버지 관이 천천히 들어갔다. 마지막 울음을 쏟아 냈다.

'달궁 달궁' 봉분을 다지는 상여꾼들의 분주한 발놀림과 구성진 목 울림이 아버지와 우리 사이의 분리를 확연하게 했다.

아버지는 대대로 내려오는 가난한 농부의 아들이었다. 칠십 평생 흙과 씨름하며 한시도 농촌 일을 게을리하지 않았다. 온종일 땀 흘리며 땅을 일구는 것이 마치 아버지로서 의무와 책임을 다하는 거라 여겼다. 2남 5녀가 장성하도록 근근한 삶을 벗어나지 못하면서도 슬퍼하거나 노여워하지 않았다.

아버지의 굽은 허리가 활 등처럼 휘어지고 마침내 아버지는 농사일에서 손을 놓아야 했다. 막내딸 결혼식 날 아버진 신부인 내 부축을 받으며 간신히 입장할 수 있었다. 일곱 남매의 북적거림은 사라지고 산 중턱 오두막엔 노부부의 두런거림만이 아스라이 새어 나왔다.

몇 달 후, 부른 배를 뒤뚱이며 산비탈을 오르자 게딱지만큼 작아져 보이는 오두막에서 아버지가 느릿느릿 걸어 나왔다. 구부정한 허리를 받치고 무표정하게 나를 바라봤다. 열두 번째 외손주를 안고 산후조리차 갔을 때도 아버진 무심히 방문을 열어주었고 가끔 아이를 어르며 멋쩍게 웃으셨다.

그런 아버지가 서서히 우리 곁을 떠날 채비를 했다. 겨울이 시작될 무렵이었다. 반도 비우지 않은 밥사발 옆에 숟가락을 내려놓았다. 군불 지피는 일조차 엄마 차지가 되었다.

어릴 적 시골집은 아궁이에 불을 지펴 밥을 하고 국을 끓였다. 초가을부터 늦은 봄이 될 때까지 가마솥은 늘 따끈한 물을 한가득 품고 있었다. 새벽어둠을 가르며 아버지의 밭은기침 소리와 나무 타는 소리가 후드득후드득 나면 방바닥에 냉기가 걷히며 온기가 등으로 배어들었다.

어느 날, 아버지는 나와 엄마를 보며 우셨다. 그로부터 아버지가 변하기 시작했다.

"누군가 날 잡으러 와"

아버지는 불안한 눈으로 주변을 두리번거렸다.

날이 갈수록 증세는 심해졌다. 하는 수 없이 시내 병원에 모시기로 했다. 평생 병원 한 번 모르고 살아온 아버지였다. 가족들 성화에도 고집을 부리자 넷째 형부가 강제로 아버지를 업었다. 아버진 고목 나무에 붙은 매미 같았다. 아버진 손때 묻은 낡은 집을 돌아보고 또 돌아봤다.

매캐한 병원 냄새는 멀쩡한 사람도 환자로 만들 것 같았다. 아버진 단순 노인성 질환이었다. 입원이 별 도움이 안 된다고 했지만 애원하다시피 병실을 얻어냈다. 병실은 2층 끝으로 세 개의 침대가 나란히 놓여있었다. 아버지는 창가 침대에 누웠다.

아버지의 불안감은 날로 커져만 갔다. 아버진 마치 병원을 감옥처럼 의식하는 듯했다. 링거줄을 뽑아버리고 창문으로 돌진해 탈출하려고 했다. 피투성이가 된 침대 시트를 보자 아버지는 더 흥분했다. 느닷없이 맞은편 환자에게 달려들었다.

"죄 없는 나를 왜 가두어 놓느냐 이놈들아"

병원을 벗어나려는 아버지의 처절한 몸부림은 계속되었다. 안전을 위해 간호사가 손과 발을 침대에 묶었다. 불안이 고조된 아버진 더 격렬하게 시위했다.

아버지 소원대로 병원을 벗어났다. 시골집은 춥기도 하고 엄마 혼자 감당할 수 없을 것 같아 내 집으로 모셨다.

다음날, 엄마와 난 용하다는 침술원을 수소문했다. 그는 장님이었다. 검은 선글라스 너머로 언뜻 보이는 실팍한 눈가의 잔주름과 포마드 기름을 발라 가지런히 빗어 넘긴 머리와 작달막한 키에 적당히 불룩한 배, 나는 그의 모습 하나하나에도 매달리고 싶은 간절함이 들끓었다. 침술사는 섬망 증세라며 별거 아니라고 허허로이 웃었다.

엄마와 난 일말의 희망을 안고 후미진 골목길을 내 집처럼 드나들었다. 날마다 무수한 바늘을 얼굴과 머리에 꽂아대도 아버지의 불안은 가시지 않았다. 밤이 되면 방 가운데에 무릎을 곧추 세우고 버텼다. 방마다 불을 환하게 밝히고 보이지 않는 존재와 끈질기게 싸웠다. 그 순간 아버지 눈빛은 섬뜩하리만치 푸른 빛이 감돌았다. 밤을 꼬박 새운 아버진 낮이 되면 밤새 더 굽은 육신을 끌어안고 잠의 노예가 되었다.

그로부터 며칠 후, 금혼식 날이었다. 부부가 50년을 해로한다는 건 대단한 축복이 아닐 수 없다. 몇 해 전부터 계획한 사모관대의 꿈은 물거품이 되었지만 조촐한 생일상 앞에 가족들이 둘러앉았다. 오랜만에 아버지가 환하게 웃었다. 희망이 다시 꿈틀거렸다. 가족들이 돌아가고 밤이 되자, 아버지는 다시 외로운 싸움을 이어갔다.

일흔다섯 번째 생신을 보낸 지 열흘이 지났다. 자정 무렵 아버지가 나와 동생을 찾았다.

"내가 갖은 애를 다 써봤는데 안 되는구나. 이제는 가야겠다. 마음 굳게 먹고 있어"

아버지는 묘한 웃음을 흘리듯 웃고는 덧붙였다.

"네 엄마에게 잘 해드려라"

우리가 들은 아버지의 마지막 음성이었다.

그로부터 하루가 채 되지 않아 아버지는 정신을 놓았다. 목에서 숨이 그렁그렁하며 몹시 괴로운 기색이었다. 팔순의 큰아버지가 두 손으로 아버지의 깡마른 손을 움켜잡고 '그만 신고하고 가시게'라며 주먹 같은 눈물을 뚝뚝 흘렸다.

굽었던 허리가 거짓말처럼 펴지고 아버지는 이내 고요한 눈빛이 되어 천장만 바라봤다. 친지들이 하나둘 모이고 서울서 둘째 언니가 도착하자 아버지는 가늘고 여린 마지막 숨을 몰아쉬었다. 4개월을 버티던 아버지는 삭은 밥처럼 주저앉았다.

이젠 가야겠다고 말한 아버지가 진짜로 가셨다. 아버지는 마지막 순간을 선택할 수 있었던 것일까. 생의 욕구를 내려놓는 순간 내 삶이 비로소 끝나는 것임을 알았던 것일까.

방 안 가득 곡성이 울려 퍼지고 나는 처음 죽음과 직면했다. 차디찬 아버지 육신과 핏기 가신 창백한 얼굴을 어루만졌다. 두려움 따윈 일지 않았다.

다음 날 새벽, 큰 형부가 염습을 시작했다. 아버진 자식에게 다 내어주고 앙상한 뼈마디와 가죽뿐이었다. 가슴을 짓누르는 자책을 어루만졌다. 나는 아버지의 마지막 모습을 눈과 마음속 깊이 담았다.

봉분제를 마친 가족들은 서둘러 산에서 내려갔다. 나는 좀처럼 발이 떨어지지 않았다. 방금 새 옷을 갈아입은 봉분은 아버지 성품만큼이나 깨끗하고 고왔다. 푸른 봉분이 아버지에게 속삭이는 듯했다. 이제 편히 쉬라고 토닥이는 것 같았다.

엄마의 다시, 홀로서기

소리 없이 내리는 가랑비와 회색빛 어둠이 창가에 바짝 기대어 낮인지 밤인지 시계를 보지 않으면 가늠하기 어렵다. 소파에서 곤한 잠에 붙잡혀 가늘게 코를 고는 엄마에겐 더욱 그렇다.

요즘 나는 때아닌 호강을 하고 있다. 이 나이에 엄마를 혼자 차지할 수 있으니 얼마나 더 큰 호강이랴. 7남매 중 둘째 딸을 오래전 먼저 보내고 6남매가 남았지만, 팔십 오세 노모를 혼자 살게 하였다. 가물에 콩 나듯 전화로 안부를 묻고 이따금 얼굴을 디밀고 용돈 몇 푼 내밀며 마치 자식의 도리를 다하는 양 일말의 죄책감을 느끼지 않았다. 엄마니까 당연히 이해할 거라 여겼다.

엄마는 두 달 전부터 입맛이 없어 끼니를 챙기는 둥 마는 둥 했다. 게다가 잠도 오지 않아 내심 큰 병이 났나 싶었지만, 자식들 걱정할까 봐 혼자 끙끙 앓았다. 말하지 않으니 무심한 자식들 누구 하나 알지 못했다. 급기야 몸을 가눌 수 없는 상태가 되어 연락이 왔다.

노인성 우울증이었다. 아버지가 돌아가시고 엄마는 혼자서 잘 지냈다. 나이를 망각할 만큼 활동적이고 적극적이었다. 70대의 엄마는 어린이집으로 동화구연 순회공연을 다니실 만큼 정정함을 과시했다. 사물놀이, 합창단, 노인 부회장 등으로 활동하며 어디서나 분위기를 압도했다. 80대의 엄마도 여전했다.

노인대학에 다니며 일본어와 노래를 배우고 노인정에서 십 원짜리 화투를 치며 보냈다. 혼자서 잘 지내는 엄마를 보며 자식들은 안도했고 엄마를 팔십 대 노인으로 여기지 않았다. 처음으로 외롭다는 말을 입 밖으로 흘렸지만, 자식들은 저마다 살기 바쁘다는 이유로 엄마의 외로움을 모르는 체하고 살아온 것이다.

십오 년 세월을 홀로서기 했던 엄마였다. 그런 엄마가 시들어가는 꽃처럼 탈진 상태로 쓰러졌다. 엄마가 병이 나신 건 외로움 때문이기도 하고 돈 때문이기도 했다.

엄마가 살던 빌라를 처분하고 우리가 신혼 때 살았던 지금의 아파트로 이사 한 후, 관리비는 3배가 되었다. 자식들이 어쩌다 주는 용돈 몇 푼으로는 감당이 되지 않았다. 그렇다고 대놓고 손 벌릴 엄마도 못되었다. 자식에게 해준 게 없어 큰 소리 한 번 못 친다는 엄마였다.

엄마가 난생처음 입원을 하자 자식들은 정신이 번쩍 들었다. 딸 셋이 한꺼번에 달려와 서로 병상을 지키겠다며 유난을 떨었고, 막내아들은 빳빳한 만 원권 다발을 내놓고 어리광 섞어 말했다.

"엄마, 돈 때문에 병나셨어요? 말씀하시지."

입맛을 잃은 엄마는 수액으로 버티었다.

기운을 어느 정도 차린 엄마는 우리 집으로 왔다. 미국 간 큰 아들 몫을 대신하는 막내딸이 그래도 편한 모양이었다. 어쩌면 장모님 오셨다고 그날로 소꼬리를 통째로 사 들고 온 사위의 정성일지도 모른다. 내 집으로 모시자고 한 것도 사위였다.

다 큰 손주들의 재롱은 없어도 농익은 사위 사랑과 딸의 편안함으로 엄마는 금방 적응하는 듯했다. 꾸준히 신경외과 상담 치료도 받고 약 덕분인지 식사도 곧잘 하시고 잠자기도 편해졌다. 우울감과 불안감으로 그늘졌던 얼굴이 점점 밝아졌다.

어른을 모신다는 건 생각보다 어려움이 많았다. 익숙한 생활방식이 무너지기 시작했다. 아이들이 자라 더는 뒷바라지를 모르고 살던 나였다. 사소한 것 하나부터 신경 쓰고 맞추다 보니 때아닌 시집살이를 만난 듯 피로감이 쌓였다. 피로감은 곧 짜증을 불렀다.

아침을 먹고 엄마와 함께 욕실로 갔다. 머리를 감기고 몸을 씻길 동안 엄마는 양손으로 세면대를 잡고 버티고 있었다. 문득 엄마가 스스로 서 있을 수 있어 다행이라는 생각이 들었다. 무엇보다 자식도 못 알아보는 치매가 아니라서 얼마나 감사한 일인지 깨달았다.

생각을 바꾸었더니 마음이 편해졌다. 편한 마음은 긍정의 힘을 지녔다. 내가 언제 또 엄마와 이렇게 긴 시간을 함께 있을 날이 있겠는가.

날이 개었다. 봄 햇살이 밖으로 나오라고 손짓했다. 누워있는 엄마를 부추겼다. 손을 잡고 공원을 거닐었다. 햇살이 한 아름 안겨 와 나를 토닥이고 야윈 엄마를 어루만졌다. 세상에 가득한 봄 향기처럼 엄마 마음속에도 봄기운이 돌았으면 좋겠다고 생각했다.

나무 의자에 나란히 앉았다. 시소와 그네를 타며 노는 꼬마들의 해맑은 웃음소리가 놀이터를 수놓았다. 팔십 대 엄마와 사십 대 딸은 아이들에게 시선을 고정했다. '나도 저런 시절이 있었지' 모녀의 눈빛이 아련했다.

엄마는 점점 생기를 찾았다. 입맛이 돌아와 예전처럼 뭐든 잘 드시고 무엇보다 잠을 잘 주무셨다. 사위 불편해서 어쩌냐 손주들 미안해서 어쩌냐 했지만, 엄마는 내심 내 집에 오길 고대하셨을지 모를 일이다.

어느 날인가, 소파에 나란히 앉아 텔레비전을 보는데 엄마가 내 손을 잡으며 말했다.

"네가 내 엄마 같구나"

엄마도 나도 표현이 서툴렀다. 사는 게 어려워서인지 엄마는 자식들에게 품을 열어놓지도 사랑을 표현하지도 않았다. 그렇게 자란 나도 마음은 있어도 대놓고 드러내거나 말로 사랑을 운운하는 게 낯부끄러웠다. 도무지 입이 떨어지지 않는 것이었다. 나는 묵묵히 엄마의 엄마가 되어 옆을 지켰다.

두 달 만에 엄마는 집으로 가시겠다고 했다. 다시 홀로서기를 해보겠다며 용기를 내신 것이다. 이른 점심을 드리고 짐을 챙겨 집을 나서는데 자꾸만 콧등이 시큰해졌다. 끝내 잡지 않은 건 얄팍한 내 이기심이었으리라.

그동안 흔적을 되새기듯 엄마는 구석구석 시선을 보내며 붉어진 눈시울을 문질렀다.

"언제든 다시 오세요. 내일이라도 힘드시면 다시 오세요"

사위가 문밖까지 따라 나오며 안심시켰다.

한동안 비어 있던 엄마 집은 꿉꿉했다. 환기를 시키고 냉장고를 청소하고 빨래를 하는 동안 엄마는 좁은 집을 왔다 갔다 했다. 엄마는 집에 다시 돌아온 것이 기쁜 듯하면서 막막하기도 한 것처럼 보였다.

집을 나서며 일부러 목소리를 높여 씩씩하게 인사를 했다.

"엄마, 자주 올게"

손을 흔드는 엄마도 애써 웃음을 지어 보였다.

1인 가구가 늘어나는 추세이다. 자의든 타의든 때로는 홀로서기가 필요하다. 혼자의 삶을 받아들이고 적응하고 익숙해지는 시간은 얼마나 걸릴까. 혼자 된 노인이 외로움과 싸우며 견뎌야 하는 시간은 또 얼마나 길까.

어쩌면 내가 엄마 등을 떠민 것일지도 모르겠다. 엄마의 다시, 홀로서기를 강요한 이기적인 딸이 아닐까.

다시, 까치가 울면

거리는 가을빛이 뒹굴고 있다. 소슬한 바람이 가로수 사이로 숨바꼭질한다. 가을빛에 취한 느티나무 위에서 까치가 울어댄다. 걸음을 멈추고 나무 위를 올려다본다. 어미 까치와 새끼 까치가 다정하게 노래를 주고받는다. 인기척을 느끼자 하얀 배를 드러내며 허공으로 날아올랐다.

까치가 우는 날은 반드시 손님이 왔다. 시골 외딴집에 살던 어린 시절 손님이 오는 것만큼 좋은 일은 없었다. 마른 잎을 내려놓고 가지만 앙상한 상수리나무 위에서 까치집은 늘 위태로워 보였다. 하필 맨 꼭대기에 둥지를 틀어 내 애를 태웠다. 성난 바람이 상수리나무를 송두리째 흔들면 까치집은 나뭇가지와 한 몸이 되어 이리저리 출렁이며 안간힘을 썼다. 해거름이 되어 제풀에 지친 바람이 돌아가고, 까치 가족은 옹기종기 둘러앉아 소박한 저녁을 오물거렸다.

이른 아침부터 까치가 울었다. 엄마 까치가 알을 낳았을까. 둥지를 둘러싸고 서너 마리가 목청을 높였다. '깍깍 깍깍' 청량한 노랫소리가 산자락에 울려 퍼졌다. '오늘은 누가 오려나' 나는 괜스레 조바심이 생겨 나무 사이로 신작로를 기웃거렸다.

봄이 한창 피어나고 있었다. 뜰 안에 화초들은 수줍게 고개 내밀고 들녘엔 참쑥과 씀바귀가 앞을 다투어 올라왔다. 쑥 한 바구니 캐놓으면 엄마가 쑥개떡을 해주리라. 바구니가 그득해질수록 손끝에 푸른 쑥 향이 물들었다.

점심이 한참 지나 큰언니가 모습을 드러냈다. 아기를 등에 업고 한 손은 머리 위 보따리를, 다른 손은 가방을 들고 언덕길을 올라왔다. 텃밭에 있던 엄마가 얼른 달려가 손녀를 받아 안았다. 큰언니는 깡마른 몸을 마루에 걸치고 숨을 골랐다.

밭에서 돌아온 아버지가 사돈 어르신과 사위 안부로 반가움을 대신했다. 큰언니는 가방에서 꺼낸 새마을 담배 한 보루를 아버지께 디밀고 닭 한 마리와 고등어 한 손을 엄마께 내밀었다. 나와 동생은 양말 한 켤레씩을 받아 들고 새 양말에서 나는 석유 냄새를 킁킁거렸다. 노란 보따리를 펼치자 아직 온기가 남아 있는 인절미가 뽀얀 자태를 드러냈다. 엄마가 하나를 집어 내 입에 넣었다. 고소한 콩가루 향이 입안 가득 퍼졌다.

큰언니와 나는 스물한 살 차이다. 내가 돌이 되던 해 엄마 등에 매달려 형부 자리를 선보러 갔을 만큼 엄마뻘이 되고도 남았다. 바지런한 큰언니는 농사일도 잘하고 홀 시아버님을 극진히 모셨다. 다만 손자를 낳지 못해 고된 시집살이를 하는 모양이었다. 첫 손녀는 헛기침 몇 번으로 넘어갔으나 내리 셋을 낳자, 사돈어른은 한동안 손녀를 보지 않았다고 한다.

큰언니는 일 년에 두어 번 친정을 다녀갔는데 환하게 웃고 와서 밤새 훌쩍거리다 쓸쓸히 돌아가곤 했다. 큰언니가 돌아가고 한동안 까치는 울지 않았다.

이듬해 봄, 다시 까치가 울고 얼마 지나지 않아 셋째 언니가 왔다. 얼굴이 까칠한 셋째 언니는 엄마 열무김치가 먹고 싶다고 했다. 미처 자라지 않은 열무를 솎아 절이고 절구에 붉은 고추와 마늘을 콩콩 찧어 엄마는 김치 한 보시기를 뚝딱 담아냈다.

셋째 언니는 갓 지은 밥을 양푼에 푸고 새 열무김치, 고추장, 참기름 한 방울을 떨어트려 쓱쓱 비볐다. 옆에 있던 나는 침을 꼴깍 삼켰다. 양푼이 바닥을 드러낼 때까지 단숨에 비빔밥을 먹은 셋째 언니는 그해 겨울 예쁜 조카를 낳았다.

어느 겨울날이었다. 어스름이 내려앉기 시작할 무렵 까치가 울어댔다. 저녁 까치가 우는 날은 드문 일이었다. 무겁고 구슬픈 울음소리가 정적을 깨웠다. 손님이 왔다. 그 손님은 아버지 눈에만 보였다.

"저눔이 날 잡으러 왔어. 가 이눔아, 가라고"

아버지의 동공이 불안하게 흔들렸다. 허공에 대고 혼잣말을 중얼거렸다. 창문을 노려보며 호통치고 때로는 사정하고 헛웃음을 웃었다.

"내가 뭘 잘못했냐 이눔아"

매일 밤 아버지의 대치는 계속되었다. 그럴 때마다 눈에선 섬뜩한 푸른빛이 감돌았다. 그리고 낮이 되면 어김없이 침묵했다.

밥그릇이 비워지지 않은 채 밥상을 물리는 날이 늘어갔다. 아버지는 좀처럼 밥을 남기는 법이 없었다. 마지막 밥 한술에 물을 부어 비우는 버릇이 있었다. 마치 스님의 발우공양처럼 경건했다. 밥사발에 꾸덕꾸덕 마른 밥알처럼 아버지는 야위어갔다.

보이지 않는 존재와 힘겨루기를 한 지 3개월이 지났다. 아버진 지친 기색이 역력했다. 눈은 동굴처럼 푹 꺼지고 광대뼈가 도드라졌다. 방구들을 지고 숨을 쉴 때마다 어깨가 가늘게 달싹였다.

자정 무렵, 아버지가 찾는다며 엄마가 나와 동생을 다급하게 불렀다.

"내가 버텨보려고 했는데, 안 되는구나. 이제 가야겠다. 네 엄마한테, 잘 해드려라"

아버지는 띄엄띄엄 말을 잇더니 입가에 쓸쓸한 미소를 지었다.

다음 날, 희미한 의식을 붙잡고 있던 아버진 가늘고 여린 마지막 숨을 몰아쉬었다.

겨울이 끝나가고 봄이 기지개를 켜기 시작했다. 상수리나무는 물이 오르고 새순이 돋느라 간지러운 듯 몸을 꼬아댔다. 까치는 새집을 짓거나 헌 집을 보수하느라 분주했다. 따사로운 햇살이 연록의 잎사귀에서 반짝였다.

출근길 도심에서 울어대는 까치 울음소리에도 나는 이유 없이 가슴이 설렌다. 유쾌한 기분으로 강의실 정리를 마치고 차 한 잔의 여유를 누린다. 문밖에 인기척이 나더니 낯익은 무리가 유리문을 밀치고 들어왔다.

“어머 이게 누구야, 오랜만이다”

동생 친구들이다. 스무 집도 안 되는 시골 마을에서 같이 고무줄놀이하고 숨바꼭질하던 동무들이다. 동생과 넷이 마주 앉아 빛바랜 추억을 끄집어낸다. 삼십여 년의 세월은 많은 것을 바꿔 놓았지만, 흐른 시간이 무색할 만큼 저마다 기억들은 생생하다.

까치는 나에게 희망을 준다. 난 누군가에게 희망을 주는 존재인지 돌아보게 된다. 사는 게 퍽퍽할 땐 사소한 것 하나에도 의지하게 된다. 현실과 괴리가 있을지라도 그럴 수 있을 거라고 희망을 주입하며 위안을 찾으려 한다. 그럴 때마다 까치는 매개체처럼 나타나 나를 이끌었다.

퇴근길은 바둑이 꼬랑지만큼 가을 향이 더 짙어져 있다. 텅 빈 가로수 길을 홀로 걷노라니 안개 같은 그리움이 등줄기에 매달린다. 까치가 떠난 느티나무는 가로등 불빛에 기대어 까무룩 졸고 있다.

다시, 까치가 울면 꿈결에라도 아버지가 텅 빈 가로수 길을 걸어 와주지 않을까.

겨자씨만 한 희망

팔십 육 세의 친정엄마는 2주째 실낱같은 삶의 끈을 붙잡고 힘겨운 싸움을 하고 있다. 산소 수치가 부족해 산소를 공급하면 이산화탄소를 배출하지 못해 이산화탄소 중독으로 코마 상태가 되었다. 인공호흡기를 부착하고서야 의식이 돌아왔다.

"난 어째 죽는다는 생각이 안 들어"

한 번도 당신이 죽으리란 상상을 하지 않던 엄마였다. 팝 십여 년 만에 오롯이 병원 신세를 지고 있는 지금은 죽음을 떠올릴까.

'하지'에 쓰러진 엄마는 한 달이 되도록 가족들의 애를 태웠다. 물 한 모금 못 넘기는 엄마 곁을 지키며 며칠씩 밤을 새우고 고단한 몸과 마음으로 직장을 다니느라 하루하루가 힘에 겨웠다. 중환자실을 전전하며 의식이 오락가락할 때는 나는 차마 자식으로서 가질 수 없는 마음이 고개를 들었다. 엄마가 고통에서 벗어나길 바라는 마음이었지만 내 고통을 내려놓고 싶은 마음이 더 컸을 것이다.

몇 해 전 엄마가 노인성 우울증으로 힘들 때 친구 소개로 교회에 나가게 되었다. 엄마는 마지 못해 따라 다녔고 설교에 감화되지 않았다. 강요한다고 믿음이 생기는 건 아니었다. 잠깐의 인연으로 안수 집사님께 임종 예배를 부탁했다. 임종 예배를 마친 엄마는 다시 기운을 차리고 사투를 계속하고 있다.

내가 엄마의 보호자가 된 건 고등학교를 갓 졸업하고 직장인이 되었을 때다. 도보로 10여 분 거리의 중학교 행정실에 다니면서 몇 푼 안 되는 월급을 통째로 생활비로 내놓았다. 마흔둘의 늦은 나이에 나를 낳은 엄마는 환갑이 지났고 8년 연상인 아버지는 칠순 노인이었다. 내 땅 한 마지기 없이 산을 일구어 만든 밭으로 칠 남매를 먹이고 입혔으나 지금은 밭마다 잡풀만 무성했다.

언니 오빠들이 차례대로 떠나고 두 노인과 함께 사는 동안 막내딸인 나는 쌀을 대고 전기세와 전화비를 냈다. 월급날은 손수 고기반찬을 만들어 상에 올리며 어렴풋이 행복을 느꼈다.

5년 후 나는 결혼을 했다. 빈손으로 시작한 결혼 생활은 녹록지 않았으나 이해심 많은 남편을 만나 틈틈이 친정집을 돌볼 수 있었다.

결혼한 지 3년 만에 친정아버지가 노환으로 세상을 떠났다. 홀로 남은 엄마는 내 차지였다. 빚을 내어 가까운 곳에 작은 빌라를 마련해 드렸다. 그렇게 30년 가까이 보호자로 살아오면서 경제적으로 힘은 들어도 마음은 기쁘고 좋았다.

엄마의 모성애에 의구심을 갖은 건 내가 엄마가 된 후였다. 자식이 우선이고 자식을 위해 못 할 것이 없는 희생적인 모성은 아니었다. 당신이 우선이고 자식에게 마냥 희생적이지 않았다. 그렇다고 대놓고 자식에게 기대는 염치없는 사람도 아니었다.

젊은 엄마도 그랬는지는 알 수 없는 일이었다. 어쩌면 늙어갈수록 기운이 빠지고 능력이 따라주지 않으니 어쩔 수 없이 변한 것이라 믿고 싶었다.

엄마는 체면 주의자였다. 언제 어디서든 체면을 깎는 행동은 하지 않았다. 좋게 말하면 교양이 있었고 나쁘게 말하면 가진 건 쥐뿔도 없으면서 체면만 중요시했다.

그런 엄마의 기를 살려 드리려고 갖은 뒤치다꺼리를 한 건 나였다. 일주일이 멀다 하고 엄마가 다니는 노인대학에 간식을 사 나르고 생일날은 떡을 하고 고깃국을 끓여 냈다. 어려서 기를 못 펴고 산 나의 한풀이인지도 몰랐다. 그로 인해 엄마는 더 그런 사람이 되었다.

엄마의 약해진 몸속에서 나쁜 세균들이 힘을 키우기 시작했다. 온몸을 휘젓고 다니던 균들은 똘똘 뭉쳐 심장에 자리를 잡았다. 상태는 점점 나빠져 중환자실을 벗어나지 못했다. 독한 약 때문인지 엄마는 희미해진 정신 줄을 겨우 잡고 버티었다.

신경내과 의사는 뚱뚱한 체구에 편안한 인상만큼 자상했다. 팔십 대 노인의 병을 절망으로 치부하지 않고 혼신을 바쳐 치료했다. 좋은 의사를 만난 건 엄마의 인복 같았다. 집 근처 병원은 규모는 작으나 중환자실도 있고 수시로 면회할 수 있는 장점이 있었다.

출근길에 병원에 들르는 건 일과였다. 중환자실 문을 두드렸다. 간호사가 웃으며 문을 열어주었다. 나를 보자 엄마는 핏기가신 얼굴에 엷은 미소를 지었다. 젖은 수건으로 얼굴과 목과 손을 차례대로 닦아주었다. 손등에 검퍼런 멍 자국이 엄마의 고통을 말해주었다.

늦은 점심을 대충 먹고 사무실 창가에 서 있었다. 주차장 가장자리에 굳건히 서 있는 오래된 느티나무가 보였다. 아름드리 느티나무는 봄 햇살을 받아 싱그러웠다. 푸른 잎을 가득 피우고 보란 듯이 웃고 있었다. 엄마도 푸르게 다시 피어날 수 있을까.

퇴근 후 만난 엄마는 오랜만에 상태가 좋아 보였다. 침상에서 상체를 일으켜 한동안 앉아 있었다. 의사는 세균 덩어리가 좀처럼 줄어들지 않지만 좀 더 지켜보자고 했다. 내려놓았던 희망을 조심스레 움켜쥐었다.

물 없이 하는 샴푸로 머리를 감겼다. 푹 꺼져있던 반곱슬머리가 살아나 자연스러운 볼륨을 만들었다. 엄마의 기력도 다시 부풀어 오를 수 있을까.

다음날 엄마는 다시 정신을 놓았다. 낙엽을 떨구는 느티나무 같았다.

오랜 시간 병에 시달린 엄마는 섬망 증세를 보였다. 내 팔을 붙잡고 놔주지 않았다. 하얀 옷을 입은 사람들이 자신을 묶어 놓고 구박했다며 어린아이처럼 이르고, 통통한 간호사를 지목하며 저 여자가 나를 꼬집고 때린 여자라고 했다. 비몽사몽 중에 낙하 방지를 위해 침대에 손과 발을 묶고, 주사를 놓느라 팔을 톡톡 쳤기 때문이리라.

벌써 18년이 되었다. 아버지도 돌아가시기 전 섬망 증세로 힘들어하셨다. 누군가 잡으러 온다면 두려움을 호소했다. 밤새 불을 밝히고 창문을 응시하며 보이지 않는 존재와 싸웠다. 혼자서 견뎌야 했던 혼돈의 시간은 4개월 만에 끝이 났다.

엄마는 견뎌낼 수 있을까. 나는 불안한 마음으로 엄마 손을 잡았다.

"엄마, 얼른 기운 차리고 우리 집으로 가자"

엄마가 눈을 깜빡였다. 엄마 손에서 전해지는 온기가 두려움으로 반들거리는 내 마음을 어루만졌다.

집으로 돌아오는 길에 공원 의자에 앉았다. 밤하늘은 검은 물감을 풀어 놓은 듯 별 하나 보이지 않는다. 나도 모르게 한숨이 새어 나왔다. 엄마가 병마를 이겨내고 다시 활력을 찾을 수 있을까. 좋아하는 노인대학에 나갈 수 있을까. 겨자씨만 한 희망이라도 붙잡아 본다.

희생적이지 않아도 좋고 체면 주의자여도 좋으니 조금만 더 내 곁에 머물 수 있게 해달라고 하늘에 매달린다. 시커먼 어둠 속에서 분홍빛 반달이 모습을 드러냈다.

아버지와 보신탕

출근길 때아닌 가랑비가 추적이고 있다. 습기 머금은 가로수가 우두커니 서 있다. 비릿한 비 냄새와 후드득거리는 빗소리가 내 발길을 따라온다. 어디선가 두런거리는 인기척이 들리더니 깡마르고 구부정한 노인과 중년의 남자가 주변을 두리번거리며 걸어왔다.

"길 좀 물어볼게유"

중년 남자가 내 앞으로 다가와 주춤거렸다. 90도로 허리가 굽은 노인도 느릿느릿 따라왔다. 보신탕집을 찾는다고 했다. 중년 남자는 여기 어디인 것 같은데 변화한 거리가 낯설다는 듯 고개를 갸우뚱거렸다.

"저기 갈림길 보이시죠. 거기서 좌측으로 50미터쯤 가면 길가에 있어요. 찾으시는 집이 맞는지 모르겠네요"

둘은 반색을 하며 고개를 주억거렸다.

기력이 쇠한 아버지께 보양식 한 그릇 사 드릴 요량인 아들이 분명했다. 그 모습이 어찌나 따스해 보이는지 코끝이 시큰했다. 게다가 구수한 고향 사투리가 반가웠다.

중년의 아들은 천천히 발자국을 남기며 뒤따르는 아버지를 살폈다. 빈 껍데기 같은 몸이 아슬아슬 흔들리며 아들 뒤를 좇았다. 나는 두 사람의 뒷모습을 흐뭇하게 지켜보다 순간 눈시울이 붉어졌다.

친정아버지가 병원 신세를 지던 시절 나는 겨우 새댁 티를 벗고 두 살배기 아들을 키울 때였다. 남편 역시 시골 농가에서 태어나 홀어머니의 4남매 중 맏아들로, 나와 형편이 별반 다르지 않았다. 외모 또한 눈에 띄는 사람은 아니었으나 성실함이 몸에 밴 사람이었다. 적은 종잣돈으로 시작한 자영업은 남편이 바지런히 발품을 놓아 단골이 늘어갔지만, 하루아침에 그럴싸한 결실을 가져오는 건 아니었다.

어느 겨울, 친정을 찾은 나는 엄마와 나를 번갈아 보며 말없이 눈물 흘리는 아버지를 마주하고 적잖이 당황했다. 그게 시작이었다. 보이지 않는 병마는 소리 없이 찾아와 서서히 아버지를 옥죄었다.

"누군가 날 잡으러 와"

병마는 누에가 뽕잎을 갉아 먹듯 아버지를 야금야금 먹어 삼켰다. 아버지 밥그릇엔 꾸덕꾸덕 마른 밥알들이 늘어갔다. 매일 뜬눈으로 밤을 새우며 나날이 야위어갔다.

아버지는 칠십 평생 병원이란 곳을 가본 적이 없었다. 십여 년 전 남의 집 품삯 일로 풀을 베다 독사에게 물렸을 때도 찾지 않은 병원이었다. 아버지는 병원을 마치 돈 잡아먹는 귀신쯤으로 여겼다.

반강제로 형부가 아버지를 업었다. 검불 같은 몸이 고목 나무의 매미처럼 매달렸다. 아버지는 낡고 초라한 오두막에서 그렁그렁한 시선을 떼지 못했다.

아버지는 노환이었다. 입원은 무의미하다고 했다. 나는 의사의 옷소매에 매달려 가까스로 병실을 얻어냈다. 매캐한 병원 냄새가 아버지 몸속으로 파고들었다. 병실은 도리어 아버지의 불안감을 부추겼다. 아버지는 마치 병실을 감옥처럼 여겼다. 2층 창문을 뛰어내리려 하고 옆 환자에게 달려들어 주사기를 뽑으려 했다. 간호사가 팔과 다리를 침대에 묶었다. 사지가 묶인 아버지는 성난 사자 같았다.

"죄 없는 나를 왜 가두어 놓느냐 이눔들아"

법 없이도 살 아버지는 어디 가고 깡마르고 서슬 퍼런 노인만이 남아 있었다.

매일 보이지 않는 존재와 사투를 벌이는 아버지를 보며 덩달아 두려움에 사로잡혔다. 낮에는 남편 일 도우랴 어린애 건사하랴 나의 하루하루가 참담하게 흘러갔다. 좀처럼 음식을 입에 대지 않는 아버지와 간호 중인 엄마 몫으로 날마다 도시락을 싸다 날랐다.

반찬이라야 그저 그랬다. 뻔한 형편으로 비싸고 좋은 음식은 아니었다. 기력에 보탬이 될 만한 것은 기껏해야 닭백숙이나 돼지고기 장조림이 그나마 최선이었다. 그러나 막내딸의 가상한 노력에도 불구하고 아버지는 여전히 음식을 거부했다.

어느 날 아버지가 보신탕이 먹고 싶다고 했다. 반가운 마음에 나는 얼른 양은 냄비를 들고 식당으로 달려갔다. 뜨끈한 탕 한 그릇을 담아와 디밀자, 아버지는 제법 많은 양을 흐뭇하게 비웠다. 하지만 끼니때마다 보신탕을 사 나르기엔 내 주머니가 너무 가벼웠다. 병원비만으로도 부담이었다. 형제들도 사는 게 고만고만하니 보태 달라는 말이 나오지 않았다. 하루건너 한 번 사 드리기도 버거웠다.

일주일째였다. 그날도 방금 사 온 김이 모락모락 나는 보신탕을 상에 올렸다. 아버지는 서너 숟갈 뜨더니 그릇을 밀어냈다. 이제 물렸으니 그만 사 오라 했다. 아마도 막내딸 주머니 사정을 헤아린 게 아닌가 싶어 명치끝이 따끔거렸다.

몇 년 후 내 형편이 피었을 땐 아버지는 이미 떠나고 없었다. 그깟 보신탕쯤이야 끼니때마다 사드릴 만큼 좋아진 형편이 다 무슨 소용이랴.

보신탕은 어려서부터 뭔지 모르고 자연스레 먹기 시작한 음식이었다. 첫 아이 가졌을 때 제일 당기는 음식이기도 했다. 보신탕을 먹으면 입덧이 가라앉았다. 그러나 아버지를 떠나보낸 후 더는 보신탕이 당기지 않았다.

만약 끼니때마다 보신탕을 사드렸다면 아버지가 기운을 차리고 좀 더 버틸 수 있지 않았을까.

조금 전에 만난 노인은 구부정한 허리나 기력이 쇠한 모습이 아버지를 닮아 있었다. 만일 혼자였다면 내가 모시고 가서 따끈한 탕 한 그릇 대접해 드렸을 것이다. 뜨거운 국물을 후후 불며 그릇을 다 비우고 나면 손수건을 내밀며 이마에 땀방울을 닦아 드렸을 것이다. 그러면 잠시나마 아버지를 만난 것 같은 행복감에 젖을 것이고 불효의 한을 조금이나마 씻을 수 있지 않았을까.

퇴근길은 날이 개고 여린 햇살이 가로수 길을 해사하게 비추었다. 길을 걸으며 주위를 자꾸만 두리번거렸다. 기력을 채운 노인이 아들보다 앞서 걸어올 것만 같았다. 갈림길에서 나도 모르게 발길이 보신탕집 쪽으로 향했다.

노인은 온데간데없고 식당 안에 있는 중년 남자들의 왁자지껄한 웃음소리만 새어 나왔다. 왠지 서운한 기분이 들어 발길을 돌렸다.

자욕양이 친부대(子慾養而 親不待) 자식이 부모에게 효도하려고 하나 부모는 기다려주지 않는다. 한시외전(韓詩外傳)에 나온 고사성어이다.

며칠 후면 추석이다. 아침 일찍 차례를 지낸 후 오랜만에 아버지 산소를 찾아가야겠다. 따끈한 보신탕 한 그릇 담아서 말이다.

엄마의 천국

화창한 햇살과 싱그런 바람이 좋다. 오늘은 어버이날이다. 아침 일찍 재래시장에 들러 엄마가 좋아하는 시루떡과 수박, 사탕, 음료를 샀다. 외출용 여름 신발과 실내용 슬리퍼도 준비했다. 요양원으로 향하는 발걸음이 빨라졌다. 이른 봄 엄마는 실버타운으로 거처를 옮겼다. 혼자서 식사를 챙겨 드실 정도만 됐어도 요양 시설에 보내는 일은 없었을 것이다.

엄마는 평형감각이 무너져 혼자 앉아 있거나 서 있지 못했다. 엄마를 집에 모시고부터 나의 삶은 불안정했다. 아침은 늘 시간에 쫓기었다. 아침을 준비하고 엄마를 씻기고 식사를 챙겨드렸다. 틈틈이 직장 갈 준비를 하며 밥 한술을 떠먹었다. 다행히 아이들은 기숙사에 나가 있었다. 남편은 모든 일을 스스로 해야 했다.

점심시간이 되면 허겁지겁 차를 몰아 집으로 갔다. 점심을 차려 드리고 다시 직장으로 내달렸다.

나의 노력에도 불구하고 엄마는 점점 나빠졌다. 평형감각은 노화로 인해 회복이 안 된다고 했지만 홀로 집에만 있다 보니 심신이 점점 약해졌다.

어느 날, 퇴근해 현관문을 열자 엄마가 거실 한가운데 서 있었다. 나를 보더니 비척거리며 내게로 걸어왔다.

"우리 딸 왔슈. 어디 나와봐유. 우리 딸하고 얘기해유"

엄마는 거실 구석에 대고 의기양양하게 말했다.

어떻게 현관까지 걸어왔는지 알 수 없었다. 눈빛도 말투도 낯설었다.

그 후 엄마는 계속해서 이상 행동을 보였다. 시도 때도 없이 주방에서 나를 불렀다.

"에미야 애기 밥 줘라"

아버지가 돌아가실 무렵 섬망 증세를 보였다. 아버지 눈에만 보이는 존재를 우리는 끝내 알 수 없었다. 엄마에게만 보이는 존재 역시 나는 알 수 없었다.

엄마는 한밤중에 돌연 거실을 기어 다녔다. 무릎 관절염으로 고생하던 엄마였다. 동작이 어찌나 민첩한 지 그 모습이 우습기도 하고 무섭기도 했다.

밤마다 열어 놓은 문틈으로 말소리가 새어 나왔다. 문틈으로 안을 들여다보았다. 허공에서 두 손을 번갈아 가며 허우적거렸다. 알아들을 수 없는 말을 중얼거렸다. 어찌 보면 뜨개질하는 동작을 닮았고 주문을 외우는 것도 같았다.

불안한 나날이 계속되었다. 그날 저녁도 엄마는 주방에서 나를 불렀다. 거실 구석을 바라보며 저 애에게 밥을 주라고 했다.

"도대체 누가 있다고 밥을 주라는 거야?"

내가 소리치자 엄마는 입술 끝을 실룩거리더니 기어서 방으로 갔다.

나는 점점 피로감이 쌓이고 짜증이 났다. 달라진 엄마 모습도 싫고 화내는 나 자신도 싫었다. 집안 분위기는 날로 다운되고 우울감이 찾아왔다.

서울서 남동생이 내려왔다. 과일 접시를 들고 방으로 들어가려는데 나지막한 엄마 목소리가 들려왔다.

"에미는 더워 죽겠는데 이불도 안 바꿔주구 저녁엔 맨날 운동 갔다 늦게 들어와"

공치사를 들으려는 건 아니었지만 맥이 쭉 빠졌다.

나도 숨통이 트여야 했다. 저녁 운동을 나가면 집이 싫어 하릴없이 거리를 떠돌았다. 그조차 허용되지 않는단 말인가.

남동생이 가고 나는 한동안 기운을 차릴 수 없었다. 날이 갈수록 나의 삶은 잿빛으로 물들었다. 끝이 보이지 않는 터널을 지나는 것처럼 앞이 캄캄하고 아득했다.

일주일이 지났다. 집에 들어가기가 겁이 났다. 그때 남동생에게 전화가 왔다.

"누나 괜찮아? 어떻게 하면 낫겠어?"

꾹꾹 눌러놓았던 진심이 말릴 새도 없이 입 밖으로 나왔다.

"엄마만 없으면 날 거 같애"

막상 요양 시설로 가는 날이 되자 마음이 흔들렸다. 하지만 애써 마음을 다잡았다. 혼자서 엄두가 나지 않아 언니 둘을 불렀다. 가는 길에 중국음식점에 들렀다. 엄마가 좋아하는 탕수육과 우동을 바라만 봤다. 얼마 후 국물로 입을 적신 엄마가 말했다.

"이게 현대식 고려장이지 뭐냐"

요양병원은 차로 30여 분 거리에 있었다. 그곳은 요양 3등급 이내 환자들만 오는 곳이었다. 엄마는 4등급이었으나 새로 짓고 있는 유료 요양원이 곧 완공된다며 배려해 준 것이었다.

우리가 도착하자 때마침 오락 시간인 듯 경쾌한 음악이 흘러나왔다. 평소 흥이 많은 엄마가 귀가 번쩍 뜨이는 표정을 지었다. 엄마를 부축해 건물 안으로 들어갔다. 안내받은 병실은 4개의 침대가 놓여있었다. 침대는 모두 비어 있었다.

잠시 후 내 또래로 보이는 요양보호사가 들어왔다. 말끝마다 어르신 어르신 하며 호들갑스럽게 엄마를 반겼다. 엄마가 요양보호사의 손을 덥석 잡았다.

"이런 분만 있으면 나 여기 있어도 된다"

엄마 얼굴이 비로소 환해졌다.

엄마는 운이 좋았다. 두 달 만에 집에서 10여 분 거리인 임시 요양 시설로 옮겼다. 1년이 채 안 돼 새 건물이 완공되면서 유료 요양원에 입주했다.

요양원 벨을 누르자 낯익은 요양보호사가 문을 열어주며 반겼다. 얼른 엄마 방으로 가서 '어르신 따님 오셨네요'라며 엄마를 부축해 나왔다. 엄마는 나를 보자 반색했다. 간식을 풀어 요양보호사에게 건네고 엄마와 마주 앉아 이런저런 얘기를 나눴다.

이곳은 목천읍에 처음 생긴 유료 요양원으로 실버타운이라 불렸다. 현대 시설을 갖추고 다양한 프로그램을 운영하며 무엇보다 중증 환자는 받지 않아 깔끔했다. 40대의 젊은 여자 원장은 건강한 식단을 제공하려 애쓰고 어른들을 진심으로 공경했다. 입주한 사람들은 자유로웠고, 언제든 가족이 찾아올 수 있으므로 엄마가 천국이라 부를 정도였다.

엄마는 두 명의 어르신과 같은 방을 썼다. 맞은편 침대를 쓰는 서울서 내려온 어르신은 큰 키에 몸이 마르고 얼굴이 창백했다. 도시 사람답게 말소리가 나긋하고 학식이 있어 보였다. 매사 알은체하는 바람에 엄마가 가끔 스트레스를 받는 모양이었다.

소도시 노인정에서 엄마는 단연코 최고였다. 지식으로 보나 교양으로 보나 엄마는 기품이 있었다. 부회장으로 존경받으며 누구도 엄마의 넉넉지 못한 주머니 사정을 의심하지 않았다.

그 어르신은 당뇨 환자였다. 환자식 식단이 따로 나왔다. 간식을 줘도 함부로 받아먹지 않았다. 딸이 하나 있으나 거의 못 온다고 했다. 그에 비해 매주 간식을 사 들고 나타나는 막내딸 덕분에 엄마는 기를 펴고 살았다.

엄마는 천국 같은 곳에서 잘 지낸다. 실버타운은 자식보다 낫다. 시시각각 안부를 확인하고 끼니를 챙기고 씻기고 입히고 인지 활동과 신체 운동도 시켜준다. 마치 입안의 혀처럼 군다. 어느 자식이 부모를 그리 모실 수 있을까. 그동안 죄책감도 있었지만, 편히 지내는 엄마를 보니 마음의 짐을 내려놓는다.

함께 사는 것 만이 효도가 아니다. 시대에 맞춰 서로의 편안한 삶을 찾을 수 있다면 현명한 처사가 아니겠는가.

"엄마, 다음 주에 또 올게"

엄마가 미소 지으며 손을 흔든다. 가슴에 빨간 카네이션이 흔들린다.

아버지의 우물

새벽녘 빗소리에 잠이 깼다. 장대 같은 빗줄기가 유리창을 사납게 훑어 내린다. 물비린내가 물큰하게 풍겼다. 가로등 불빛이 어둠 속에서 가늘게 떨고 있다. 도로 위로 불어난 물이 개울처럼 흐르고 있다. 여름 장마가 시작되었다.

어릴 적 우리 집은 산 중턱에 똬리를 틀고 앉아 있었다. 수도는 고사하고 물이 귀해 매일 우물에서 길어와야 했다. 키가 큰 아버지는 소작이지만 농사일에 전념했고 물지게는 집안 살림을 하는 키 작은 엄마 몫이었다.

140㎝도 안 되는 엄마는 하루에도 몇 번씩 물지게를 지고 100m 거리를 오갔다. 물동이를 양손으로 움켜잡고 엉덩이를 좌우로 흔들며 물 한 방울 흘리지 않았다. 엄마의 물 긷기는 마치 곡예를 하는 것처럼 아슬아슬하고 대단해 보였다.

우물은 아버지가 산비탈을 일궈 터전을 마련하고 손수 땅을 파고 돌을 하나하나 쌓았다고 했다. 지금 생각하면 기껏해야 10

여 미터의 깊이이건만 그때만 해도 20여 미터에 달하는 경이로움을 안고 있었다.

가뭄이 계속되면 우물은 서서히 바닥을 드러냈다. 아버지는 허리에 밧줄을 묶고 이끼 낀 돌계단을 한 발 한 발 딛고 우물 안으로 들어갔다. 우물 안에 들어갈 수 있는 건 오로지 아버지뿐이었다.

'올려' 하는 아버지 외침이 메아리가 되어 올라오면 엄마와 나는 묵직한 두레박을 힘주어 끌어 올렸다. 결 삭은 나뭇잎과 끈적한 흙무더기가 뒤섞여 올라왔다. 잽싸게 비워낸 빈 두레박을 다시 내려보냈다. 어둠 속에 갇힌 아버지와 두레박 놀이가 거듭될수록 나는 가슴이 조마조마했다. 물이 금세 차올라 아버지를 꿀꺽 삼켜 버릴 것만 같았다.

"아버지 그만 올라와"

나는 손나팔을 만들어 우물 안에 대고 소리쳤다. 나의 외침은 은밀한 어둠 속을 맴돌다 조각난 메아리가 되어 돌아왔다.

아버지가 우물 청소를 마치고 줄을 당기라는 신호를 보내왔다. 엄마와 난 보리수나무에 묶인 밧줄에 온 힘을 실어 끌어당겼다. 진흙과 이끼와 땀으로 뒤범벅이 된 아버지는 보리수나무에 기대어 한동안 숨을 골랐다.

엄마는 잰걸음으로 달려가 언제 준비했는지 김이 모락모락 나는 떡시루를 가져왔다. 우물 앞에 떡시루를 펼쳐놓고 엄마는 고개를 조아리며 싹싹 소리 나게 양손을 비볐다. 나도 덩달아 손을 비볐다.

엄마의 믿음은 가을걷이가 끝나면 붉은 팥을 듬뿍 넣어 푸짐하게 쪄낸 시루떡을 장독대, 곳간, 화장실, 우물에 한쪽씩 갖다 놓는 게 전부였다.

다음날 눈을 뜨자마자 나는 우물가로 달려갔다. 세상에. 텅 비어 있던 우물은 목젖까지 물이 차올라 잠기가 덜 가신 내 얼굴을 해사하게 비춰주었다.

우물은 식수를 제공할 뿐만 아니라 여름철 냉장고 구실을 톡톡히 했다. 김치가 담긴 항아리 모양의 주황색 플라스틱 통을 밧줄로 묶어 우물 속에 집어넣었다. 그 속에서 열무김치나 총각김치는 더디게 익어갔다. 신김치를 싫어하는 아버지 때문에 자주 김치를 담가야 하는 엄마의 수고를 덜어 주었다. 그뿐만 아니라 수박, 참외, 토마토, 오이 등이 우물 안을 유영하며 오색찬란하게 물들었다.

여름철 장마는 어김없이 찾아왔다. 하늘이 구멍 난 듯 굵은 빗줄기가 연일 쏟아졌다. 개구리가 호박잎 위로 폴짝 뛰어올랐다.

장마가 시작되면 우물은 한바탕 곤욕을 치렀다. 밑에서 불어난 물과 산골짜기를 타고 흘러든 계곡물이 만나 욕지기를 했다. 목젖까지 차오른 벌건 황토물을 온종일 토해냈다. 우물은 용이 되지 못한 이무기가 솟아오를 듯 공포감이 들끓었다. 나는 우물이 제 모습을 찾을 때까지 발길을 끊었다.

한때 회오리 같은 장마가 곡식을 축내고 우물이나 괴롭히는 것은 아니었다. 메마른 산비탈 아래 훌쩍 자란 풀들을 보기 좋게 눕히고 아늑한 개울을 잉태했다. 그것은 산골 가족에게 축복이었다. 맑고 투명한 물줄기가 청아한 소리를 머금고 돌돌 거리면, 사막에서 오아시스를 만난 것 같은 행복을 만끽했다.

동생과 나는 감자를 얇게 잘라 가운데 구멍을 뚫었다. 네 곳에 사각의 홈을 파고 흡사 수레바퀴 같은 모양을 만들어 개울로 갔다. 나뭇가지를 꺾어 구멍에 끼우고 흐르는 물에 대어주면 감자는 빙글빙글 돌아가며 춤을 추었다. 이것을 우리는 감자물레방아라고 했다.

엄마는 개울물에 누눅해진 옷가지들을 산더미처럼 쌓아놓고 경쾌하게 방망이를 두드렸다. 방망이질에 맞춰 노랫가락도 구성지게 뽑았다. 물지게를 안 져서인지 연신 싱글벙글거렸다.

소박한 행복은 삼일천하와 같았다. 물줄기는 눈에 띄게 가늘어지다 끝내 말라버리고 개울은 더욱더 무성해진 잡풀들이 장악했다. 우물은 다시 은밀함을 간직하고 푸르른 하늘을 담아냈다. 장마는 엄마와 나를 기쁘게 했다 쓸쓸함을 남기고 떠나버렸다.

가을이 시작되고 있었다. 우물가를 지키던 보리수잎이 수줍게 물들어가고 개암나무와 떡갈나무도 시나브로 붉은 옷으로 갈아입었다. 순식간에 모든 것들이 가을 속으로 걸어 들어갔다.

칠순을 넘긴 아버지가 노환으로 시름시름 앓기 시작하고 우물은 나날이 수척해졌다. 아버지가 들어가지 않는 우물은 바닥을 드러내고 어둠 속에서 시근시근 몸살을 했다.

앙상한 나뭇가지 사이로 시린 겨울바람이 불던 날, 아랫목을 전전하던 아버지가 사라졌다. 멀리 우물가에 희미한 실루엣이 보였다. 구부정한 몸을 웅숭그리고 있는 뒷모습은 막 동면에서 깨어난 고라니처럼 파리하고 왜소했다.

아버지는 미동도 없이 텅 빈 우물 속에 시선을 붙박은 채 앉아 있었다. 내 손길이 닿자 짐짓 놀라며 보리수 가지를 부여잡고 느릿느릿 일어났다. 아버지의 움푹 파인 볼을 타고 눈물이 흘러내렸다.

봄기운이 돋아나고 보리수잎이 미처 피기 전에 아버지는 저승으로 긴긴 여행을 떠났다. 어둠만이 가득 찬 우물은 내 기억 속에서 멀어져 갔다.

빗줄기가 그칠 줄 모르고 퍼붓는다. 30년이 지난 우물은 지금쯤 입을 꾹 다물고 조용히 빗물을 삭이고 있을지도 모를 일이다.

불현듯 아버지 모습이 떠오른다. 가느다란 밧줄 하나에 의지한 채 시커먼 어둠 속으로 걸어 들어간 아버진 사실 두려웠을 것이다. 어린 자식 앞에서 차마 드러낼 수 없는 두려움을 삼켰을지도 모른다. 다시는 우물 안으로 들어갈 수 없는 아버진 그보다 더 큰 두려움에 눈물을 흘리신 건 아닐까.

텅 빈 우물을 바라보며 느꼈을 막막함을 어렴풋이 헤아린다. 아버지에게 우물은 가족을 지키는 생명의 원천이고 고단한 하루하루를 견디게 해준 버팀목이 아니었을까.

빗소리는 점점 거세지고 그리움이 샘물처럼 고인다.

상수리 묵

바람이 사뭇 다르다. 성근 바람이 노란 은행잎을 아스팔트 위에 내려놓는다. 잘 익은 은행알이 우수수 떨어진다. 행인들의 무심한 발길에 은행알이 툭툭 터진다. 처참하게 일그러진 은행은 고약한 냄새를 풍긴다. 도심과 어울리지 않는 냄새. 시골 향기를 닮은 냄새다. 냄새 하나에도 고향을 추억하게 되는 건 세월의 무게이리라.

가로수를 훑고 지나가는 바람 한 점에도 달려나간 생각은 오래전 기억을 잘도 물어 온다.

어릴 적 내가 살던 집은 산 중턱에 있었다. 어른 발이 겨우 들어갈 만한 계단을 줄줄이 파 놓은 산비탈을 따라 올라가면, 낡은 슬레이트 지붕을 뒤집어쓴 초라한 집이었다. 일곱 남매는 비좁은 시골집에서 복작거리며 사계절을 나고 또 났다.

아버지는 가난한 농부였다. 얼마 안 되는 밭 마지기를 부지런히 오가며 가까스로 자식들 뒷바라지를 했다. 모자람이 많은 농촌 생활이지만 가을만큼은 잠시나마 풍요를 누릴 수 있었다.

오곡이 무르익는 가을이 왔다. 이웃집 다랑논이 황금빛으로 물들었다. 우리 집 밭이랑에서도 김장배추와 열무가 자라 초록 물결이 일렁였다. 야트막한 동산에선 밤송이가 저 혼자 아람이 벌어 알밤을 밀어냈다.

소슬바람이 지날 때마다 상수리가 우수수 떨어졌다. 집 주변엔 상수리나무가 많았다. 나뭇간 뒤엔 어른 키보다 몇 배 더 큰 아름드리나무가 서너 그루 있었고, 집 앞 비탈 산에는 수십 그루가 숲을 이루고 있었다. 상수리나무는 배려심이 많은 나무다. 봄이면 까치들이 집을 짓도록 터를 내어주었고 여름은 원두막의 기둥이 되어 우리에게 그늘과 쉼터를 만들어 주었다. 가을이 무르익으면 품었던 열매를 아낌없이 쏟아 냈다.

'상수리나무는 들판을 내려다보면서 열매를 맺는다'라는 속담이 있다. 가뭄이 들어 농사가 흉년이 들면 상수리는 더 많은 열매를 맺어 식량을 대신할 수 있었다. 또한, 상수리라는 이름은 임금에게 진상했다 하여 붙여진 이름이다.

아람이 든 상수리는 투둑투둑 떨어져 언덕배기를 구르다 다람쥐가 파 놓은 굴 앞에 멈춰 섰다. 거센 바람이 부는 날엔 나뭇간 양철 지붕 위로 소낙비처럼 쏟아졌다. 마치 악기를 연주하는 것처럼 따당땅땅 소리를 냈다.

아버지는 매일 아침, 이슬이 걷히지 않은 숲속으로 찌그러진 양은그릇을 들고 가셨다. 인기척에 놀라 산 꿩 한 쌍이 푸드덕 날아올랐다. 아버지는 다람쥐가 깨지 않게 소리를 낮춰 언덕배기를 오르내렸다. 동그랗고 매끄러운 상수리는 주름진 아버지 손을 거쳐 양은그릇 안으로 들어왔다.

마당에 멍석을 펼치고 그 위에 상수리를 쏟았다. 따가운 가을볕이 멍석 위로 내리쬐었다. 잘 마른 상수리는 거북이 등처럼 갈라져 스스로 껍질을 벗었다. 주름 같은 줄무늬가 드러났다.

엄마는 껍질 벗은 상수리 알맹이를 맷돌에 탔다. 삐거덕삐거덕 맷돌이 돌아가자 뽀얀 가루가 바닥에 쌓였다. 가루를 고운 체에 걸러 굵은 가루는 다시 맷돌 속으로 들어갔다. 곱게 빻은 가루를 물과 섞어 휘휘 저은 후 앙금을 가라앉혔다. 겉물을 따라 버리고 다시 물 붓기를 거듭했다. 쓴맛이 빠지고 드디어 고운 앙금이 만들어졌다.

엄마는 앙금과 물을 5대1 비율로 맞춰 가마솥에 붓고 불을 지폈다. 삭정이가 후드득거리며 불길이 솟았다. 부뚜막에 기대선 엄마는 나무 주걱으로 나릿나릿 젓고 또 저었다.

엄마는 묵을 잘 쑤었다. 묵은 은근한 불로 끓이고 뜸을 오래 들여야 한다고 했다. 무쇠솥에 밥을 할 때도 마찬가지라고 했다. 밥물이 다 잦을 때까지 뜸을 들이는 것이 맛의 비결이라고 했다.

엄마는 참고 기다리는 일을 잘했다. 무릎 관절염을 끌어안고 밤마다 다리를 흔들며 통증을 참아냈다. 내가 베개를 무릎 아래 받치고 주무르기 시작하면 악물었던 이를 풀며 희미하게 웃었다. 오빠가 미국 이민 간 지 5년이 지나도록 비틀거려도 묵묵히 참고 기다렸다.

나는 엄마를 닮지 않았다. 어떠한 마음이 생기면 바로 행동으로 옮겨야만 직성이 풀렸다. 특히 뭔가 배우는 일에 있어 의욕이 앞섰다. 즉흥적인 선택은 후회가 따랐다. 종종 중도 하차하며 후회와 자책이 남았다. 신중하지 못한 성격 때문이었다. 참고 인내할 줄 모르는 나약함이었다. 엄마의 기다림을 배우지 못한 까닭이었다.

안방에 둥근 상을 펴고 온 가족이 둘러앉았다. 엄마는 탱글탱글하고 윤이 나는 상수리묵을 접시에 담고 양념장을 뿌려 상에 올렸다. 입안 가득 침이 고였다. 일제히 젓가락이 묵 접시로 쏠렸다. 볼이 미어지게 넣고 우물거렸다. 쌉싸름한 맛과 향이 입안 가득 퍼졌다. 상수리 묵은 여름내 쓰린 속을 달래고 마음의 허기를 채워 주었다.

엄마는 손맛이 좋았다. 어떤 음식도 엄마 손을 거치면 맛이 있었다. 비 오는 날은 애호박을 따다 채를 썰었다. 밀가루를 묽게 풀어 채 썬 호박을 섞었다. 솥뚜껑을 뒤집어 걸고 불을 피웠다. 기름을 두르고 반죽을 한 국자 넣은 후 동그랗게 모양을 잡았다. 지글지글 소리와 함께 부침개가 익어갔다. 노릇하게 구운 호박 부침개는 고소하고 감칠맛이 났다.

멸치로 우려낸 국물에 밀가루로 잘팍하게 반죽한 수제비를 손으로 뜯어 넣고 호박을 올려도 기가 막혔다. 지금도 비가 오면 그날의 부침개나 수제비가 생각난다. 나는 엄마를 닮아 음식을 잘하는 편이나 엄마 맛을 흉내 낼 수는 없었다.

불현듯 상수리 묵이 먹고 싶어졌다. 퇴근길에 재래시장에 들렀다. 한 귀퉁이에 소복이 쌓아놓은 묵이 보였다. 할머니는 눈가의 주름을 깊게 만들며 나를 반겼다. 할머니는 거칠고 마른 손으로 묵 두 모를 담아주셨다. 묵직한 봉지만큼 식욕이 매달렸다.

박목월의 「적막한 식욕」에 보면 메밀묵에 대해 이렇게 읊고 있다. '싱겁고 구수하고 못나고도 소박하게 점잖은, 촌 잔치 날 팔모 상에 올라 새 사돈을 대접하는 것' 그러면서 걸걸한 막걸리에 메밀묵이 먹고 싶다고 했다.

문득 부드럽고 쌉싸름한 상수리 묵에 막걸리 한 잔이 생각나는 저녁이다.

아버지가 돌아가시고 엄마를 시내로 모셨다. 도시에서 만든 엄마 음식은 옛 맛이 나지 않았다. 고향을 떠나서인지 아버지를 잃어서인지 알지 못했다. 엄마 음식을 더는 먹을 수 없게 되자 엄마 음식이 더 생각났다.

파를 송송 썰어 넣고 참기름과 깨소금을 섞어 양념장을 만들었다. 상수리 묵은 네모지게 썰었다. 묵을 가지런히 접시 위에 올리고 양념장을 솔솔 뿌렸다. 한 점을 입에 넣고 눈을 감았다. 천천히 입을 오물거렸다. 입안을 맴도는 쌉싸래한 맛 엄마의 맛을 닮았다.

호미질

스무 평 남짓 주말농장을 얻어 두둑을 만들고 고구마 순을 심은 게 엊그제다. 농사꾼 딸로 보고 들은 세월이 서당 개 풍월을 읊는 수준은 되었다. 첫 농사치곤 그럴싸하다.

오늘은 고구마를 캐는 날이다. 우선 연한 줄기를 서너 줌 따놓았다. 살짝 삶아 가을 햇살에 널었다가 정월 대보름에 먹으면 맛이 그만이다.

낫으로 덩굴을 자르고 줄기를 걷어내자 뽀얀 밭두둑이 드러났다. 말끔해진 두둑은 이웃집 잔치에 가려고 면도를 마친 아버지 턱을 떠올리게 했다. 조심스레 호미 날을 땅속으로 밀어 넣었다. 두둑이 허물어져 내렸다. 마침내 고구마가 모습을 드러냈다. 크고 작은 고구마가 주렁주렁 매달려 나왔다.

아버지는 내 땅 한 마지기 없는 농부였다. 남의집살이를 전전하다 오십에 일가족을 이끌고 산지기로 들어갔다. 열 가구도 안 되는 마을이 한눈에 내려다보이는 산 중턱이었다. 아버지가 손수 지은 집은 일자형이었다. 기둥을 세워 대들보를 올리고 토담을 쌓아 서너 평 자리 방 하나를 들인 후, 가운데 벽을 두어 두 칸으로 나누고 문지방을 만들고 마루를 놓았다. 부엌엔 큰 무쇠솥, 작은 무쇠솥, 양은솥을 나란히 걸고 맞은편에 찬장을 세우고 입구에 물독을 묻었다.

부엌 옆으로 건넌방이 있고 뒤편엔 기역 자로 된 광이 있었다. 마당 가까이 소 한 마리 들어갈 외양간도 지었다.

이웃집 남자 둘이 아버지를 도와 이엉을 엮던 날, 가마솥에선 밥 익는 냄새가 들썩거렸고 양은솥에선 시뻘건 동태찌개가 무와 두부를 품고 설설 끓었다.

아홉 식구 가장인 아버진 동이 트기 전 연장과 농기구를 지고 비탈 산으로 올라갔다. 창창 도끼질 소리가 울려 퍼지고 나면 아름드리가 넘어가느라 벼락 치는 소리를 냈다. 육이오를 겪은 엄마는 포탄 떨어지는 소리 같다며 움찔움찔했다. 스삭스삭 톱질 소리, 컹컹 곡괭이질 소리가 온종일 산울림을 일으켰다.

어느새 형태를 갖춘 밭 마지기가 태어날 즈음 아버지 손바닥은 나무껍질 같은 굳은살이 생겨났다. 산비탈을 일군 밭은 돌 반 흙 반이었다. 땅속에 호미를 밀어 넣을 때마다 호미 끝이 덜그럭거렸다. 크고 작은 돌은 아버지의 날 선 호미질에 포로처럼 끌려 나왔다. 아버지는 돌이 수북한 양재기를 들고 산으로 갔다. 산어귀엔 이름 모를 돌무덤이 하나둘 생겨났다.

그해 가을, 두둑을 놓고 고랑을 냈다. 곡선의 이랑은 아버지

등골 같았다. 처음 심은 것은 보리였다. 쇠스랑으로 두둑을 평평하게 고르고 씨를 뿌리고 호미로 복토를 하였다. 불모지 같은 땅에서 새 생명이 꿈틀거렸다.

오월이 되자 청보리 물결이 넘실거렸다. 아버지 얼굴도 푸르게 피어났다. 아버지는 말수가 적은 편이었다. 일본 탄광으로 징용 다녀온 후 침묵이 깊어졌노라 했다. 어쩌다 취기에 부르던 노랫소리는 알지 못해도 구슬프고 쓸쓸했다.

해마다 밭 마지기가 늘어나고 곡식이 다양해졌다. 밭 찰벼는 이웃집 다랑논 부럽지 않았다. 감자를 캔 두둑에선 메주콩이 잎을 피우고 수수, 고추, 참깨가 나란히 자랐다.

내가 처음 아버지를 따라 호미를 잡은 건 초등학교 5학년 때이다. 풀은 곡식보다 먼저 자라고 튼실했다. 쇠비름과 바랭이는 순식간에 바닥을 점령했다. 쇠뜨기는 뿌리가 깊고 마디가 있어 툭툭 끊어졌다. 망초, 명아주도 쉬이 굴복하지 않았다. 씀바귀와 달개비는 그나마 수월한 편이었다.

해마다 밭고랑에선 잡초와의 전쟁이 벌어졌다. 언 땅이 풀리면 아버진 늘 혼자서 호미와 양재기를 들고 밭고랑으로 갔다. 호미는 언제나 투박한 아버지 손에서 전투적으로 싸웠다.

농사일의 9할은 아버지 손을 거쳐야 했다. 여덟 살 아래인 엄마는 금광을 한 외할아버지 덕에 고생을 몰랐다. 금맥이 끊겨 집안이 풍비박산 나지 않았다면 아버지를 만나는 일도 없었을 것이다. 농사일이 서툰 엄마를 아버진 탓하지 않았다. 게다가 산후

조리를 잘못해 무릎 관절염이 생긴 후 호미를 들리지 않았다.

키가 크고 왜소한 아버지는 일찍이 허리가 구부정했다. 구부정한 몸에 비해 오랜 시간 많은 일을 했다. 그러고 보면 호미도 아버지를 닮았다. 자그마한 몸으로 땅을 파고 돌을 고르고, 씨를 심고, 잡초를 캐고, 농작물의 북을 주었다. 부지런하고 혼신을 다하는 모습이 영락없는 아버지다.

훌쩍 자란 고춧대 사이로 호미처럼 구부정한 아버지 등이 어른거렸다. 잘 익은 고추같이 붉게 달궈진 아버지 얼굴에서 땀방울이 뚝뚝 떨어졌다.

붉은 수수모감이 바람에 한들거리며 가을이 무르익었다. 흙마당에선 호롱기가 찰벼를 털어내고 콩꼬투리가 터져 사방으로 튀었다. 도리깨질에 놀란 팥알과 녹두 알은 공중 곡예를 넘었다. 광 속 허기진 항아리는 주린 배를 채우고 실한 곡식은 아버지를 따라 장터로 나갔다.

아버지가 일흔을 넘기고 방구들 신세를 지자 밭이랑마다 잡초가 무성하게 자랐다. 낡은 농기구와 녹슨 호미와 찌그러진 양재기가 외양간에서 한낮의 어둠을 끌어안고 있었다. 팔순을 바라보는 노인은 텅 빈 몸을 끌어안고 좁은 방을 느릿느릿 살아냈다.

겨울의 끝자락이었다. 아침부터 눈발이 날렸다. 문설주에 기대앉은 아버지 시선이 어딘가에 붙들려 있었다. 잡초가 누렇게 말라붙은 밭고랑이었다. 홀쭉한 볼에 슬픔이 고였다. 밥공기에 식은 밥이 늘어갔다.

얼었던 땅이 풀리고 잡풀이 고개를 들기 시작하자 아버지는 먼 여행을 떠나셨다.

텅 빈 고랑에 고구마가 쌓일수록 허리가 욱신거리고 손바닥이 얼얼했다. 한 고랑을 겨우 끝내고 허리를 폈다. 허룩해진 두둑이 마치 속을 다 내어 준 칠순의 아버지 같다.

흙투성이 호미를 본다. 얼얼한 손바닥을 펴본다. 물집이 꽈리처럼 부풀었다. 물집이 걷히고 굳은살이 생겨야만 아버지처럼 호미질이 순해질까.

농사직설에 의하면 '호미 끝에는 백 개의 알곡이 생겨난다' 하였다. 아버지의 끊임없는 호미질이 수억만 개의 알곡이 되어 일곱 자식을 거두었으리라.

아버지가 그랬듯이 우리도 자식을 위해 자식은 다음 자식을 위해 끊임없는 호미질을 해야 하리라.

내 마음에도 때로는 호미질이 필요하다. 마음의 밭을 고르고 낟알 같은 그리움을 묻고 잡초처럼 아픈 기억을 캐내야 한다. 때로는 상처가 아물 수 있도록 북을 줘야 한다.

마지막 두둑을 헤집는다. 호미 잡은 손에 힘이 불끈 들어간다. 붉은 고구마가 포로처럼 끌려 나온다.

엄마 냄새, 쭉갈이빵

퇴근길 길모퉁이에서 할머니가 알록달록 강낭콩과 호박잎, 풋고추, 깻잎 등 푸성귀를 팔고 있었다. 요즘은 잘 안 쓰는 스테인리스 대접에 소복이 담겨 있는 분홍색 줄무늬 강낭콩이 참 먹음직 스러웠다.

“애기 엄마 강낭콩 좀 사요, 아주 맛있어.”

나와 눈이 마주친 할머니는 간절한 눈빛을 보냈다.

한 걸음 다가가자, 내 손을 덥석 잡아끄는 할머니 손은 거칠고 투박했다. 새카맣게 그을린 얼굴에 주름살이 도드라졌다. 그 모습이 돌아가신 친정엄마를 생각나게 했다.

강낭콩을 넣어 지은 밥은 색이 곱고 구수한 향기가 났다. 밀가루를 씌워 찐 풋고추는 양념간장에 깨소금을 섞어 조물조물 무치고, 껍질 벗긴 호박잎은 새파랗게 쪄내고, 송송 썬 호박과 양파에 우렁이를 듬뿍 넣어 강된장도 끓였다. 오랜만에 저녁상은 엄마 손맛을 흉내 내고 있었다.

엄마는 손맛이 좋았다. 쇠 절구에 붉은 생고추와 마늘, 생강을 콩콩 찧고 밀가루 풀을 쑤어 담근 열무김치는 시원하니 감칠맛이 났고, 아버지가 주워 모은 상수리를 맷돌에 타 앙금을 받아 쑤어낸 묵은 쌉싸래하면서도 살살 녹았다. 추수가 끝나고 겨울이 오기 전 만들어 준 두부도 빼놓을 수 없다.

물에 푹 불린 종콩을 맷돌에 갈아 광목으로 만든 자루에 넣어 짜냈다. 여과된 콩물을 무쇠솥에 붓고 은근히 끓이면 노르스름하게 변했다. 노르스름한 콩물에 간수를 살살 부으면서 저어주면 몽글몽글 엉기어 순두부가 되고 베 보자기에 담아 맷돌로 눌러놓으면 모두부가 되었다. 양념장을 섞어 후루룩 마시는 순두부는 달착지근하니 구수하였고, 배추김치와 싸 먹는 모두부는 고소하고 담백했다.

그러나 엄마의 손맛 하면 제일 먼저 생각나는 건 '모찌'다. 일제 강점기를 살아낸 엄마는 찹쌀떡이라는 말 대신 '모찌'라고 불렀다. '모찌'는 찹쌀을 불려 시루에 쪄낸 후 쇠 절구에 쇠 절굿공이로 찧어야만 찰지게 잘 되었다. 절구질은 힘이 좋은 내 몫이었고 엄마는 손에 물을 묻혀가며 찰밥을 모아주고 뒤집어 주었다. 엄마의 손놀림은 한 치의 어긋남 없이 박자가 딱딱 맞아떨어졌다. '쿵 철썩 쿵 철썩…'

여기저기 뒹굴던 밥알이 점차 뭉개져 한 덩어리가 되었다. 그때부터 탄력이 생기면서 절구질은 더욱 힘이 들었다. 그쯤 되면 절구질도 요령이 필요했다. 처음엔 직각으로 내리찧기만 하던 것을 공이가 바닥에 닿는 순간 살짝 돌려주어야 한다. 그래야만 달라붙지 않고 골고루 찧어낼 수 있는 것이다.

드디어 밥알이 보이지 않을 정도가 되었다. 곱게 찧어진 찹쌀 반죽은 밀가루를 얇게 편 소반 위에서 잠시 숨을 고른다.

자리가 난 절구에 푹 삶아낸 팥을 붓고 당원 몇 알과 소금 한 꼬집을 넣어 살살 치댄다. 물기가 알맞게 고아진 팥은 촉촉한 앙꼬(팥소)가 된다. 찹쌀 반죽을 적당히 떼어 도마 위에 놓고 손으로 얇게 편다. 한쪽 모서리에 앙꼬를 고루 펴 얹고 김밥 말 듯 말아준 다음 먹기 좋은 크기로 썰어준다. 흰색과 검붉은 색이 어우러져 흡사 나이테를 닮았다. 모양도 근사하지만 쫄깃하고 달콤한 맛이 일품이었다. 언니와 나는 한 줌 떼어 둥글게 만든 다음 구멍을 파고 앙꼬를 넣어 오므렸다.

우리는 비록 가난한 농가지만 아버지가 산비탈을 일궈 만든 밭 덕분에 넉넉지는 않아도 계절마다 먹을 것이 끊이지 않았다. 봄에는 쑥버무리, 여름에는 수박, 참외, 감자, 옥수수, 가을에는 도토리묵, 밤, 고구마, 겨울에는 '모찌'와 인절미를 간간이 만들어 먹었다.

밭 찰벼는 논보다 소출이 적지만 더 찰지고 맛이 있었다. 엄마는 농한기가 되면 인절미를 넉넉히 해놓고 출가한 언니들을 두루 돌아보곤 했다. 하루 이틀 지나 꾸덕꾸덕해진 인절미는 씹는 맛이 있었고 더 굳어지면 석쇠에 얹어 숯불에 구워 먹었다. 콩가루가 타면서 고소한 향이 온 집안에 퍼졌다.

철 따라 먹을 것이 끊이지 않은 건 엄마의 역할이 크다. 엄마는 어려서 금광을 하는 외조부 덕에 주전부리를 달고 살았다. '세 살 버릇 여든까지 간다'라는 속담처럼 엄마는 평생 군것질을 좋아했다. 늘 옆에 사탕 봉지를 끼고 살만큼 특히 단 걸 좋아하고, 입이 궁금한 것을 참지 못했다. 외조부의 금맥이 그렇게 끝나지만 않았더라도 아버지 같은 가난한 농부에게 시집오는 일은 없었을 것이고 우리의 다양한 먹거리도 탄생하지 않았을 것이다.

시골내기 생일은 특별할 게 없었다. 기껏해야 마른 미역국이나 얻어먹으면 다행이었다. 그러나 엄마는 달랐다. 추수 후 생일이 닿는 언니는 해마다 시루떡을 해주었다. 팥고물을 듬뿍 얹은 시루에서 김이 모락모락 피어오르면 추녀 밑으로 맛있는 냄새가 둥실둥실 떠다녔다. 언니 덕에 호사를 누린 건 먹성 좋은 나였다. 끼니 대신 떡으로 배를 채우며 주인공 못지않은 행복감에 젖었다.

나는 한여름에 태어났다. 쌀 항아리는 바닥을 보이고 시퍼런 벼 이삭이 한들거렸다. 그렇다고 모른 척 지나칠 엄마가 아니었다. 엄마는 밀가루를 묽게 반죽해 소금과 당원으로 간을 했다. 가마솥에 쟁반을 놓고 베 보자기를 깐 후 쭈우욱 부었다. 그 위에 강낭콩을 듬성듬성 뿌리고 뚜껑을 덮고 장작불을 피웠다.

시간은 더디 흘렀다. 된 김이 연기처럼 피어나 구수함이 들썩거렸다. 아궁이 앞에서 턱을 받치고 있던 나는 코를 벌름거리며 흥분을 감추지 못했다. 솥뚜껑을 열었다. 뽀얀 자태가 드러났다. 그것은 사이사이 강낭콩을 품고 윤기가 흘렀다. 절로 박수와 환호성이 나왔다.

엄마는 칼에 물을 묻혀 가로세로로 잘랐다. 나는 얼른 한 귀퉁이를 떼어 입에 넣었다. 부드러웠다. 쫄깃함과 달콤함, 강낭콩의 향긋함이 입안 가득 퍼졌다. 그것의 정체는 '쭉갈이빵'이었다. 쭉 부어서 쪄냈다고 엄마가 지은 이름이었다. 그날처럼 행복한 날이 또 있을까.

결혼하고 남편은 생일을 잊지 않았다. 자식들이 장성하고 나의 생일은 거창해졌다. 근사한 식당에서 좋은 음식을 먹고 비싼 선물에 달콤한 케이크로 화려한 파티를 한다. 하지만 그때 그 시절 느꼈던 행복과 견줄 수 있으랴. 보잘것없지만 세상 어떤 생일 음식보다 귀한 쭉갈이빵이었다.

저녁상을 받은 남편이 흡족한 얼굴로 입맛을 다셨다. 시장 할머니 얘기로 시작해 자연스럽게 추억을 풀어놓는다. 몇 번을 들었을 텐데도 처음 듣는 것처럼 추임새를 넣어 주는 남편이 고맙다.

그 시절로 돌아갈 수 없기에 엄마의 손맛이 그리운 오늘이다. 다시 볼 수 없는 엄마. 영원히 느낄 수 없는 엄마 냄새, 쭉갈이빵.

2부

또 다른 그리움

4분의 3

오랜만에 집을 찾은 나는 옷을 갈아입고 주방으로 들어갔다. 두 달 만이었다. 서울서 동생과 학원을 하느라 두 집 살림이 불가피해졌다.

개수대는 말끔하게 비어 있었으나 선반은 접시와 공기, 반찬통, 냄비들이 크기와 종류를 무시한 채 제멋대로 엉겨 있었다. 게다가 수도꼭지 주변은 곰팡이들이 서서히 세력을 넓히고 있어 남편의 어설픈 살림살이 솜씨를 그대로 드러냈다.

냉장고를 열었다. 늘 비좁기만 하던 실내가 방학을 맞은 교실처럼 텅 비어 있었다. 냉장고 실내등이 이리도 밝았던가.

난 일곱 가지 이상 반찬을 냉장고에 상비해야 마음이 놓였다. 느닷없이 손님이 찾아와도 호박 숭숭 썰고 바지락 듬뿍 넣어 된장찌개를 끓이고, 상비한 밑반찬에 김치 두어 가지 섞어 내어놓으면 어지간히 봐줄 만한 밥상이 될 정도였다. 직장 생활로 바쁜 내게는 어울리지 않는 습관이었다.

우리 집 냉장고는 항상 각종 야채와 과일을 품고 있었고, 냉동고엔 고기 뭉치와 해물이 떨어지지 않았다. 그것은 어쩌면 어릴 적 트라우마에서 비롯된 것이리라.

나는 일곱 남매 중 막내딸로 아버지의 쉰둥이였다. 내가 어릴 적 아버진 날마다 구부정한 허리를 밭고랑에 파묻고 있었다. 온종일 호미로 김을 매고 돌을 골라내 밭두둑에 수북이 쌓았다. 마당에서 댕그랑 소리가 울려 퍼지면 아버지의 귀가를 알 수 있었다. 찌그러진 양재기는 마당 구석에 너부러져 있다가 다음 날, 그다음 날도 아버지 손에 이끌려 나갔다.

엄마는 동네 품삯 일을 다니느라 나는 뒷전이었다. 학교도 들어가지 않은 어린 나를 무방비로 내어놓고 동이 틀 무렵 나갔다 해가 뉘엿거리면 돌아왔다. 어스름에 돌아온 엄마는 분주하게 저녁상을 차려 방에 들여놓았다가 가벼워진 상을 들고 나갔다. 설거지를 끝낸 엄마는 방에 들어오기 무섭게 '에구구' 앓는 소리를 내며 드러누워 금세 푸푸 코를 골았다.

엄마와 아버지의 안간힘에도 가세는 펴지 않았다. 아버지 이름으로 된 손바닥만 한 논마지기는 오빠 척추디스크 수술비로 날아가고, 누렁이가 살던 외양간은 시커먼 어둠만 들어차 있었다. 아버지가 산을 일궈 만든 비탈밭은 곡식이 늘지 않았다. 자식들이 자라 입성이 커지면서 간신히 끼니를 이어 나갔다.

중학생이 된 나는 한참 입이 달았다. 부스스한 보리밥은 뒤돌아서면 배가 꺼졌다. 게다가 입이 궁금해 견딜 수가 없었다. 군색한 살림에 간식거리가 있을 리 없었다. 그래도 혹시나 하는 마음에 여기저기 기웃거렸다.

어쩌다 운이 좋은 날은 장독대에서 일광욕하는 누룽지를 발견했다. 딱딱하게 마른 누룽지는 무쇠솥에 물을 넉넉하게 붓고 끓이면 점심 한 끼를 대신할 수 있었다. 노릇노릇한 보리 누룽지가 나를 유혹했다. 큰 조각을 집어 한쪽 잘라 입에 넣고 우물거렸다. 고소하고 달큰한 맛이 궁금한 입을 채웠다.

논산에서 중학교 선생님을 하던 오빠는 주말마다 나타났다. 오빠는 우리가 노는 꼴을 보지 못했다. 게다가 올 때마다 시험지를 들이밀고 몽둥이를 들었다. 열네 살 위 오빠는 공포의 대상이었다.

겨울방학이 되어 오빠가 왔다. 건넌방을 차지한 오빠는 존재감만으로 동생과 나를 주눅 들게 했다. 내 집 주변을 다닐 때도 발소리를 죽여가며 눈치를 살폈다. 건넌방 문소리만 들려도 가슴이 철렁했고 밥상을 마주할 때마다 가슴이 조마조마했다. 어느 날 불안감은 현실이 되었다.

"야 그만 좀 먹어라. 우리 집 4분의 3은 네가 먹어 치우는구나. 저 팔뚝 좀 봐 내 다리만 하네"

오빠가 나를 향해 화살을 당겼다. 수치심이 이런 걸까.

"4분의 3 또 먹냐. 4분의 3 그만 좀 먹어라"

밥상머리를 마주할 때마다 오빠의 화살이 날아와 비수처럼 내 가슴에 꽂혔다.

어느덧 '4분의 3'은 자연스레 내 별명이 되었다. 언니와 동생마저 이름 대신 그렇게 불렀다. 그러나 식욕은 눈치 없게 줄어들지 않았다.

아침을 먹은 지 불과 두 시간도 지나지 않았는데 무엇에 이끌리듯 부엌으로 향했다. 찬장 문을 두 손으로 잡고 가만가만 열었다. 노란 봉지라면 하나가 비스듬히 기대 있었다. 그것은 마치 새벽어둠을 밀어내고 떠오르는 아침 햇살처럼 눈이 부셨다.

아침나절 타다 남은 장작불이 벌겋게 상기된 채 혀를 날름거리고 있었다. 고무래로 빨간 숯덩이를 앞으로 끌어냈다. 석쇠를 얹고 다독거려 숨구멍을 열어 주었다. 물을 반쯤 채운 냄비를 얹고 입으로 후후 바람을 넣자 노란 양은 냄비가 금세 몸이 달아 김을 피워 물었다. 라면을 옷 안에 숨겨 살며시 뜯었다. 수프와 면을 넣고 뚜껑을 덮었다. 라면 끓는 냄새가 후각을 자극했다. 짜릿한 전율이 온몸으로 퍼져나가는 순간 뒷문이 벌컥 열렸다.

"뭐 하니?"

오빠 그림자가 저승사자처럼 들이닥쳤다.

"뭐하냐고?"

나는 차마 입이 떨어지지 않아 머뭇거리다 계속된 물음에 '뭘'이라며 볼멘소리로 대꾸했다.

오빠는 갑자기 옆에 있던 부지깽이를 들어 나를 사정없이 때렸다. 등으로, 어깨로 밀려드는 쨍한 아픔보다 치욕스러워 눈물이 났다.

오빠는 몇 년 후 느닷없이 미국 이민을 떠났다. 오빠의 미국행은 아버지에게 충격을 안겨줬다. 5년이 지나도 오빠에게 좋은 소식이 없자 아버지는 더 기다리지 못하고 눈을 감으셨다.

장례를 치르고 난 후 뒤늦게 오빠가 왔다. 오빠는 꺼이꺼이 울었다. 아버지께 대한 죄송함인지 오빠 자신의 설움인지 알 수 없었다. 오빠는 술기운을 빌어 비틀거리는 미국 생활을 털어놓았다. 4분의 1 같은 삶이었다. 여전히 어려운 존재였으나 처음으로 연민을 느꼈다.

텅 빈 냉장고가 하나둘 자리를 잡아가며 차오르기 시작했다. 남편이 좋아하는 오이무침, 멸치볶음, 코다리찜을 아래 칸에 넣고 아들 녀석이 좋아하는 겉절이, 불고기는 둘째 칸에 넣었다. 딸아이가 좋아하는 피마자 나물, 취나물까지 들여놓으니 실내등이 다시 조도를 낮추었다. 시금털털하고 구수한 김치찌개 끓는 냄새가 거실을 가득 채웠다. 얼마 만에 온 가족이 둘러앉아 먹게 될 저녁인지 콧노래가 절로 나왔다.

나는 지금도 4분의 3이라는 숫자를 들으면 가슴이 두근거린다. 그때 겪었던 치욕이 깊숙한 곳에서 불쑥 올라오곤 한다. 내가 음식에 집착하게 된 이유도 그 때문이리라.

남편과 아이들이 무심코 4분의 3 했다가 아차 하는 표정으로 8분의 6으로 바꿔 말했다. 가족의 배려에도 그날의 기억은 여전히 아프고 지워지지 않았다.

언제쯤 4분의 3을 받아들일 수 있을까. 언젠가는 오빠의 분노를 이해할 수 있을까.

아궁이 앞에 쪼그리고 앉아 있는 나에게 말하고 싶다. 너는 아무 잘못이 없단다.

벌레와의 한판승

모닝콜 소리에 잠에서 깼다. 또 하루가 시작되었다. 주방으로 가 물 한 잔을 마시고 국을 끓이고 반찬을 하느라 부스럭거린다. 식탁이 차려지면 두 아이 방을 오가며 기상을 알리고 눈을 비비며 일어난 아이들이 화장실로 향한다.

밥솥을 열자 김이 모락모락 피어오른다. 공기에 밥을 퍼 담는다. 반복되는 일상이 익숙하지만, 여전히 종종거린다. 아침 시간은 유난히 빨리 흘러가기 때문이다. 남편이 출근하고 나면 비로소 나는 자유로워진다. 느긋하게 설거지와 청소를 마치고 소파에 몸을 기댄 채 음악을 들으며 여유를 누릴 수 있다.

한껏 여유를 만끽하다 문득 거실 창가에 놓인 화초로 눈길이 갔다. 한낮에 햇볕이 잘 드는 창가는 화초들이 살기에 안성맞춤인 곳이다. 보름 전 시골집에서 옮겨다 놓은 봉숭아도 빨간 꽃망울을 터트리고 있었다. 시골집은 시어머니가 정성스레 가꾼 화단이 있다. 황금빛 호랑이 꽃과 새하얀 백합이 피어나고 새빨간 봉숭아꽃이 어우러져 여름 무더위를 달래주고 있었다. 무리를 지어 핀 봉숭아를 보고 감탄하자 시어머니는 화분 두 개에 봉숭아를 심어 주셨다.

거실로 이사 온 봉숭아는 잎이 무성하고 다른 꽃들과도 잘 어울렸다. 낯설지 않은 꽃이라 그런지 남편과 아이들도 좋아했다. 그런데 오늘은 이상했다. 잎사귀 서너 개가 바닥에 떨어져 있고 가지는 맥없이 처져 있는 게 아닌가. 얼른 주전자에 물을 받아 가져갔다. 줄기를 젖히고 물을 주려는 순간 나는 소스라치게 놀라 비명을 지르며 달아났다. 안방 문을 잠그고 바들바들 떨리는 손으로 핸드폰을 열었다. 격양된 목소리로 남편에게 상황을 전달했다.

"글쎄 봉숭아에 그 벌레 있지. 내가 제일 싫어하는 맹충이. 그게 세 마리나 붙어 있어."

남편은 '잡아'라는 말과 함께 전화를 툭 끊었다.

믿었던 남편의 무심함에 망연자실한 나는 전화기를 잡고 엉거주춤 서 있었다. 금방이라도 벌레들이 의기투합해 방으로 공격해 올 것 같은 두려움이 엄습했다.

중학생 시절, 시골에 살던 나는 언니와 여름방학을 맞아 뒷산으로 '으름'을 따러 갔다. 학교 여름 체육복인 반소매 티셔츠에 반바지 차림으로 녹음이 우거진 숲을 누비고 다녔다. 풀에 쓸렸는지 종아리가 따가워도 아랑곳하지 않았다. 산비탈을 거슬러 드디어 으름덩굴을 찾았다. 뒤엉킨 덩굴 더미 아래로 으름이 주렁주렁 매달려 있었다. 입이 벌어진 으름을 골라 앞치마 한가득 따가지고 왔다.

콧등에 땀이 맺히고 숨이 찼다. 마루에 앉아 쉬려고 습관처럼 엉덩이를 툴툴 터는데 뭔가 물컹하고 만져졌다.

"언니 언니이이…."

나는 직감적으로 그것이 벌레임을 알아채고 발을 동동 구르며 엉덩이를 가리켰다. 언니는 순식간에 부엌으로 달려가 부지깽이를 들고나왔다. 언니가 부지깽이로 안간힘을 썼지만 벌레는 떨어지지 않았다. 나는 점점 자지러졌다. 언니는 다시 부엌으로 달려갔다.

사색이 된 내가 정신을 놓기 일보 직전에 언니가 다시 나타났다. 언니 손에는 벌겋게 달궈진 쇠 부지깽이가 들려 있었다. 치익 소리와 함께 시퍼런 맹충이가 땅바닥에 나뒹굴었다. 언니는 그 짧은 시간에 곤로에 불을 붙여 쇠 부지깽이를 달궈 온 것이었다. 언니의 기발함이 조금만 늦었더라도 아마 난 기절 상태에 빠졌을 것이다. 그 후로 커다란 벌레만 봐도 소름이 끼치고 온몸이 근질거렸다.

수년이 지났어도 벌레는 여전히 공포의 대상이었다. 그런데 하필 우리 집에 벌레들의 출몰이라니. 나를 구원해 줄 언니도 없고 게다가 저놈들은 셋이고 나는 혼자가 아닌가. 누가 봐도 내가 열세한 상황이 분명했다. 아 어쩐다. 맞아. 호랑이에게 물려가도 정신만 바짝 차리면 된다고 했지. 정신을 똑바로 차리자.

순간적으로 방법이 떠올랐다. 화분을 밖으로 내보내면 되는 것이었다. 화분과 현관의 거리는 10미터쯤 될 듯하다. 우선 현관문을 열어놓았다. 신발장에서 장 우산을 꺼내 손에 거머쥐었다. 살며시 다가가 꼬부라진 우산 손잡이로 화분 하나를 휘감아 서서히 끌기 시작했다. 자칫 화분이 쓰러져 그놈들이 바닥으로 내려와 진을 치기라도 하는 날엔 꼼짝없이 내가 집을 나가야 할 판국이었다.

거실을 지나 현관 가까이 까지 왔다. 문제는 현관 턱이었다. 높낮이가 달라 여차하면 화분이 넘어질 위기였다. 한쪽을 받쳐 균형을 잡은 후 순간 이동하듯 잽싸게 잡아당겼다. 화분이 비상하듯 날아 한 치의 오차 없이 착지했다. 얼른 현관 밖으로 내보냈다.

두 번째 화분은 두 마리가 붙어 있으니 더 조심해야 한다. 현관까지는 수월하게 이동했다. 현관 턱 앞에서 숨을 고르고 빠르게 당겼다. 아뿔싸 화분이 균형을 잃고 보기 좋게 나동그라졌다.

슬리퍼 위로 흙이 쏟아졌다. 봉숭아는 기진맥진 숨을 헐떡였다. 다행히 놈들은 줄기를 부둥켜안고 잘 버티고 있었다. 우산 하나를 더 꺼내 묘기라도 하듯 왼쪽 오른쪽 힘을 조절해 일으켜 세웠다. 우여곡절 끝에 화분 두 개를 밖으로 내보내고 문을 굳게 닫아걸었다. 다른 화초로 옮겨가지는 않았는지 확인하고 싶지만, 엄두가 나지 않았다. 소파 밑에서 시퍼런 맹충이가 스멀스멀 기어 다니는 환영이 등골을 오싹하게 했다.

오후 2시경, 시험 기간인 중학생 아들 녀석이 구세주처럼 나타났다. 그렇게 반가울 수가 없었다. 긴박했던 정황을 무용담처럼 늘어놨다. 아들이 현관 밖으로 나가 실체를 확인했다.

"귀엽다. 엄마 이거 키워요"

아빠보다 한술 더 뜨는 아들이었다.

가스레인지에 젓가락을 달구어 줄 테니 저놈들 좀 떼어내 달라고 했더니 아들이 나를 경멸하듯 바라보며 말했다.

"엄마, 너무 잔인해요"

나는 아들의 기세에 눌려 아들 뜻에 따르기로 했다. 아들은 화장지를 가져다 벌레들을 떼어 화단에 놓아주겠다며 엘리베이터를 탔다. '설마 다시 찾아오진 않겠지'라며 미심쩍은 마음을 거두었다.

도대체 그놈들이 어떻게 살았을까. 하루아침에 몸체를 불리진 않았을 텐데 말이다. 보름이란 시간을 숨어 살 동안 왜 나는 보지 못했을까.

문득 우리 삶의 모습도 그러한 것 같다. 자세히 들여다보지 않으면 모르고 지나치는 일들이 우리 주변에서 늘 일어나고 있다. 보고 싶은 대로 보고, 보고 싶은 것만 보는 이기적인 삶의 방식에 익숙해져 가기 때문이다. 사물이든 사람이든 관심을 가지고 집중해서 바라보는 습관, 겉모습이 아니라 그 내면까지 들여다보는 신중함을 잊은 건 아닐까.

비록 미물에 지나지 않지만 살아 움직이는 벌레의 생명마저 소중히 여기는 아들이 기특하다.

오빠의 검은 실타래

삼신할머니가 꿈속에 나타나 검은 실타래와 흰 실타래를 내밀었다. 엄마는 검은 실타래를 잡았다. 그렇게 태어난 게 오빠였다.

설거지하고 있던 나는 전화벨 소리에 물기를 대충 닦고 수화기를 들었다.

"어미야, 대문에 쪽지가 껴 있는데 소포가 왔다고 우체국에서 찾아가란다."

칠순 노모답지 않게 낭랑한 음성이 오늘따라 더 카랑카랑하다.

"내일부터 추석 연휴인데…. 어디서 온 건데요?"

"글쎄다, 그런 말은 없고…."

태연한 척하는 엄마 목소리에 조급함이 묻어 있었다. 그것은 다름 아닌 미국에서 큰아들이 보낸 것이 틀림없기 때문이다. 얼마 전 국제전화를 받고 은근히 기다리는 눈치였다.

올해 일흔둘 된 엄마는 산골에서 일곱 남매를 근근이 키워냈다. 자식들이 차례대로 빠져나가고 북적거리던 시골집은 어느새 두 노인만 덩그러니 남았다. 지난해 아버지마저 세상을 떠난 후 엄마는 못 이기는 척 내 집으로 짐을 챙겨 오셨다. 엄마는 아들 노릇 대신하는 막내 사위가 고마우면서도 내심 눈치가 보이는 모양이었다.

"아들 밥은 앉아서 먹고 사위 밥은 서서 먹는다지 않냐."

2년 만에 둘째가 생기고 근처 작은 빌라를 마련해 드렸다. 절반이 대출금이었다. 엄마는 하루건너 한번꼴로 내 집에 들러 일상을 나누었다.

내일모레가 추석이다. 명절이 오면 엄마는 풀이 죽었다. 남의 집 큰며느리인 나는 일찍이 시댁에 가고 노모 혼자 차례 음식을 준비했다. 미국 간 큰아들은 그렇다 치고 마흔다섯에 얻은 막내 아들은 입시학원 강사로 당일 아침에나 내려왔다.

오빠와 난 열네 살 터울이다. 딸 셋을 낳고 얻은 금지옥엽 같은 아들이건만 가난 앞에선 별반 다를 게 없었다. 면 단위 중학교를 수석으로 졸업하고도 고등학교는커녕 미군 부대 심부름꾼으로 들어갔다. 오빠는 십리 길 산비탈을 매일 오가며 손에서 책을 놓지 않았다.

오빠는 2년 만에 검정고시로 고등과정을 패스하고 보란 듯이 서울대에 합격했다. 개천에서 난 용이었다. 앞날에 한 줄기 빛이 비치는가 했으나 아르바이트를 전전하다 허리를 다쳤다. 그나마 일 년 양식을 책임지던 손바닥만 한 논마지기는 오빠 수술비로 들어가고 엄마 속은 새까맣게 타들어 갔다.

내가 초등학교 5학년 때, 논산 모 중학교 교사였던 오빠는 첫 월급으로 17인치 흑백텔레비전을 사 왔다. 옅은 갈색이 나는 직사각형 몸체를, 앙증맞은 네 다리가 받치고 있었다. 둥근 모양의 스피커가 양쪽에 박혀 있고 문 두 쪽이 중앙에 머리를 맞대고 있었다. 자바라 식 문을 양손으로 밀면 '짠' 하고 브라운관이 나타났다. 그 당시 우리 마을엔 네 가구만 14인치 텔레비전이 있었다. 단연코 우리 집 것이 최고인 셈이었다.

우리의 자랑이던 오빠는 2년 만에 교직 생활을 마감했다. 척추 수술 후유증이라고 했다. 건넌방에서 하릴없이 1년을 보냈다. 다음 해 E 제약회사에 수석으로 입사했으나 역시 2년을 넘기지 못했다. 오빠는 마음만 먹으면 어디든 들어갈 수 있었다. 수석이나 차석으로 당당히 들어갔다가 슬며시 나오기를 반복했다. 직장을 그만두고 내려온 오빠는 수도승처럼 건넌방에서 은둔했다.

건넌방에선 밤낮으로 혀 꼬부라진 소리가 흘러나왔고, 웅장한 클래식 음악이 개발의 주석편자처럼 겉돌았다. 밭에서 돌아온 아버지는 쪽마루에서 걸터앉아 싸구려 담배 연기를 연신 뿜어 올렸다. 오빠를 믿고 기다려 준 건 엄마였다. 어디서 들었는지 대기만성을 운운하며 아버지의 노여움을 잠재웠다.

이듬해 오빠는 대학원 수석 합격 특혜로 올림픽조직위원회에 스카우트 되었다. 양손 가득 선물꾸러미를 들고 나타난 오빠는 또다시 2년을 채우지 못하고 미국 이민을 선언했다. 마른하늘에 날벼락 같은 통보였다.

5년이 지나도록 오빠는 돌아오지 않았다. 수상한 자랑들을 늘어놓은 편지가 가끔 날아올 뿐이었다. 아버진 끝내 오빠를 기다리지 못하고 눈을 감고 말았다.

부음 소식을 듣고 뒤늦게 오빠가 날아왔다. 사십 줄에 들어선 오빠는 수상쩍은 중년의 모습을 하고 있었다. 덜 마른 봉분을 끌어안고 꺼이꺼이 우는 오빠는 낯설었다.

오빠는 내게 두려운 존재였다. 교사 시절 불시에 나타나 동네 아이들과 놀고 있는 동생과 나를 불러들여 눈을 부라리며 호통을 쳤다. 또한, 쪽지 시험을 보고 틀린 개수만큼 몽둥이로 때렸다. 오빠가 집에 있는 한 집 밖은 꿈도 꿀 수 없었다. 휴일엔 건넌방으로 불려 가 종일 책을 읽어야 했다. 숨 소리도 내지 못한 채 얼른 시간이 흘러가기만 기다렸다. 시계 초침이 째깍대며 정적의 무게를 더 했다.

오빠는 며칠간 내 집에 머물렀다. 술 힘을 빌려 그간 생활고를 털어놓았다. 장남 노릇 대신하는 남편에게 미안하고 고맙다며 얼굴을 일그러뜨리고 울었다. 큰 산이었던 오빠가 낯선 타국에서 뒷동산 작은 바위가 되어 있었다.

오빠가 돌아간 지 4년이 흘렀다.

"얘, 오빠가 미국서 한의원을 개원했다는구나. 중국인 의사 2명, 약사 1명을 뒀단다"

엄마의 달뜬 목소리가 두 달 전이었다.

추석 연휴가 끝나고 엄마는 소포를 품에 안고 들어왔다. 꼬부랑글씨 아래 로마자로 표기된 엄마 이름 세글자가 금방이라도 걸어 나올 것 같았다. 포장지를 뜯자 곱게 싼 약재 꾸러미와 메모가 들어 있었다.

'이것은 미국에서 한의원 하는 아들이 어머니께 보내드리는 보약입니다'

다음 날, 엄마는 홍조 띤 얼굴로 나타났다.

"얘, 약이 어쩜 그리 순하고 구수하다니, 세어보니 종류가 열한 가지나 되더구나"

엄마는 약을 몹시 싫어했다. 더군다나 한약은 냄새가 역하다며 고개를 내저었다. 상기된 엄마 얼굴을 보니 마음이 울컥했다. 10여 년 동안 타국에서 비틀거리던 오빠에게 비로소 든든한 울타리가 생긴 듯했다. 엄마의 믿음이 헛되지 않았음이다. 점점 목이 메었다. 어릴 적 생솔가지 타는 연기를 들이마셨을 때처럼.

오빠의 오랜 방황은 엄마의 태몽 때문이라고 했다. 인생이 어둑하고 매사 힘들고 잘 풀리지 않는 까닭이라고 한숨을 내쉬었다.

그러나 그건 엄마의 기우였다. 흰 실타래는 때가 더 타고 끊어지기도 잘하지만, 검은 실타래는 때가 묻어도 표가 나지 않고 더 튼튼한 것을 보면 알지 않겠는가. 오빠의 인생이 비록 늦은 감은 있지만, 우뚝 선 걸 보면 그걸 뒷받침해 주고도 남음이다. 엄마도 이제 어깨를 펼 수 있음이리라.

나는 여전히 오빠가 어렵다. 하지만 내가 책을 가까이하고 글을 쓰게 된 것이 어찌 보면 오빠의 덕이 아닐까 생각한다. 언젠가 다시 고국을 찾으면 엄마 냄새나는 음식 한 상 차려내고 술 한 잔 따라주며 용기 내 보련다.

'오빠, 그동안 고생 많았어요. 그리고 고마워요'라고.

혼자가 된다는 건

해마다 더운 여름이 되면 집 떠나야 고생이라지만 안 가면 서운한 게 피서 아니던가.

여름은 어느새 막바지로 접어들었고 무더위도 한풀 꺾였지만, 서운함을 달래고자 시어머니와 늦은 휴가를 다녀오기로 했다.

작년 여름, 치매 노모 병간호로 스트레스가 심한 시어머니를 간신히 설득했다. 시골집에 도착하니 시어머니는 금방이라도 소나기를 퍼부을 것 같은 얼굴로 아들, 며느리를 맞이했다. 마루에서 미적거리던 시어머니는 나의 끈질긴 성화에 못 이겨 외출복을 갈아입고 따라나섰다.

여전히 떨떠름한 표정을 하고 있던 시어머니는 차가 출발하자마자 친정 노모 흉을 보기 시작했다.

"노인네 땜에 스트레스 받어 내가 먼저 죽을 거 같어. 게다가 노인네가 성깔은 예나 지금이나 똑같아서 사람 잡는 소리를 하니 환장한다니까"

시어머니의 넋두리가 폭주하는 기관차처럼 달리기 시작했다. 남편이 '편찮으셔서 그런 걸 어머니가 이해하세요'라며 브레이크를 걸었다. 한걸음 떨어져서 보면 대수롭지 않은 일로 보이나 가까이서 매일 겪는 사람의 심정은 다르다. 나도 한때 편찮으신 친정엄마를 모셔봤기에 그 심정을 누구보다 잘 알고 있었다.

시어머닌 아들의 무성의한 대꾸에 실망한 듯 내 쪽으로 얼굴을 돌려 계속했다. 그나마 추임새라도 넣어 가며 동조하는 큰며느리가 훨씬 미덥다고 여긴 듯했다. 나는 맏며느리로서의 본분을 다한다기보다 시어머니를 진심으로 공감했다.

나의 적극적인 반응에 신이 난 시어머니는 몸을 앞으로 기울여 운전하는 내 뒤통수에 대고 목청을 높였다. 한 얘기 또 하고 또 하고 네버엔딩 스토리였다.

나는 점점 머리가 지끈거렸다. 남편은 듣는 둥 마는 둥 중간에 자꾸 화제를 돌렸으나 시어머닌 개의치 않고 말이 끊기면 '그래가지구'로 하던 얘기를 이어 나갔다.

시어머니는 혼자 사신 지 10년이 넘었다. 사십 초반에 시아버님과 사별하고 3남 1녀를 홀로 키워냈다. 삼 남매는 가정을 꾸려나가고 막내아들은 종교에 몸담아 나갔다. 몇 해 전부터 이웃마저 하나둘 이사를 나가자 외딴집이 되고 말았다. 품삯 일을 가지 않는 한 사람 구경은커녕 온종일 구린 입 한 번 떼지 않는 날도 많았다. 그래서일까. 시골집에 누구라도 오는 날엔 고인 물 퍼내듯 얘기를 길어 올렸다.

한 번은 남편이 저녁 무렵 집에 들른 적이 있었다. 오랜만에 아들을 본 시어머니는 밥상을 차려 내놓고 말문을 열었다. 은순 아버지로 시작해 진미 엄마를 거쳐 찬영 엄마까지 달려갔다. 마치 릴레이 같았다. 그리고 알지도 못하는 이웃 마을 사람으로 넘어가려는 순간 남편은 현기증이 났다. 안 그래도 하이톤인 시어머니는 흥분하면 톤이 더 높아졌다.

"어머니, 밥이 입으로 들어가는지 코로 들어가는지 모르겠어요"

시어머니는 한동안 연락을 끊고 침묵했다.

차가 목적지에 도착했다. 시어머니는 두 시간 동안 잠시도 말을 멈추지 않았다. 얘기할 땐 없던 기운도 살아나는가 보았다. 남편의 현기증을 비로소 공감했다.

시어머니는 그래도 분이 안 풀리는지 불편한 얼굴을 하고 뭘 사드려도 시큰둥했다.

"내가 다시 어머니 모시고 여행을 가나 봐라. 내 손에 장을 지진다."

집으로 돌아온 나는 애꿎은 남편에게 쏘아붙였다.

그 때문은 아니었다. 말은 그렇게 해도 시어머니를 모른 체하는 양심 없는 며느리는 아니었다. 어쩌다 보니 늦어진 것이었다.

며칠 전 시어머니께 전화를 드렸다. 가까운 데로 바람이나 쏘이러 가시자고 했더니 웬일로 단번에 '그려' 하셨다. '더운데 뭘 가냐. 고추도 따야 하고. 깨도 비어야 하는데'라며 핑계 댈 걸 예상해 없는 애교까지 준비했는데 무색하게 됐다.

그렇게 여름 끝자락에 시누이 부부를 급조해 피서길에 올랐다. 비좁은 차 안이 웃음으로 가득 차니 여간 흐뭇하지 않았다. 사위가 있어서인지 시어머니는 노모로 인한 고단함을 꺼내놓지 않았다.

시어머니는 물을 좋아하신다. 물이 귀한 곳에 살아서인지 계곡물을 보면 어린아이처럼 해맑게 웃었다. 여름 휴양지로 계곡만 한 곳이 어디 있으랴.

장곡사 계곡은 지루했던 장맛비가 사과라도 하듯 멋진 계곡물을 잉태했다. 계곡물은 서로 마주치며 경쾌한 소리를 냈다. 시어머니는 무릎까지 옷을 걷어 올리고 수줍게 물속으로 들어갔다. 사위, 며느리 앞에서 종아리를 보이는 것이 부끄러운 모양이었다. 투명한 물줄기가 발가락을 간지럽혔다. 시어머니가 오랜만에 해사하게 웃으셨다.

계곡물은 시렸다. 얼마 안 가 전신에 소름이 와르르 돋았다. 누가 먼저랄 것도 없이 물속을 빠져나왔다.

준비해 간 음식을 펼치고 둘러앉았다. 푸른 숲 안에서 계곡물 소리를 들으며 먹는 음식은 꿀맛이었다. 나는 어미 새가 되어 새끼 새를 바라보는 심정으로 흐뭇한 미소가 났다.

오순도순 담소를 나누며 시어머니의 표정이 밝아졌다. 아직 칠순도 되지 않은 시어머니는 병시중으로 몇 년 사이 주름이 깊어졌다.

시어머니가 다시 계곡물에 발을 담갔다. 하염없이 흐르는 물줄기를 바라봤다. 눈빛이 고요하고 그윽했다. 답답함과 고단함을 씻어내는 것도 같고 오래된 외로움을 흘려보내는 것도 같았다.

돌아오는 길 시어머니는 가르랑대며 코를 골았다. 백미러 속에서 시어머니의 쪼그라든 어깨가 가늘게 들먹였다. 마음 한구석이 짠했다.

시골집에 도착했을 땐 어둠이 짙게 내려앉았다. 늦었다며 시어머니가 등을 떠밀었다. 어둠 속에 갇힌 외딴집 안으로 시어머니가 칩잠하듯 들어갔다. 불을 밝히고 나온 시어머니는 낡은 대문 앞에 서서 차 꽁무니에 대고 손을 흔들었다. 차 문을 열고 나도 손을 흔들었다. 미적지근한 대기에서 끈적거리는 쓸쓸함이 묻어났다.

노년에 혼자 산다는 것은 어떤 것일까. 낡은 외딴집에서 희미한 어둠을 끌어안고 견디는 것일까. 해가 떠오르면 일어나고 어둠이 내리면 잠자리에 들며 그저 자연의 순리에 순응하며 사는 것일까.

잠시나마 가족과 함께 한 시간이 썰물처럼 빠져나가면 시어머니 가슴은 더 황량하고 쓸쓸할지도 모른다. 다시 혼자가 된 시어머니는 후텁지근한 어둠을 끌어안고 뒤척일지도 모르겠다.

누구나 언젠간 혼자가 될 수 있다. 노년에 혼자 살아간다는 건 지독한 시간과의 싸움이 아닐까.

매미가 늦은 밤까지 악을 쓰며 울고 있다. 짝을 찾지 못한 매미가 외로움에 목놓아 우는 것이리라.

외발 수레 1

오랜만에 찾은 시골집은 스산하다. 금이 간 담벼락 사이로 흙부스러기가 비어져 나오고, 낡은 슬레이트 지붕은 노란 안개 같은 송홧가루를 뒤집어쓰고 있다. 비스듬히 기운 양철 대문을 민다. 삐거덕 신음을 토해낸다. 담장 모퉁이에 웅크리고 있는 외발 수레는 추레한 늙은이를 연상케 한다. 너덜너덜한 고무 손잡이와 시커멓게 녹이 슨 지지대가 그랬다. 바퀴는 방금 새끼를 낳은 암소 뱃가죽처럼 푹 꺼져 있다. 마당에 들어서자, 들마루와 안방 벽면이 시야에 들어온다. 희미한 얼룩 위로 그날의 아픔이 되살아났다.

붉은 상여가 드나들던 마을 홍거리. 야트막한 야산에는 오래된 묘지들이 들쑥날쑥 퍼져 있다. 을씨년스러운 공동묘지를 끼고 30분쯤 걸으면 초라한 외딴집이 보인다. 시어머니가 사는 '산막'이었다.

시어머니가 사라졌다. 입춘이 지났으나 추위가 여전히 맹위를 떨치던 2월의 어느 날, 검붉은 얼룩을 남기고 자취를 감추었다. 얼룩은 흙 마당을 지나 대문을 거쳐 문밖 도로까지 이어졌다. 도로는 승용차 한 대 겨우 지나다닐 정도로 좁고 한산했다. 매년 명절 때나 성묘객들로 잠시 붐볐다. 점점이 이어진 얼룩은 공터 작은 돌멩이 앞에서 끊어졌다. 돌을 들어 올리자 선지 같은 핏덩이가 드러났다.

실종신고를 받고 경찰 둘이 찾아왔다. 작은 키에 배불뚝이 중년 남자가 허술한 집 모양새를 훑어보고는 시큰둥하게 물었다.

"어머니 연세가 어떻게 되시죠?"

"일흔둘인데요"

그럼 그렇지 하는 눈으로 나를 흘깃 보았다.

"혹시 치매 있으셨어요? 가출할 만한 이유는 없었나요?"

"어제까지 일기를 쓰실 만큼 정정하셨어요"

일기장을 들이밀며 볼멘소리가 흘러나왔다.

경찰은 수첩을 꺼내 몇 자 끄적이더니 무성의하게 서성거리다 무책임한 등을 보이며 돌아갔다.

겨울 어둠은 무겁고 빠르게 들이닥쳤다. 낡은 시골집은 어둠 속에 갇혀 옴짝달싹할 수 없었다. 얼음장 같은 방바닥에 요를 깔고 이불로 어깨를 휘감았다. 숨을 쉴 때마다 입김이 허옇게 피어올랐다. 작은 기척에도 방문을 밀어젖혔다. 할미새가 지붕 서까래에 날아들어 쪼르륵거렸다. 억센 바람이 지나갈 때마다 창호문이 부르르 몸을 떨었다.

시어머니는 해가 설핏하면 아궁이에 잔솔가지를 꺾어 넣고 장작을 켜켜이 쌓아 올렸다. 불꽃은 혀를 날름거리며 방고래를 타고 올라가 구들장을 달구었다. 아랫목은 절절 끓어도 외풍이 심해 온기가 없는 방이었다. 어머니는 이불 속에 몸을 파묻은 채 일기를 쓰고 텔레비전을 보다 잠 속으로 끌려갔으리라.

어둠이 걷히고 한줄기 미명이 꿈틀거렸다. 과학수사대를 동반한 형사계 경찰들이 일찌감치 들이닥쳤다. 어제 왔던 놈들보단 눈빛이 살아있었다. 폴리스라인을 치고 지문을 채취하느라 부산을 떨었다. 어제 해야 했을 일이었다. 가족들이 오가며 발자국과 지문을 덧씌운 꼴이었다. '우리나라 경찰 놈들은 꼭 한 박자 늦다니까' 목울대까지 치미는 화를 삼켰다.

검붉은 얼룩은 시어머니 혈흔으로 추정되며 불길한 조짐을 보였다. 깡마른 몸 어디서 저토록 붉은 피가 솟아 들마루와 벽면을 적시고 댓돌까지 흘러내린 것일까.

시어머니는 박복한 여인이다. 내가 처음 집으로 찾아뵈려 하니 밖에서 만나자는 뜻을 전해왔다. 다방이라는 곳이 무척 낯설고 불편한지 시선을 편히 두지 못하는 모습이 마치 내가 당신을 선보러 간 것처럼 퍽 송구하였다. 시골 여인네답지 않게 호리호리하고 가냘픈 몸은 바지런한 성격을 짐작하게 했고 고운 얼굴에 드리워진 어두운 빛은 지친 삶을 여실히 담고 있었다.

시어머니는 열아홉의 나이에 입 하나 줄이듯이 이웃집 남자에게 시집을 갔다. 계모인 홀 시어머님을 모시고 3남 1녀를 낳고

기르며 근근하지만 소박한 행복을 꿈꾸는 평범한 여인이었다.

마흔둘에 남편을 떠나보낸 후 시어머니의 삶은 평범과 점점 멀어졌다. 의붓아들이 세상을 떠나자 계모는 쌈짓돈을 챙겨 새벽녘 자취를 감춰버렸다. 막내 나이 고작 열 살이었다.

농촌 살림밖에 몰랐던 시어머닌 남편 병시중으로 남겨진 빚과 4남매를 거두기 위해 여관 청소일과 식당 허드렛일을 전전하며 농사일까지 꾸려나갔다. 시어머니가 가장 두려운 건 아비 없는 자식이라는 손가락질을 받는 거였다.

처음 외발 수레에 고구마를 실은 시어머니는 수레와 함께 넘어졌다. 붉은 고구마가 밭고랑에 나뒹굴었다. 외발 수레 균형을 잡는 일은 시어머니의 홀로서기 같았다. 절름발이 같은 외발 수레는 작은 돌부리에도 넘어지기 일쑤였다. 마침내 외발 수레와 시어머니 삶이 균형을 찾아갈 무렵, 홍거리 마을에 사는 친정 노모가 치매 증상을 보였다.

시외할머니는 금반지를 훔쳐 갔다며 시어머니에게 종주먹을 들이댔다. 그게 시작이었다. 그 전부터 맏딸인 시어머니는 분풀이 대상이었다. 동생이 셋 있으나 맏딸인 시어머니에게만 유독 차갑고 모질게 대했다. 욕설과 악담도 서슴지 않았다.

치매는 삼 년이 채 못 되어 혼자서 끼니조차 챙기지 못하는 중증으로 발전하고 말았다. 시내에 버젓이 아들이 살고 있으나 병간호는 오롯이 시어머니 몫이었다. 산막으로 데려온 노모는 부지불식간에 당신 집으로 갔다. 기억은 가물가물해도 다 쓰러져

가는 오두막은 잘도 찾아간다며 시어머닌 허공에 대고 지청구를 퍼부었다.

시외할머니를 홍거리로 이사시킨 건 시아버님이었다. 일찍이 혼자 된 장모는 못 이기는 척 홍거리에 짐을 풀었다. 시어머닌 평생 친정 늪에서 벗어나지 못했다. 갖은 꼴을 다 보며 속앓이를 했다.

산막과 홍거리는 같은 마을이지만 왕복 2킬로가 넘었다. 시어머닌 비가 오나 눈이 오나 고갯길을 오르내리며 고달픈 봉양을 8년째 이어왔다. 자식과 노모에게 다 퍼주고 난 빈껍데기 같은 육신은 어느새 칠십 년의 세월을 위태롭게 끌어안고 있었다.

실종 일주일째 되던 날, 인근을 수색하던 전경들이 7㎞ 떨어진 이웃 마을 교량 밑에서 시어머니 소지품을 태운 흔적을 발견했다. 타다 남은 낯익은 옷가지를 보니 실낱같던 희망이 속절없이 무너져 내렸다. 냇가 풀숲에서 찾아낸 빛바랜 싸구려 플라스틱 슬리퍼 한 짝만 덩그러니 돌아왔다.

외발 수레 2

시어머니의 마지막 행방은 홍거리였다. '노인네 군불 때 드리고 저녁을 차려 드렸다. 오는 길에 귀연네 들러 피마자 나물을 마루에 놓고 왔다. 날이 유난히 추운 게 참 지랄맞다.' 일기는 거기서 멈추었다. 오래전부터 써온 일기는 가계부에 가까웠다. 매일매일 고단한 단상과 파종일, 추수, 김장, 기념일, 방문자, 용돈 내용 등 자질구레한 사연들이 누런 줄 공책 위에서 걸어 다녔다.

"어느 날, 쥐도 새도 모르게 사라지고 싶어. 사는 게 아주 지겨워"

시어머니는 치매 노모 뒤치다꺼리에 넌더리를 냈다.

시어머닌 자식에게 짐이 되기 싫다며 혼자 살 길 원했다. 시어머니 뜻에 따라 근거리에 소형 아파트를 마련해 드렸지만 오지 않았다.

"내가 저 노인네 안 돌보면 굶어 죽어. 노인네 떠나면 갈게"

그 노인네는 8년째 시어머니를 갉아먹으며 저승 갈 생각을 하지 않았다. 당신을 먹이고 씻기고 입히던 큰딸이 사라진 것조차 알지 못했다.

속절없이 3개월이 지났다. 시골집은 시어머니 체취마저 희미해져 갔다. 무사 귀환의 소망은 사체라도 찾아 모실 수 있게 해달라며 욕심을 줄여갔다. 5월의 햇살은 무심하게 산마다 진달래를 피웠다가 지우고 뒤뜰엔 꽃창포와 핏빛 모란이 흐드러졌다.

시어머니는 꽃을 좋아했다. 수명이 얼마 남지 않은 시한부처럼 칙칙하고 깡마른 집에 그나마 생기를 불어넣은 건 꽃밭이었다.

장독대 옆 텃밭은 채소를 밀치고 형형색색의 꽃들이 차지했다. 꽃잔디가 별 무리처럼 장독대 주변을 수놓으며 봄이 오고, 황금색 호랑이 꽃과 새하얀 백합이 고혹한 자태를 뽐내며 여름이 왔다. 싱그러운 초록 이파리 사이로 새빨간 꽃망울을 주렁주렁 매단 봉숭아와 샛노란 키다리 꽃도 어우러졌다. 소슬바람이 언덕 넘어 국화꽃 향기를 물어다 놓으면 연분홍 코스모스가 손흔들며 가을이 걸어갔다. 시어머닌 해마다 피고 지는 꽃을 보며 녹슨 청춘을 쓸쓸히 마주했으리라.

산으로, 들로, 저수지로 안 가본 곳이 없었다. 가슴에 댓돌 하나를 올려놓고 살았다. 설핏 잠이 들었다가도 숨이 막혀 벌떡 일어나면 꿈이었다. 꿈에서라도 시어머니를 보는 날엔 소식이 오지 않을까, 온종일 전화기를 만지작거렸다. 그렇게 2년을 보냈다.

시간은 달리는 열차와도 같다. 가족들은 처음보다 안정을 찾았지만, 마주하는 순간 또다시 눈시울이 붉어지며 울컥 설움을 토해놓는다. 어수선한 시골집을 정리하자는 의견과 그마저 사라지면 엄마를 어디서 느끼느냐는 안타까움을 토로했다.

나는 겨우내 중환자실을 전전하는 아흔 살 친정 노모를 지켰다. 비로소 병간호로 고달팠던 시어머니의 지난 세월을 상기했다. 자식 누구 하나 시어머니의 하소연에 진심으로 위로가 되어주지 못했다. 오후가 되자 한낮의 햇살이 잠시나마 1월의 한기를 누그러뜨리고 있었다. 때마침 시동생에게 걸려 온 전화는 나를 기쁨과 슬픔의 어디쯤에서 비틀거리게 했다.

"어머니 찾았대요. 돌아가셨대요"

병원엔 시외삼촌이 와 있었다. 사체가 많이 훼손되어 수습하는 중이라고 했다. 범인은 예기치 않게 잡혔다.

시골에 혼자 사는 노인을 상대로 강도행각을 벌이던 놈이었다. 이번에도 독거노인 집을 털고 나오다 동네 이장의 신고로 덜미가 잡혔다. 범인의 유전자가 시어머니 슬리퍼에서 채취한 유전자와 일치했다. 밤새 심문한 결과 사체를 정화조에 유기했다는 자백을 받아냈다.

집에서 멀지 않은 미니 낚시터 간이 화장실은 오래전 폐쇄돼 지금은 오솔길이 되어 있었다. 경찰이 포크레인을 대동해 한 시간여를 파헤친 끝에 낡은 정화조를 찾아낼 수 있었다.

시어머니는 뼈만 앙상하게 남아있었다. 외발 수레 같은 70년의 삶과 살점들이 오물 속에서 흔적도 없이 녹아내렸다.

내 집에 모셨어야 했다. 시어머니가 마다해도 그랬어야 했다.

같은 여자로서 품었던 연민이 한낮 무슨 소용이란 말인가.

시어머니는 염조차 할 수 없었다. 마지막 가시는 길에 꽃 한 줌 뿌려드리고 불효자식들은 가슴을 쥐어뜯으며 서툰 이별을 했다.

100일 탈상 후 시골집을 정리했다. 손때 묻은 살림살이는 쓸만한 게 거의 없었다. 칠이 벗겨진 문갑을 열자, 개봉조차 하지 않은 영양제와 건강식품이 쌓여 있었다. 냉동실에는 사골과 고기 뭉치가 돌덩이처럼 굳어 있었다. 당신 입에 영양제 한 알, 고기 한 점 마음껏 넣지 못하는 분이셨다. 시어머닌 자신을 위한 삶이 있기나 했던 것일까.

이름 모를 새 한 마리가 포르르 날아와 외발 수레 손잡이에 앉았다. 몸집이 작고 잿빛이 도는 게 시어머니를 닮았다. 언젠가 새의 푸른 날갯짓을 보며 꿈꾸듯 중얼거렸다.

"나도 새가 되고 싶어. 맘껏 하늘을 훨훨 날고 싶어"

그 순간 시어머니의 아련한 눈빛이 금방이라도 날아오를 것만 같아 겁이 났다.

외발 수레를 만져본다. 수없이 밀고 또 밀며 흘렸을 시어머니의 땀과 눈물이 반질반질해진 수레 귀퉁이에 문신처럼 남아있는 건 아닐까.

집주변을 둘러본다. 주인 잃은 장독대는 수척하다. 뿌연 먼지를 뒤집어쓴 항아리가 5월의 햇살을 끌어안고 졸고 있다. 그 많던 꽃들은 어디로 간 걸까. 바람이 일렁일 때마다 알싸한 향을 풍기던 부추 한 포기 보이지 않는다. 봄이면 쌉싸래하니 입맛 돋우던 두릅은 세어져 또 하나의 가지가 되고, 매실나무는 훌쩍 자라 손을 뻗어도 끝이 닿지 않는다. 농익은 물앵두는 우수수 쏟아져 바닥을 핏빛으로 물들이고 있다.

시어머니가 머물렀던 50년 세월의 흔적을 줍는다. 텃밭을 일구던 구부정한 뒷모습, 그을리고 주름진 얼굴에 담아내던 환한 웃음, 코끝을 시큰하게 하던 땀 냄새, 끊임없이 쏟아내던 폭포수 같은 수다.

무거운 발길로 굽이진 길을 돌아 나온다. 외발 수레에 앉았던 새가 따라와 주변을 맴돈다. 걸음을 멈추자, 날개를 활짝 펴고 창공으로 날아오른다. 포물선을 그리며 훨훨 날갯짓한다.

"나도 새가 되고 싶어. 맘껏 하늘을 훨훨 날고 싶어"

시어머니 목소리가 아스라이 들리는 듯하다.

끈

며칠 전 금전수 분갈이를 하다가 줄기 2대가 부러졌다. 금전수는 우리 집 화초 중 가장 오래되었다. 16년 전 집들이 선물로 들어와 이사를 두 번이나 거쳤다. 서열 1위답게 늠름한 모습으로 다른 화초들의 군기를 잡았다.

봄이 시작되면 금전수는 새순을 밀어 올리느라 애를 썼다. 7년 전부터는 기특하게도 꽃을 피워 물었다. 처음 꽃대가 올라오던 4월은 신비한 기운이 감도는 듯 설레었다. 꽃대가 자라 잎이 누우며 얼굴을 내밀었다. 연노랑 빛을 띤 앙증맞은 옥수수 같았다. 화려하지 않고 단아했다. 친구들 단톡방에 사진을 올렸다.

"어머 금전수도 꽃이 펴?"

친구들은 내 기대에 부응이라도 하듯 신기하다는 반응을 보였다. 나는 마치 내가 꽃을 만들어 내기라도 한 것처럼 의기양양해졌다.

금전수는 잎사귀가 돈 모양을 닮아 붙여진 이름이다. 돈이 들어온다는 속설이 있어 가정이나 사무실에서 많이 키우지만, 꽃을 보긴 쉽지 않은 듯했다.

부러진 줄기를 고정하려고 두리번거렸지만 마땅한 끈이 보이지 않았다. 시골에 살던 때는 쓰다 남은 노끈이 여기저기 놓여있었다. 짚으로 새끼를 꼬아 쓰던 시대가 지나고 노끈이 나오자 제일 먼저 고추밭에 등장했다. 빨강, 노랑, 파랑 등 색상도 다양했다.

고추밭 고랑마다 간간이 나무 지지대를 세우고 양쪽에서 끈을 잡았다. 나무 지지대를 감아 서로 위치를 바꾸며 줄을 늘이면 긴 꽈배기 모양이 되었다. 고춧대는 끈에 의지해 주렁주렁 열매를 맺었다. 오이도 마찬가지였다. 지지대를 삼각형 모양으로 세워 넝쿨이 양쪽으로 올라가게 한 후 노끈으로 고정하면 오이는 맘 놓고 몸을 불렸다. 비바람이 불어도 끄덕 없었다.

광택이 나고 매끄러운 은색 끈도 있었다. 들판에 허수아비를 세우고 곳곳에 나무 기둥을 심고 팔에서 목에서 몸통에서 줄을 팽팽하게 연결한다. 해가 쨍하고 바람이 셀수록 끈은 어지럽게 흔들리며 반짝였다. 곡식을 쪼아 먹으러 날아온 참새들이 화들짝 달아났다. 눈이 부셔서인지 겁이 나서인지 알 수 없었다.

거실 장 서랍에서 끈을 찾았다. 선물 장식용 끈이었다. 작은 레코드판처럼 둥글게 말려있는 붉은 끈을 풀다가 난 뜬금없이 탯줄이 떠올랐다.

엄마는 딸 둘을 낳고 세 번째로 아들을 얻었다. 이어 딸 둘을 더 낳았다. 아들 욕심인지 실수인지 마흔둘에 또 태기가 있었다.

배가 불러올수록 엄마는 불안했다. 배 모양이 되똑하고 순한 움직임이 아무래도 불길했다. 잃은 아이까지 합하면 여덟 명의 아이를 뱃속에 품었던 엄마였다. 만삭이 되어 갈수록 엄마의 불안은 확신으로 변했다. 나는 직감적으로 어떤 위기감을 느꼈을까. 탯줄을 꿋꿋하게 부여잡고 있었다.

한숨과 눈물로 태어난 게 나였다. 엄마는 나의 태몽도 태어난 시도 정확히 알지 못했다. 음력 칠월 아흐레 해 넘어갈 무렵이 전부였다.

거실 중앙에 야외용 돗자리를 이중으로 깔았다. 금전수 화분은 내 허리에 차고 줄기가 많아 분갈이할 엄두가 나지 않았다. 해마다 새순이 잘 올라오고 꽃도 피우기에 안심했다. 그런데 요즘 들어 점점 생기를 잃어갔다.

겉흙을 서너 줌 파낸 후 화분을 뉘었다. 화분을 한 손으로 지그시 누르고 시들해진 꽃대를 잡고 뽑자 미동도 하지 않았다. 흙을 더 파냈다. 뿌리가 어느 정도 드러나자 다시 힘을 주어 당겼다. 역시 움쩍 안 했다.

화분과 흙 사이에 모종삽을 넣어 칼질하듯 한 바퀴 돌리며 공간을 만들었다. 바닥에 앉아 두 다리로 화분을 누르고 양손으로 줄기를 잡고 힘껏 잡아당겼다. 조금 움직이기 시작했다. 첫 아이를 낳을 때처럼 숨을 깊게 들이켜고 복부에 힘을 실어 동시에 밀고 당겼다. 퍼버벅 압력이 빠져나가는 소리와 함께 커다란 뿌리가 통째로 튕겨 나왔다. 줄기보다 훨씬 큰 뿌리는 흙 대신 공간을 채운 빈 플라스틱 화분을 악착같이 끌어안고 있었다.

엄마가 나를 포기하지 않은 건 병원이 무서워서도 낙태 수술할 돈이 없어서도 아니었다. 내가 악착같이 탯줄을 붙잡고 뿌리를 내렸기 때문이리라.

금전수 뿌리가 상하지 않도록 조심조심 뿌리를 분리했다. 뿌리는 좀처럼 빈 화분에서 떨어지려 하지 않았다. 탯줄을 잡고 있던 나처럼 안간힘을 썼다. 얼마나 오래 붙들고 있었는지 화분 안쪽에 토란 같은 알맹이가 서로 뒤엉겨 있었다. 삶의 집착이 암 덩이가 된 것처럼 섬뜩했다. 알맹이가 매달린 줄기는 하나같이 시들했다.

둘째 언니는 다섯 딸 중 제일 예쁘고 몸이 약했다. 서울의 살만한 집 큰 며느리로 들어갔으나 가난한 친정 탓에 기를 펴지 못했다. 형부가 하는 출판사마저 풀리지 않자 유별난 시부모 봉양에 시누이 시동생 뒷바라지를 도맡아 심신이 고달팠다.

허리가 한 줌인 언니는 일 년에 한두 번 친정을 다녀갔다. 밤이면 이불에 얼굴을 묻고 어깨를 달싹였다.

"그래도 어쩌겠냐. 애들 봐서 버티고 살아야지"

엄마의 젖은 한숨이 어둠 속을 떠돌았다.

어느 날, 시름시름 하던 언니 배에서 뭐가 만져졌다. 35년 만에 만난 초등 동창생이 경망을 떨었다.

"그거 스트레스 받아 적이 쌓인 거야. 중환 맞으면 풀어져. 니가 좀 힘들었니?"

다섯 차례 중환을 맞은 언니는 피골이 상접한 몰골로 친정에 왔다. 앉아 있지도 못하고 태아처럼 두 다리를 가슴에 붙이고 누워 새된 숨만 쉬었다. 팔순 노모가 배를 만져보고 소스라치게 놀라 형부를 나무랐다.

"아니, 자네는 어미가 이렇게 되도록 배 한 번 만져보지 않았나. 당장 대학병원으로 데려가게"

위암 말기였다. 간과 폐까지 전이된 암 덩어리들은 끈질기게 언니를 빨아먹고 빈껍데기만 남겼다. 언니는 악착같이 버티지 못하고 삶의 끈을 놓고 말았다.

사람은 누구나 엄마 뱃속에서 탯줄이라는 끈으로 연결돼 있다. 그 끈을 붙들고 견뎌내야만 세상 밖으로 나올 수 있는 것이다. 비록 원하지 않는 생명이라도 끈을 부여잡고 뿌리를 내리는 순간 어찌하지 못하는 것이리라.

어쩌면 우리는 뱃속에서부터 삶의 끈을 붙잡고 악착같이 견디는 법을 배우는지도 모른다. 엄마와의 끈이 떨어져 세상에 나온 우리는 또 다른 끈을 만들며 살아간다. 그 끈을 단단하게 조이며 살아가는 게 인생 아닐까.

부러진 금전수에 나무젓가락을 지지대로 세우고 빨간 끈으로 동여맸다. 부상병이 된 금전수는 처량했다.

일주일이 지나자 금전수는 생기를 찾았다. 나처럼 삶의 끈을 놓지 않고 버텨낸 것이다.

두려움에 대하여

사람은 열 달 동안 엄마 자궁 속에 있다가 세상 밖으로 나올 때 두려움을 느낀다고 한다. 그것은 금수저를 물고 태어나든 흙수저를 들고 태어나든 마찬가지일 것이다. 그 누구도 10만 대 1의 경쟁을 뚫고 승리감을 만끽하며 골인한 곳이 비단 연못인지 시궁창인지 알지 못한다. 태어날 때 응애응애 울음을 터트리는 것은 바로 두려움 때문일 것이다.

새벽 2시. 천둥 번개를 동반한 요란한 빗줄기는 잠잠해졌으나 습기 머금은 바람이 세차게 불어댄다. 어려서부터 천둥 번개는 공포스러웠다.

허술한 시골집에 작달비가 쏟아지고 천둥, 번개가 치는 날엔 고만고만한 삼 남매가 좁은 방안에서 이불을 뒤집어쓰고 오돌오돌 떨었다.

눈이 크면 겁이 많다고 한다. 그래서일까. 나는 유난히 겁이 많았다. 밤이면 외떨어진 화장실을 가지 못해 세 살 위 언니를 어지간히 귀찮게 했다. 문밖에 있는 언니를 몇 번이나 확인하고도 안심하지 못했다.

20대 연애 시절, 막차 버스에서 내려 집에 가려면 비포장 길을 한참 걸어야 했다. 신작로가 끝날 무렵 모퉁이를 돌아 오솔길을 지나 계단을 오르면 산속 오두막이 나타났다. 모퉁이를 몇 미터 앞두고 길가 파란 기와집을 지나쳐야만 했다. 길갓집엔 개 두 마리가 있었다. 아무리 발소리를 낮추고 걸어도 득달같이 달려 나와 송곳니를 드러내고 으르렁거렸다. 개는 주인을 닮아 사나웠다.

파란 기와집은 길가에 새집을 짓기 전까지 우리 집 바로 아래에 살았다. 우리처럼 2남 5녀를 두었으나 아버지보다 열 살 아래였다.

아저씨는 목수였다. 술만 먹으면 살림살이를 때려 부수고 포악을 떨었다. 아주머니와 아이들은 도망 다니느라 점점 발이 빨라졌다. 아랫집은 수박 농사를 크게 지었지만 깨진 수박 한쪽 이웃에 주는 일이 없었고 홍시가 넘쳐나도 터진 감 하나 나누지 않았다.

그 집 막내아들은 나보다 한 살 아래인데 생일이 빨라 동창생이었다. 공부도 지질이 못하면서 개구쟁이 짓만 골라 했다. 수박 참외 서리는 말할 것도 없고 닭과 토끼를 훔쳐 달아난 적도 있다. 집에 없어서가 아니라 남의 것을 빼앗으며 쾌감을 느끼는 것 같았다. 게다가 맞고 자라서인지 성격이 거칠고 차가웠다.

그 애는 초등학교 6학년 때 아저씨 등에 거꾸로 업혀 다녔다.

동자승처럼 빡빡머리를 하고 배가 남산만 하더니 졸업도 하지 못하고 저승으로 갔다.

짐승도 주인을 닮는다는 말이 있다. 그 집 개가 악착같이 짖을 때마다 고약을 떨던 아저씨가 떠올랐다. 그 자리에 굳은 채로 달달 떨던 나는 때마침 지나가는 동네 어르신 덕에 놓여날 수 있었다.

내가 결혼할 무렵 얼굴이 새카맣게 된 아저씨는 간암이라고 했다. 인색하게 굴던 아저씨는 환갑도 못 되어 빈손으로 아들 뒤를 따라갔다.

고등학교 시절 있었던 일은 손가락에 꼽는 두려움일 것이다. 나는 다른 지역 학교에 다니느라 기숙사 생활을 했다. 설 명절을 앞두고 큰 언니 집에 들러 고기와 손수 만든 산자를 한 바구니 들고 고향 집으로 갔다. 상수리나무는 핏기없는 얼굴로 한기를 견뎌내고 있었다. 산 중턱에 자리한 남루한 집은 추녀마다 고드름을 매달고 힘겨워했다.

안방 문고리에 빛바랜 자물통이 매달려 있었다. 부엌문을 열자 숨어있던 칙칙한 어둠이 와락 달려들었다. 찬장 밑을 더듬거리자 오래된 사발 속에서 열쇠가 달그락거렸다.

방안에 온기가 사라진 지 오래인 모양이었다. 전화가 없으니 연락할 방법도 없었다. 기숙사로 돌아가기엔 너무 늦은 시간이었다.

아궁이에 불을 지폈다. 가마솥은 다행히 물이 반쯤 채워져 있었다. 삭정이를 꺾어 넣고 장작을 몇 개 얹었다. 부엌에 진을 치고 있던 한기가 연기를 마시고 놀라 달아났다.

어둠이 빠르게 잠식해 들어왔다. 차디찬 바람이 낡은 흙집을 휘감고 조여 왔다. 방으로 들어가 문고리를 걸고 녹슨 숟가락을 끼웠다. 주먹 한 방에도 속절없이 부러질 앙상한 문살이었다. 누런 창호지는 봄볕이 들어야만 새 옷으로 갈아입을 참이었다.

낡은 국방색 담요를 양쪽 못에 걸어 방문을 가렸다. 손바닥만 한 창문은 옷가지를 구겨 넣었다. 한기를 막고 무엇보다 불빛이 새어나가지 않게 하기 위함이었다. 형광등을 끄고 반 토막 남은 초에 불을 붙였다. 투박한 발소리가 난 것도 같고 두런두런 얘기 소리가 들리는 듯도 했다.

세찬 바람이 윙윙 우는 소리를 냈다. 심장이 조여 왔다. 오래전 모의 간첩 훈련 때 나타났던 낡은 옷에 흙투성이 군화를 신은 남자가 불쑥 떠올랐다. 이불을 머리까지 뒤집어써도 두려움은 줄어들지 않았다.

고요 속에서 촉각이 곤두섰다. 천장 위에서 쥐들이 먹이 다툼하는지 찍찍거렸다. 처마 끝에 잠을 자러 온 할미새가 쪼르륵거렸다.

벽에 걸린 새해 달력이 눈에 들어왔다. 소나무 위로 소복하게 눈이 내린 사진이었다. 빨강 숫자 6개 파란 숫자 4개 검정 숫자 21개가 단란한 가족 같았다. 1월은 아직 손때가 묻지 않아 깨끗했다.

아버지는 농사철이 되면 달력에 연필을 꾹꾹 눌러 적었다. 파씨 뿌리기, 호박심기, 상추 파종하기, 고추 모종하기, 감자 심기나 고구마 캐기 등 달력 안에서 갖가지 채소와 곡식이 심어지고 거두어졌다.

달력을 내렸다. 마지막 장인 12월의 뒷면을 펼쳤다. 새하얀 종이가 마치 내 머릿속 같았다. 라디오 옆에 먼지를 뒤집어쓴 볼펜을 집어 들었다.

'산자와 죽은자(고기)를 들고 찾아온 고향 집은 비어있다. 막내딸이 온 줄도 모르고 엄마 아버지는 어디로 가신 걸까. 적막한 오두막집은 괴기스럽고 공포스럽다. 문밖은 침입자가 벽면에 귀를 기대고 동태를 살피는 것 같다. 숨소리조차 낼 수 없다. 숨바꼭질이라면 재미라도 있지. 밤이 동짓날처럼 길고 길다'

어떻게 밤을 넘겼는지 모른다. 까무룩 졸다 일어나니 날이 밝아 있었다.

지금도 나는 겁이 많다. 혼자 있는 시간을 두려워하고 모르는 사람을 경계한다. 길을 가다가 험상궂은 사람을 만나면 심장이 쿵쾅거린다. 하지만 이런 두려움은 사소한 것일지도 모른다.

젊어서는 불확실한 미래에 대한 두려움이 있었다. 중년이 지나면서 노화에 대한 두려움이 일기 시작했다. 어떤 두려움은 내가 받아들이는 순간 극복이 되기도 한다. 노화를 자연의 순리로 받아들이는 순간 두려움과 멀어졌다. 그러나 내가 어찌하지 못하는 두려움이 남아 있다.

오십이 넘으니 이별에 대한 두려움이 커지고 있다. 가까운 가족과의 이별, 친구와의 이별, 그중 배우자와의 이별이 제일 두렵고 상상조차 하고 싶지 않다. 또 다른 두려움은 나란 존재가 사라지는 것일지도 모르겠다. 사람들에게 잊히는 것, 세상에서 내 존재가 지워지는 것이 어쩌면 제일 두려운 게 아닐까.

큰언니 1

퇴근하고 집에 오니 허기가 졌다. 혼자 먹는 저녁이니 밥상이랄 것도 없고 반찬 두세 가지를 꺼내 거실 탁자에 올렸다. TV를 켜고 탁자 밑으로 두 다리를 쭉 펴고 앉으면 저녁 준비가 끝난다. 아침과 점심을 부실하게 먹은 탓에 저녁은 항상 허겁지겁 먹게 된다. 과일까지 챙겨 먹고 포만감이 밀려오자 또다시 후회가 인다. '조금 덜 먹을걸' 어릴 때 비롯된 식탐은 중년을 넘겨도 사라지지 않는다.

오늘은 요가 수업이 있는 날이다. 배부른 상태로 요가를 하기란 쉽지 않다. 과장된 몸짓으로 방을 오가며 청소기를 돌렸다. 그때 휴대전화가 울리며 '큰언니'라는 세글자가 깜빡였다.

"어디니 린이네 안 가? 아버지 제사잖어."

큰언니는 애초부터 추궁하기를 작정한 듯한 말투였다.

20년 된 아버지 봉분을 헐어 유골을 납골당에 모신 게 3년 전이다. 장남인 오빠는 미국에 살고 남동생이 자연스레 아들 노릇을 해온 터였다. 엄마가 연로하셔 제사 모시기가 버거워지자 선뜻 제사를 가져가겠다고 한 것도 남동생 내외였다.

그렇게 십여 년간 제사를 모셔 왔건만 넷이나 되는 시누이들은 참석하지 않는 실정이었다. 제사를 가져오고 얼마 안 돼 바로 위 언니와 함께 참석한 적이 있었다. 20년 차 큰며느리인 내 눈에 찰 리가 없었고 무엇보다 싫은 내색이 역력한 올케에게 여간 눈치가 보이는 게 아니었다.

올케가 그러는 것도 이해하지 못하는 바는 아니다. 학원을 운영하는 남동생은 10시가 넘어야 집에 들어온다. 일하는 올케도 퇴근 후 혼자 제사 음식을 준비하느라 보통 고된 일이 아니었을 것이다.

2년 전 마지막이라는 생각으로 두 언니와 함께 제사에 참석했다. 큰언니는 연락하지 않았다. 남동생이 아버지 제사를 가져간 후 단 한 번도 연락하거나 참석하지 않았기 때문이었다.

올케는 옆에서 신경 쓰이게 하는 걸 달가워하지 않는 성격이었다. 혼자 준비하겠다고 천천히 오라기에 느지막이 가서 상차림만 도왔다. 올케는 뿌루퉁해 있었다. 늦게 와 언짢은 모양이었다. 우리는 나름 올케 뜻을 존중한 건데 시누이올케 사이는 곡해되는 부분이 없지 않은 것 같다.

제사 음식을 나눠 먹으며 말했다.

"이제 제사 그만 지내. 올 사람도 없고 린이 아빠도 밤늦게 끝나고. 시간 되면 납골당이나 다녀오면 되지 뭐."

언니들도 덩달아 그러라고 했다.

동생은 기다렸다는 듯 제사 비용이 많이 든다는 둥 엄살을 보탰고 올케는 그래도 되냐며 좋아하는 기색이 역력했다.

그 후 아버지 제사는 물론이고 명절 차례도 지내지 않았다. 그러다 요양원에 계시던 엄마마저 작년에 고인이 되고 지난 2월에 엄마 첫 제사가 있었다. 두 분이 함께 있는 납골당에서 가족들이 만나기로 했다. 큰 언니가 전화로 역정을 냈다.

"얘 엄마 첫 제사를 누가 그렇게 지내니. 아버지하고 처음 같이 지내는 건데 그러는 법이 아니지."

남동생은 흔쾌히 엄마 제사상을 차렸다. 큰형부와 둘째 언니는 고인이 되셨고 오빠는 미국에 살았다. 나머지 형제들이 모두 모였다. 엄마를 회고하는 이야기가 오가고 서로 사는 얘기를 나누며 화기애애한 시간이었다. 제사의 참 의미가 바로 이런 거라는 생각이 들었다. 거기서 차마 큰언니에게 앞으로 제사는 지내지 않기로 했다고 말할 수 없었다.

남동생은 수업 중인지 전화를 받지 않았다. 올케도 근무 중인지 마찬가지였다. 큰언니 번호를 눌렀다. 제사 준비를 하지 않은 것 같으니 우리 집으로 오라고 했다. 큰언니는 노발대발했다. 제사를 안 지내면 확 뒤집어 놓는다고 엄포를 놓았다. 그리고는 막무가내로 남동생 아파트 주차장에서 기다리겠다고 했다.

이 무슨 긴급상황이란 말인가. 나는 바로 위 언니한테 전화를 걸었다. 자초지종을 설명하고 동동거렸다. 언니도 몸이 달아 남동생에 연신 전화를 한 모양이었다.

얼마 후 올케한테 전화가 왔다. 예상대로 제사 날짜도 모르고 있었다. 급한 대로 나물, 전, 떡 등 내가 장을 봐 갈 테니 국하고 밥만 준비하라고 했다.

"형님 저는 못 해요. 아직 퇴근도 못 했고요. 지금 어떻게 준비해요"

올케는 단호하게 말했다.

잠시 후 남동생에게서 전화가 왔다. 남동생은 볼멘소리로 제사 안 지내기로 한 거 아니었냐며 왜 큰누나한테 절절매느냐고 되려 나무랐다. 내 속만 타들어 갔다.

큰언니는 올해 일흔하나로 매사 심한 세대 차이를 느낀다. 나나 동생에게는 엄마뻘이 되고도 남으니 그럴만하나 고루하고 잘 삐지는 탓에 어렵다기보다 불편한 사람이었다. 수만 평 농사를 짓는 집으로 시집가 고된 농사일로 고생을 했지만, 그보다는 딸만 여섯을 낳아 키우느라 설움을 받았다. 지금은 여섯 딸을 근거리에 끼고 살며 입에 침이 마르도록 딸들의 효심을 자랑하는 게 낙이 되었다.

큰형부가 암으로 8년여를 투병해 오는 동안 번갈아 가며 수발을 들고 팔다리 역할을 한 것도 딸들이었다. 엄마 아빠라면 벌벌 떨며 정성을 다하는 조카들이 가끔은 지나치다 싶을 정도였다. 농지가 금싸라기가 되어 수십억 재산이 되었으니 당연하다고 속으로 괜한 트집을 잡았다.

큰언니는 그동안 사는 게 어렵다는 이유로 친정 일에 힘을 보태지 못했다. 아버지의 마지막도 막내딸인 내가 모시다 상을 치렀고 엄마를 모시고 병시중한 것도 나였다. 엄마를 유료요양원에 모실 때도 요양비 한 푼 보태지 않았다.

“언니는 큰딸 노릇도 못 한다.”

언니가 입에 달고 사는 말이었다. 그러면서 툭하면 섭섭하다고 했다.

친정에 무슨 일이 있을 때마다 일을 처리하는 건 나였다. 장남 몫을 대신해도 불만은 없었다. 그저 내가 해야 할 일이라고 여기고 혼자서 감당하기 힘든 일은 다른 형제들과 의논했다. 의논이라는 것이 결국은 돈과 관련된 일이라서 큰언니에게 돌아올 대답은 뻔하기에 우리끼리 일을 처리하곤 했다. 그러면 큰언니는 자기를 무시한다는 둥 큰언니 노릇 못해 미안하다는 둥 꼬인 소리로 오래도록 곱씹어댔다.

큰언니 2

남동생에게 다시 전화가 왔다. 큰누나한테 전화해 앞으로 제사 안 지낼 거라고 했더니 중간에 끊어버렸다 한다. 동생은 동생대로 10년 넘게 연락 한번 없더니 이제 와 왜 추궁하듯 하냐고 언성을 높였다. 게다가 수업 중에 부재중 전화가 너무 많이 와 있어 딸에게 무슨 일이 있는 줄 알고 놀랐다고 했다.

나는 얼른 큰언니한테 전화해 우리 집에서 저녁이나 드시고 가라 했다. 반찬이 마땅한 게 없어 몸과 마음이 분주했다. 냉동실에 있는 돼지고기를 꺼내 해동을 시켜 김치찌개를 끓이고 계란찜을 하고 새송이버섯을 채 썰어 양파를 넣고 볶아냈다.

큰언니는 조카 둘과 손녀딸을 거느리고 성난 황소처럼 등장했다. 거실에 발을 들여놓기도 전에 남동생 흉을 보며 씩씩거렸다. 이만저만한 일로 못 지낸다고 해도 시원찮을 판에 오히려 화를 내는 동생이 어이없고 황당하다며 열을 올렸다.

"너는 알고 있었니?"

큰언니가 나를 쏘아보았다.

나는 우물쭈물하며 20년 넘은 제사인데 납골당이나 다녀오면 되지 않냐고 동의를 구했다.

"어떻게 제사를 안 지내냐. 응, 아버지 제사 가져갈 적에도 나한테 상의 한마디 없더니. 그때부터 엄마가 외로워 병난 거야."

큰언니는 어처구니없는 말을 쏟아 냈다.

"아버지가 불쌍하다. 그 고생을 하시다 돌아가셨는데 제사도 못 얻어 드시고."

나는 반기를 들고 싶었지만 입을 꾹 다물었다. 불난 집에 부채질할 수 없었다.

몇 해 전 큰 형부가 돌아가시고 일 년이 되던 해 제사를 지냈는지는 알 수 없었다. 보수적인 큰언니가 그냥 지나쳤을 리가 없다. 큰 언니의 주장을 뒷받침하려면 아들이 지내야 맞는 일이 아닐까. 나아가 정통성을 고집한다면 장남인 큰아들이 지내야 옳다. 그렇다면 남동생에게 책임을 전가해서는 안 되는 일 아니겠는가.

큰언니는 남동생을 다신 볼 일 없을 거라며 단절하겠다고 쐐기를 박고 떠났다. 피로감이 몰려왔다. 엄마가 돌아가셨으니 당신이 제일 어른인데 한마디 상의도 없었다는 말이 귓가에 맴돌았다. 이제 와 어른 대접을 받으려는 큰언니를 어느 동생이 달가워할 것인가.

"내가 니들 어려서 다 업어 키웠어. 내 등허리가 헐어가면서 말야.”

내가 돌이 되기 전 엄마는 나를 업고 사윗감을 선보러 갔다고 했다. 첫 조카가 태어나고 남동생이 태어났으니 남동생을 업어 키우진 않은 셈이다.

부모 은혜도 알알이 새기지 못하고 사는 마당에 언니의 희생을 새기며 사는 동생들이 어디 있으랴. 물려받은 재산 한 푼 없이 저마다 근근이 삶을 꾸려나가느라 애를 쓸 때 정작 큰 사람 노릇이 필요했던 게 아닐까.

매년 여름철만 되면 동생들이 찾아갔다. 형부가 편찮으실 때도 몇 차례 문병을 다녀왔다. 갈 때마다 양손이 무겁게 싸 들고 가고 적으나마 용돈까지 챙기며 큰언니 체면 살려주기에 무던히 노력한 동생들이다.

큰언니는 동생들이 가도 안부를 묻지 않았다. 처음부터 끝까지 딸자식 자랑만 늘어놓았다. 대단한 대접을 바라지도 않았다. 사전 연락을 했음에도 '아무것도 준비 안 했다'라며 기껏 내놓은 콩국수 한 그릇이 전부였다. 서운한 거로 치면 동생들도 만만치 않지만 말한 적이 있던가.

다음 날 남동생이 다시 전화했다. 여전히 목소리에 찬기가 돌았다. 누나들이 다 합의한 일이고 앞으로도 제사는 안 지낼 거고 여름이고 언제고 큰누나랑 모일 때 자기는 부르지 말라고 못을 박았다.

엄마가 안 계시니 함께 할 구실이 사라진 셈이다. 형제자매간도 상대적이어서 서로 주고받는 마음이 없으면 점점 멀어지게 마련이다. 같은 피를 나눈 형제자매지만 제각각이어서 서로 마음 맞추기가 어디 그리 쉬운가. 더군다나 서로 살아온 삶이 다르고 사는 형편이 달라 거리감이 생기는 것을 어쩌겠는가.

시대가 바뀌면 현실에 맞춰 살아가면 된다. 현실은 해마다 제사를 안 지내는 집이 늘어간다. 아들, 딸 구별도 없고 한 명인 가정도 많다. 누구에게 제사를 책임 지울 수 있겠는가.

젊은 세대로 갈수록 제사 자체를 이해하지 못한다. 마음도 없는 형식적인 제사가 무슨 의미가 있겠는가. 상다리 부러지게 상을 차린들 살아생전 하지 못한 효도를, 대신하는 것도 아닐 것이다. 그저 회한에 불과한 것이리라. 꼭 제사가 아니어도 납골당을 찾거나 가족이 모여 밥 한 끼 나눌 수 있다면 그것으로도 족하지 않을까.

제사란 무엇일까. 오랜만에 가족들이 모여 고인을 회고하고 가족 간 정을 나누는 시간이다. 그것이 진정한 의미일 것이다. 그런데 요즘 같은 시대에 가족들이 모이는 자체가 쉽지 않다. 제사로 인해 가족의 불화가 생긴다면 조상님들인들 편하시겠는가.

큰며느리인 나는 30년 넘게 제사를 지내고 있다. 시어머니가 돌아가시고 시 조부모님 제사를 시부모님과 합쳐 간소화하였다. 명절 차례는 아들, 딸이 함께해 뿌듯하고 의미가 있으나 평일에 닿는 기제사는 남편과 단둘이 쓸쓸하다. 게다가 시장에서 사 온 음식을 올리다 보니 형식적인 행위에 지나지 않는다.

큰언니는 엄마 대신이다. 제사를 운운하기 전에 가족의 화합이 먼저 아니겠는가. 엄마 마음으로 동생들 안부도 챙기고 일 년에 한두 번은 한자리에 불러모아 마음을 나누면 얼마나 좋을까. 눈에서 멀어지면 마음에서도 멀어지는 법이다. 같은 뿌리에서 나왔다고 언제까지 끈끈함이 남아 있을 것인가.

어른 대접을 안 한 우리도 잘한 것은 없다. 습관이 되지 않아 살 궂은 동생은 되지 못해도 우리가 노력하면 큰언니도 바뀔 것이다. 큰언니를 만나러 가는 길이 친정 가는 것처럼 기쁘고 행복하면 얼마나 좋겠는가. 이제는 넉넉해진 형편만큼 큰언니 노릇을 해도 되지 않을까.

노인이 될수록 대접을 받으려는 경향이 있다. 버스나 전철을 탔을 때 당연하다는 듯 자리를 뺐는가 하면 공공장소에서 차례를 무시하며 젊은이들의 눈살을 찌푸리게 한다. 그동안 애쓰며 살아온 노인들을 공경하는 것은 당연하나 공경을 강요하는 것은 옳지 않다. 사람 심리가 얄궂어서 남이 하라면 더 하기 싫은 법 아니던가.

몇 달 후면 큰언니 생일이다. 남동생을 달래 큰언니를 만나러 가야겠다. 큰언니는 옛날 사람이다. 어른을 이해하고 맞추는 게 동생들의 도리 아니겠는가. 우리도 언젠가는 옛날 사람이 된다. 우리도 고루해지지 않으리라 장담할 수 있는가.

항아리 탈출기

얼마 전부터 좋은 습관을 실천하고 있다. 매일 산책하기이다. 매일 만 걸음 이상 걷기를 목표로 삼았는데 비 오는 날을 제외하곤 무난히 달성하고 있다. 만 걸음을 채우려면 화합공원을 한 바퀴 돌고 산책로를 따라 둘레길을 거쳐 문화공원과 풍경공원을 지나 방축공원까지 돌아와야 한다.

처음 산길을 걸으면서 주저하는 마음이 없지 않았다. 숲이 주는 서늘함 때문이다. 인적 하나 없고 사방이 고요할 때 밀려오는 오싹함 말이다. 그래서 생각한 것이 막대기였다. 마침 막 베어낸 듯한 나뭇가지가 눈에 띄었다. 곁가지를 쳐내고 길이를 맞춰 자른 후 매끄럽게 다듬었다. 단단하고 무게감도 적당했다. 집에 등산용 스틱이 있으나 평상복에 더군다나 뒷동산에서 스틱은 아무래도 오버였다.

사실 나무 지팡이가 절실해진 것은 며칠 전 일 때문이기도 하다. 그날도 화합공원을 한 바퀴 돌고 바람개비 공원을 지나 산길을 걸었다. 낮이라 인적은 거의 없었다. 방축공원을 찍고 되돌아 오는 길이었다. 파크 골프장을 막 지나 산길로 들어서는데 풀숲에서 수상한 기척이 느껴졌다. 반사적으로 고개를 돌린 순간 비명을 지르며 뒷걸음질 쳤다.

짙은 녹색에 검은색 줄무늬가 있는 뱀이었다. 머리가 세모꼴인지 보진 못했으나 독사임이 분명했다. 그놈은 길고 커다란 몸뚱이로 S자를 그리며 유유히 풀숲으로 사라졌다. 사르륵 나뭇잎 스치는 소리에 소름이 돋았다.

나는 어려서 산골에 살았기에 산이나 밭고랑에서 뱀을 만나는 건 예사였다. 그놈들은 겁 없이 마당이나 사람이 오가는 길로 기어 나오기도 했다 오히려 겁을 먹은 건 나였다.

특히 뒷산 너럭바위는 뱀들의 집합소였다. 뱀 허물이 늘 바위 자락에 걸려 있었다.허연 허물은 비늘 자국이 선명하게 박혀 오싹했다.

너럭바위 앞엔 크고 작은 묘지가 많았다. 주인을 알 수 없는 묘지는 아버지 손을 거쳐 잔디가 무성하고 깔끔했다. 따사로운 햇살이 잔디밭에 내려앉으면 뱀들이 소풍을 나왔다. 유유자적하며 일광욕을 즐기는 것이었다. 너럭바위를 찾은 언니와 나는 오히려 불청객 신세가 되어 도망치곤 하였다. 주객이 전도된 셈이다.

초등학교 저학년 시절 학교를 마치고 돌아오는 길이었다. 우리 집은 산 중턱에 자리하고 있었다. 집에 가려면 논두렁 사잇길을 지나 계단을 거쳐 비탈길을 올라야 했다. 토요일은 반공일로 오전 수업만 있었다.

논길 중간쯤 갔을 때 눈앞에 뱀 한 마리가 나타났다. 붉은 기운이 도는 물뱀이었다. 물뱀은 보란 듯이 길 가운데에 똬리를 틀고 앉았다.

아버지가 물뱀은 독사와 달라 붉은빛이 돌고 독이 없다고 했다. 그래도 무섭기는 매한가지였다. 주변을 둘러봐도 나무막대기는커녕 돌 하나 보이지 않았다. 나는 멀찍이 떨어져 뱀이 돌아가기를 기다렸으나 좀처럼 자리를 뜰 생각이 없어 보였다. 만일 뱀이 나를 쫓아오면 지그재그로 도망가리라 마음먹었다. 그러면 몸이 긴 뱀이 지그재그로 쫓아오느라 시간이 오래 걸린다고 누군가 한 말이 생각났다. 비록 낭설일지라도 혹시 아는가.

얼마나 시간이 지났을까. 배도 고프고 인내심도 바닥이 날 즈음 등 뒤에서 엄마 목소리가 들려왔다.

"왜 여기 있어 집에 안 가고?"

나는 짐짓 엄마를 기다린 척 능청을 떨었다.

뱀은 거짓말처럼 사라지고 없었다. 뱀도 어린 나를 깔본 모양이었다.

막대기 하나 손에 쥐었을 뿐인데 용기가 났다. 뱀이 또 나타난들 두렵지 않았다. 산짐승이 내려와도 끄떡없을 것처럼 든든했다. 혹여 불량한 사람이 덤빈다 해도 있는 힘껏 막대기를 휘두르면 벗어날 수 있을 것 같았다. 나는 막대기를 신줏단지 모시듯

했다.

뱀 얘기를 하다 보니 40년 전 일이 생각난다. 봄이 시작되고 있었다. 겨우내 쌓아놓았던 볏짚을 헐어 거름을 내는 날이었다. 외양간에 누렁이가 사라지고 볏짚은 불쏘시개나 밭 거름이 되었다. 아침상을 물린 아버진 장화를 신고 쇠스랑을 챙겨 짚 동가리로 갔다. 푹푹 거름 찍어 내는 소리가 났다. 얼마 지나지 않아 아버지의 다급한 목소리가 들려왔다.

아버지는 푹 꺼진 짚 동가리를 눈으로 가리켰다. 나는 하마터면 그 자리에 주저앉을 뻔했다. 무수한 뱀이 서로 뒤엉켜 있는 게 아닌가. 순간 구역질이 올라왔다.

아버지는 독이 없다며 작은놈 두 마리를 잡아서 내게 건넸다. 나는 얼떨결에 양손에 한 마리씩 받아 들었다. 엄지와 검지로 있는 힘껏 뱀 대가리를 눌렀다. 긴장감으로 내 몸이 뻣뻣해졌다. 오른손에 있던 뱀이 꼬리를 흔들며 혀를 날름거렸다. 그 순간 뱀을 내동댕이치며 오두방정을 떨었다. 다행히 다른 뱀들은 겨울잠에서 깨지 않아 고요했다.

나의 호들갑에 건넌방에 내려와 있던 오빠가 달려와 소리쳤다.

"뭔 계집애가 그리 악을 쓰고 난리야?"

오빠는 아버지를 도와 뱀 일가족을 모조리 잡았다.

뱀을 항아리에 담았다. 낙숫물을 받느라 처마 밑에 받쳐 놓았던 것이었다. 어른 허리쯤 오는 항아리는 제격이었다. 구멍이 촘촘한 둥근 체를 덮은 다음 그 위에 묵직한 뽕나무 그루터기를 올려놓았다. 항아리 속에 갇힌 뱀은 대략 열 마리는 넘는 듯했다. 아마도 3대가 모여 겨울잠을 자다 날벼락을 맞은 꼴이리라.

다음 날, 항아리는 텅 비어 있었다. 뚜껑은 분명 그대로인데 뱀이 온데간데없었다. 혹시 누가 몰래 풀어주기라도 한 것일까. 그때부터 공포가 시작되었다.

항아리가 있던 자리는 나뭇간과 광이 마주 보는 곳이었다. 두 곳 모두 뱀들이 숨기에 안성맞춤이었다. 나무를 가지러 가려면 서로 미뤘다. 뱀들이 나무 사이에 숨을 죽이고 있다가 공격할 것만 같았다. 어두침침한 광에 들어갈 때도 마찬가지였다. 긴장과 공포 속에서 한 달을 보냈다. 뱀의 흔적은 어디에서도 발견할 수 없었다.

뱀들은 어떻게 항아리를 탈출할 수 있었을까. 서로의 몸을 연결해 줄을 만들어 타고 올라온 것일까. 매끄러운 항아리를 올라온 것도 대단하지만 뚜껑의 무게를 밀어 올리고 감쪽같이 탈출에 성공한 건 더 대단하지 않을 수 없다.

뱀들의 항아리 탈출기는 영화 파피용과 쇼생크 탈출을 생각나게 한다. 목숨보다 더 소중한 자유를 갈망한 파피용이 난관을 극복하고 탈옥에 성공한다. 희망을 버리지 않은 앤디도 탈옥해 자유를 찾았다. 자유를 향한 갈망은 기적을 만드는 것이리라. 무릇 불가능을 가능케 하는 힘은 인간에게만 적용되는 건 아님을 깨닫는다. 자유를 찾은 뱀들은 대를 이어 잘살고 있으려나.

감자 한 알

장마 소식에 언니가 몸이 달아 전화를 했다. 자식처럼 키운 감자건만 비를 맞아 썩는 꼴을 보게 될까 봐 마음이 급해진 것이다. 하지 감자는 말 그대로 하지 무렵에 캐는 것인데 늦은 탓도 있다. 한두 포기를 캐어 보니 벌써 썩기 시작했다고 언니는 조바심을 쳤다. 내가 느닷없이 남해 여행만 가지 않았어도 어제 캤을 것이었다. 3박 4일간 섬 여행을 다녀와 여독이 풀리지 않았으나, 피로를 핑계 대기엔 면목이 없었다.

언니가 이천에 농가 주택을 마련한 건 2년 전이다. 퇴직이 코앞인 형부의 바람은 농촌에서 푸성귀를 키우며 사는 것이었다. 언니를 따라 농가를 보러 다녔다. 그중 동네가 아늑하고 어릴 적 살던 시골집을 닮아 서로 마음이 동한 게 지금의 농가 주택이다.

오랫동안 비워둔 집을 수리하느라 생각보다 큰 비용이 들었다. 여름에 시작한 공사는 가을 무렵이 되어서야 쓸만한 전원주택이 되었다. 전원생활은 나의 로망이기도 했다. 나는 아담한 나무 정자를 기증하고 언니와 함께 행복을 공유하기로 했다.

집 주변은 다양한 과실수가 둘러싸고 있었다. 오래된 감나무와 앵두나무, 살구나무, 매실나무, 자두나무가 운치를 더했다. 집 앞으론 텃밭이라고 하기엔 제법 너른 밭이 떡 버티고 있어 흐뭇했다.

첫해는 전 주인이 심어 놓은 땅콩과 고구마로 인해 아무것도 할 수 없었다. 이듬해부터 어설픈 농사를 시작했다. 형부는 주말마다 전원주택으로 달려가 풀을 깎고 주변을 정리하고 밭을 일구었다. 시골 태생이라고는 하나 어릴 적부터 도시에 나와 살았기에 마음만 앞설 뿐 농사에 대해 아는 바가 없었다. 유튜브를 찾아가며 거름을 내고 고랑을 만들고 비닐을 덮었다.

첫 농사는 가늠이 되지 않았다. 꽃상추가 넘쳐나고 호박이 밭 전체를 점령했다. 유기농으로 키운 오이는 비뚜름했고 고추는 탄저병이 났다. 들깨는 오갈병이 들어 열매를 맺지 못했다.

여름 끝자락에 김장배추와 무를 심었다. 잡풀이 무성한 밭을 고르고 두둑을 놓고 비닐을 씌웠다. 간격을 주어 구멍을 뚫고 배추 모종을 하나씩 넣었다. 물을 주고 잎이 묻히지 않도록 흙을 덮었다.

무씨는 한 구멍에 서너 개씩 넣었다. 작년 여름 언니가 다니는 회사에서 밭을 내어줘 김장 농사를 지어본 덕에 한결 수월했다. 경험만큼 좋은 스승은 없는 법이다. 물을 주고 틈틈이 벌레를 잡아주며 형부는 소원을 이룬 셈이었다.

우리 부부가 뜻하지 않게 강원도로 이사하면서 더는 언니네 농사일에 동참할 수 없었다. 그나마 일머리를 알고 힘쓰는 일을 도맡았던 남편이 물러나면서 상황이 난감하게 되었다. 그러나 우려와 달리 언니 부부는 시행착오를 거쳐 나날이 발전했다. 농작물은 농부의 발걸음 소리를 듣고 자란다고 했다. 형부의 지극 정성으로 배추는 실하게 속이 찼고 무는 단단했다. 대파와 쪽파, 홍갓도 넉넉하게 자랐다.

11월 마지막 주말은 김장하는 날이었다. 배추 배를 가르고 소금물에 적신 다음 사이사이 소금을 뿌려 김장비닐에 켜켜이 담았다. 김장의 반은 배추를 절이는 일이었다. 저녁 내 무채를 치고 파를 썰고 마늘, 생강을 찧어 양념을 준비했다.

다음 날 아침, 된서리가 내렸다. 다듬어 버린 배추 시래기가 밤새 바삭하게 얼어 있었다. 배추는 반도 절지 않았다. 추울 땐 미지근한 물을 써야 소금이 녹아 골고루 절여진다는 걸 미처 몰랐기 때문이다. 덜 절은 채로 하는 수밖에 없었다.

절인 배추를 씻어 건져 물기를 빼는 동안 배춧속 양념을 비볐다. 먼저 무채에 고춧가루로 색을 입히고 미리 준비한 재료를 모두 섞고 젓갈과 생새우도 듬뿍 넣었다. 화덕에 올려놓은 드럼통에서 김이 모락모락 피어올랐다. 수육이 익어가며 구수한 향기를 풀풀 풍겼다.

덜 절은 배추는 빳빳해서 속 넣기가 힘들었다. 일손이라곤 언니와 조카, 나뿐이어서 도무지 진전이 없었다. 80여 포기지만 실한 배추는 4등분을 해야 하기에 적은 양이 아니었다. 점점 멀미가 나고 체력의 한계를 느꼈다. 언니와 나는 약속이나 한 듯 내년부터 단체 김장은 하지 말자고 선언했다. 언니네 먹을 만큼만 심으라고 형부한테 신신당부했다.

올해 농사는 다양한 농작물이 보기 좋게 자랐다. 상추, 오이, 가지, 호박, 토마토, 참외, 수박 등 제법 구색이 맞고, 손주들 이름으로 심은 사과나무 두 그루도 쑥쑥 자라고 있었다. 그래도 주인공은 감자였다. 밭의 절반을 차지한 감자는 당당했다.

하루가 다르게 자라고 있는 감자 소식을 들은 남동생이 눈이 반짝인 게 두 달 전이다. 학원을 운영하는 남동생은 평일 하루 시간을 낼 수 있었다. 다행히 오늘 시간이 된다고 했다.

점심 무렵 도착해 보니 감자 줄기는 이미 누렇게 바래고 시들했다. 삼 남매는 일 복장을 갖추고 호기롭게 밭으로 갔다. 호미날로 조심스레 두둑을 허물었다. 뽀얀 감자가 모습을 드러냈다. 줄기를 걷어내자 크기가 다른 감자들이 조롱조롱 매달렸다. 어릴 적 우리 일곱 남매 같았다.

정오가 막 지난 한낮의 열기는 뜨겁다 못해 따가웠다. 이내 등줄기를 타고 땀이 흘러내렸다. 허리는 끊어질 듯 아프고 얼굴은 화끈거렸다. 가쁜 숨을 몰아쉬며 동생과 나는 안간힘을 썼다. 언니는 묵묵히 일을 잘했다. 예전부터 강단이 있는 건 알았지만 새삼 존경심이 일었다.

형부와 손주들 몫으로 한 두둑을 남기고 호미를 내려놓았다. 그늘에 앉아 얼음물을 들이켜니 살 것 같았다.

"아이구, 농사 아무나 짓는 거 아니네유, 난 못해 먹것슈"

우리 형제가 만나면 고향 사투리를 과장해서 쓰는 버릇이 있었다.

수확의 기쁨을 고대하며 마냥 들떠있던 동생의 반응은 예상한 것이었다. 재미와 기쁨은 한순간이요 노동이 되는 순간 고통임을 동생은 알지 못한 것일까.

조금 쉬었다 감자를 주워 담았다. 캐놓은 감자를 줍는 것도 쉬운 일이 아니었다. 동생은 상추를 뜯고 오이와 고추를 따며 감탄을 금치 못했다. 어려서 집을 떠난 동생은 도시 사람이 다 된 것이다. 가지와 살구까지 챙기며 행복에 겨워하는 동생을 보니 흐뭇했다.

일곱 남매 중 우리는 밑에서 삼 남매다. 둘째 언니는 오래전 세상을 떠났고 미국 간 오빠는 소식이 없다. 우리는 어느새 같이 늙어가는 나이가 되었다. 저마다 바쁘다는 핑계로 일 년에 서너 번 얼굴 보기도 쉽지 않다. 감자 덕분에 얼굴을 마주하고 추억을 꺼내 놓다 보니 복작거리며 한집에 살던 때가 생각난다.

미처 크지 않은 감자를 캐다 아버지에게 야단맞던 일, 금방 캔 날감자를 베어 물고 혀끝이 아릿했던 일, 아궁이에 구운 감자를 먹다 새카매진 입가를 마주 보고 배꼽 잡던 일이 어제 일처럼 선연하다. 새삼 감자 한 알도 나눠 먹던 그때가 그립다.

우리는 감자처럼 한줄기에서 올망졸망 뿌리를 내린 형제자매이다. 내년 하지에도 함께 감자를 캐고 수다를 섞으면 그 또한, 행복 아니겠는가. 행복은 뽀얀 감자 한 알 같은 것이리라.

8월의 복숭아

칠월이 중순을 넘어서고 나날이 불볕더위가 기승을 부리고 있다. 중복을 막 지난 무더위는 기세등등하다. 너도나도 무더위를 피해 휴가를 떠나고 싶어 들썩들썩한다. 말이 좋아 피서지 고생길인 줄 알면서도 아니 가면 서운한 게 여름휴가다. 하지만 올해는 꾹 참아 보려 한다. 주말엔 아들, 딸, 사위를 불러 집에서 점심을 먹기로 했다.

마트로 장을 보러 갔다. 휴가철이라 그런지 고깃값도 오르고 오랜 장마로 채소 물가는 턱없이 뛰었다. 들었다 놨다 망설이다 '휴가도 안 가는데 이 정도쯤이야' 하는 마음으로 고루고루 카트에 담았다. 묵직해진 카트를 밀고 과일코너로 향했다. 수박이나 한 통 살까 기웃기웃하는데 복숭아가 눈길을 사로잡았다.

초등학교 2학년쯤일까. 아버지가 불그레한 빛을 띠는 나뭇가지를 한 아름 사 들고 오셨다. 종아리채처럼 가냘픈 그것은 복숭아나무였다. 비탈밭에 드문드문 구덩이를 파고 시커먼 거름을 한 삽씩 넣고 나무를 심었다. 나무는 꼭 서른 그루였다. 3년이 지나면 복숭아가 열릴 거라 했다. 나는 저 비실비실한 나무가 어느새 자라 복숭아가 열리나 하는 의심의 눈초리와 실망한 낯빛으로 돌아섰다.

3년이 지나자, 아버지 말처럼 제법 굵어진 나무에서 분홍빛 꽃이 서너 송이 또는 예닐곱 송이 피었다. 꽃이 진 자리에서 콩알만 한 열매가 달렸다. 몇몇 열매는 노랗게 빛이 바래더니 크지 못하고 떨어졌다. 남은 복숭아는 가지를 꼭 붙들고 잘 버티었다. 복숭아는 서서히 은밀하게 몸을 불렸다.

6월이 끝나갈 무렵, 복숭아는 제법 자라있었다. 엄지손가락을 대어 보니 가려져 보이지 않았다. 나는 안달하며 아침저녁으로 복숭아를 들여다보았다.

여름이 무르익어갈 즈음 복숭아도 발그스레 물들었다. 옆을 지날 때마다 복숭아 향이 은은하게 풍겨왔다. 며칠 후 엄마와 나는 분홍빛 복숭아를 조심스레 따서 바구니에 담았다. 바가지에 물을 받아 복숭아를 씻었다. 뽀얀 솜털이 물 위에 둥둥 떠다녔다. 첫 물이라 그런지 크기는 어린 내 주먹만도 못했다. 제일 큰 놈으로 킁킁 냄새를 맡은 다음 조심스레 한입 베어 물었다. 앗, 이게 뭐람. 복숭아 향이 날 뿐 달지도 시지도 않고 맹숭맹숭했다.

"아니 당신은 어디서 이런 걸 사다 심었어요? 아이구 참"

입에 든 복숭아를 우물거리며 엄마가 아버지를 지청구했다.

중복에 먹은 복숭아는 조금 나았다. 남은 복숭아는 일곱 그루였다. 한 나무에 고작 한두 개씩 매달렸다. 꽃이 가장 늦게 피더니 복숭아는 아직 시퍼런 풀빛이었다.

입추가 지나고 여름 끝자락이었다. 주먹만큼 자란 복숭아는 살갗이 뽀야니 분칠한 엄마 얼굴 같았다. 엄마가 물에 씻는 동안에도 달콤한 향이 풍겼다. 잘 익은 복숭아는 껍질이 술술 벗겨졌다. 뽀얀 속살에서 윤기가 흘렀다. 한입 베어 물자 입안 가득 과즙이 터졌다. '그래 이 맛이지'

우리 가족은 매년 8월의 복숭아를 기다렸다. 나무가 튼실히 자랄수록 열매도 많이 맺었다. 매년 입추가 지나면 원두막에 온 가족이 모여 앉아 단물을 뚝뚝 흘리며 여름을 떠나보냈다.

10여 년쯤 지났을 땐 탐스러운 복숭아가 넘치도록 열렸다. 엄마는 뽀얀 복숭아를 광주리에 한가득 담았다. 머리에 수건으로 똬리를 틀어 올린 후 광주리를 이고 30여 분을 걸어 동네 슈퍼에 내려놓았다. 손님들이 자꾸 찾는다며 슈퍼 아줌마의 성화가 빗발쳤다. 복숭아 인기가 높아질수록 우린 뒷전으로 밀려났다. 벌레 먹거나 상처 난 것만 우리 차지가 되었다.

중3 여름방학이었다. 세 살 위 언니와 처음 기차를 타고 부산으로 갔다. 서울에서 시부모를 모시고 살던 둘째 언니는 2년 전 부산으로 이사했다. 여리여리하게 생긴 둘째 언니는 복숭아 꽃을 닮았다. 하얀 얼굴에 분홍빛 볼을 하고 있었다. 형부는 부산에서 작은 정밀회사를 운영했다. 남자 기사 둘이 둘째 언니 집에서 숙식했다.

둘째 언니가 2주간 시댁에 다녀와야 했기에 아쉬운 대로 우리에게 살림을 맡겼다. 둘째 언니는 나와 열여덟 살 차이로 나의 학비를 보태줄 만큼 친정 일에 보탬을 주고 있었다.

둘째 언니는 시장 봐온 물건을 냉장고에 차곡차곡 채워 넣으며 이것저것 가르쳐주고 당부했다. 나는 냉장고를 처음 보았다. 그 시절 냉장고는 흔치 않았다. 그렇다고 둘째 언니가 여유로운 것은 아니었다. 처음 시작한 사업은 그럭저럭 돌아가는 모양이나 가끔 어려운 기색을, 엄마를 통해 들었다.

냉장고 안에 있는 물건들은 한여름에도 생기가 넘치고 시원했다. 맨 아래 야채칸은 복숭아가 가득 채워져 있었다.

둘째 언니가 잠시 집을 비운 사이 나는 냉장고에서 복숭아 한 개를 꺼내 먹었다. 집에서 먹던 복숭아와는 다르지만 시원하고 달콤하고 부드러웠다. 또 하나를 꺼내 먹었다. 나는 걸신들린 것처럼 먹고 또 먹었다.

저녁 무렵 돌아온 둘째 언니가 냉장고를 열어보고 깜짝 놀랐다. 허룩해진 야채실을 확인하고는 불같이 화를 냈다. 작은 언니의 날카로운 목소리가 따끔거리는 통증 같은 수치심을 느끼게 했다.

둘째 언니가 간암으로 시한부 판정을 받고 대학 병원에 있을 때, 결혼한 나는 지방에서 자영업을 하느라 시간에 쫓기었다. 둘째 언니는 오십이라는 이른 나이에 병마와 싸우며 힘든 나날을 보내고 있었다. 어렵게 시간을 내 병원으로 향하던 중 갑자기 복숭아가 생각났다. 6월 중순으로 좀처럼 복숭아가 눈에 띄지 않았다. 백화점에 가면 구할 수도 있으련만 둘째 언니는 음식을 먹지 못한 지 오래였다.

병실에 들어서자 깡마른 둘째 언니가 엷은 미소로 나를 반겼다. 정작 언니는 남은 시간이 얼마 없다는 걸 알지 못해 내색할 수 없었다. 뼈만 앙상한 언니 손을 두 손으로 감싸 쥐고 속으로 울음을 삼켰다. 가슴이 타는 듯 매웠다. 금방이라도 심장이 쩍 갈라질 것 같은 낯선 고통이었다.

병실을 나오자마자 참았던 울음이 터졌다. 주변 사람들을 의식할 겨를도 없이 엉엉 소리가 절로 나왔다. 어깨가 들썩이며 좀처럼 울음을 멈출 수가 없었다. 그것이 둘째 언니와의 마지막이었다.

매년 복숭아 철이 되면 어릴 적 8월의 복숭아가 생각난다. 입추가 지나고 여름의 끝자락에 만날 수 있는 겉도 속살도 하얀 백도 복숭아 말이다. 지금은 복숭아 종류도 다양해지고 7월부터 백도가 나오지만 내 맘속에 진정한 복숭아는 8월의 복숭아다. 또한, 복숭아 꽃을 닮은 둘째 언니가 떠오른다. 왜 살아생전 복숭아 한 번 사드릴 생각을 하지 못했을까.

마트에서 사 온 복숭아는 딱딱이였다. 뽀얀 얼굴에 홍조를 띠고 있는 것 같았다. 입맛이 예민한 딸애에게 합격점을 받으려면 여간 신경 쓰이는 게 아니다. 집에 오자마자 하나를 씻어 껍질을 벗겼다. 단맛이 나고 육질이 부드러웠다.

머지않아 입추다. 여름의 끝자락이다. 오랜만에 탐스럽고 향긋한 복숭아 한 바구니 사 들고 파주 공원묘지에 다녀와야겠다. 언니가 나를 반겨주려나.

3부

행복한 동행

새로운 삶

추적이는 겨울비를 가르며 출근길에 오른다. 가로수 길은 휑하고 쓸쓸하다. 플라타너스는 하나둘 잎을 떨구더니 어느 순간 우수수 내려놓고 벌거벗은 몸뚱이가 되었다. 마치 무소유 삶을 택하기라도 한 것 같다.

내가 처음 목동에 발을 디뎠을 때 나무들이 울창한 가로수 길이 좋았다. 학원 창 너머로 무성하게 줄지어 있는 가로수가 한눈에 들어왔다. 마침 샛노란 은행잎과 붉은 느티나무가 절정을 이루고 있었다. 새로운 곳에 첫발을 내딛는 나에게 낯설지만 낯설지 않은 따뜻한 위로를 전했다. 가로수 길을 나는 유난히 좋아한다.

천안에 살 때 집 근처에 느티나무 가로수 길이 있었다. 도심 속에서 가장 먼저 계절을 느끼게 했다. 새순이 올라오며 봄을 알리고 푸르른 녹음이 여름을 노래했다. 가을이 되면 노을빛 잎들이 낭만으로 물들다 쓸쓸히 잎을 떨구고 겨울 속으로 침잠했다. 가로수 길에서 나는 계절의 변화와 마주하며 세월을 받아들였다.

오늘이 서울살이 한 달째 되는 날이다. 남동생은 오랫동안 학원에 몸담았다. 자기 학원을 운영한 지 몇 해 되었으나 이렇다 할 성과를 내지 못했다. 그러다 목동 센트럴파크에 자리가 나면서 입성하게 되었다. 지방 학원에서 상담 일을 하던 내게 남동생이 손을 내밀었다. 나는 기꺼이 도움이 되고픈 마음에 남편과 아이들을 두고 상경하게 되었다.

남동생은 엄마가 마흔다섯에 얻은 귀한 아들이다. 위로 형이 한 명 있긴 하나 딸 셋을 내리 낳고 얻은 막내아들이다. 세 살 위인 나는 동생이 태어나면서 존재감이 더 미미해졌다. 그렇다고 어려운 시골 살림에 동생만 특별 대우를 받은 건 아니지만 사소한 일에서 나는 밀려날 수밖에 없었다. 특히 동생과 싸움이라도 하는 날엔 이유 여하를 불문하고 나는 가해자가 되었다.

남동생은 영특하고 총명해 공부를 잘했다. 치맛바람이 가당치 않은 엄마는 운동회날만큼은 누구보다 먼저 치맛자락을 휘날리며 달려가곤 했다. 그런 동생의 앞길을 막은 건 오빠였다.

오빠는 군에 입대하지 않으려고 열일곱 살 터울 동생을 큰집 양자로 보냈다. 어린 동생의 동의 따윈 필요치 않았다. 초등학교 3학년을 앞둔 겨울날 큰집으로 입학 통지서가 날아왔다. 생년을 낮춰 호적을 올린 탓이었다. 똑똑한 아들을 바보로 만들 순 없다며 엄마는 입학 통지서를 불에 태웠다.

초등학교를 졸업한 남동생은 중학교에 진학할 수 없었다. 남동생은 그때부터 학교에 다니지 않았다. 대신 오빠의 손발처럼 살았다. 명문 S 대를 나온 오빠는 직장에 들어갔다 나오기를 반복했고 그럴 때마다 건넌방에 은둔했다. 남동생은 매일 오빠의 호출을 받았다. 오빠는 영문 원서를 보고 남동생은 번역본을 낭독했다. 밥 먹는 시간을 제외하곤 밤낮으로 건넌방에 머물렀다. 거의 감금이나 다름없었다.

동생은 형에게 순종했다. 오빠가 직장을 잡아 나가면 잠시 자유가 주어졌고 다시 돌아오면 감금 생활이 반복되었다. 나도 어쩌다 번역본을 읽었다. 하루는 동생과 번갈아 책을 읽다가 어느 순간 웃음이 터졌다. 이를 악물고 참느라 키득키득 웃음이 새어 나왔다. 오빠의 뜻 모를 손이 날아왔다. 동생과 나는 뺨이 얼얼했다.

오빠는 명문대를 나왔지만 직장 생활을 오래 하지 못했다. 척추 수술 후유증은 핑계였다. 오빠는 사회성 부족 같았다. 가난과 싸우며 남다른 고생을 했음에도 남들과 어울리지 못했다. 인생이 풀리지 않아 답답한 오빠는 그 책임이 본인한테 있음을 인지하지 못하는 것 같았다. 그 화풀이 대상이 왜 힘없는 동생들이어야 했을까.

남동생이 그나마 숨통이 트인 것은 바둑을 배우는 시간이었을 것이다. 청출어람이라고 했던가. 남동생은 배운 지 오래지 않아 오빠보다 바둑을 잘 두었다.

어느 날 일본에서 유명한 바둑선생이 동생을 스카우트하려고 왔다. 엄마와 오빠, 남동생 셋이 선생을 만나러 서울로 갔다. 호텔 라운지에서 엄마는 일본 선생과 일본어로 막힘없이 대화를 주고받았다. 일제 강점기에 초등학교만 나온 엄마는 시골 사람답지 않게 똑똑하고 당당했다. 테스트는 통과했으나 유학비를 감당할 수 없어 무산되었다.

1984년 LA 올림픽 경기에 업무상 참여한 오빠는 미국물이 단단히 들어 왔다. 얼마 지나지 않아 미국 이민을 통보했다. 그 후 동생은 온전히 자유로워졌다.

서울로 간 동생은 갖은 고생을 하며 틈틈이 공부했다. 중고등 과정을 4개월 만에 검정고시로 패스하고 학력고사를 보고 스물두 살에 명문 Y 대에 합격했다.

남동생에게 합격 전화를 받던 날 몇 번이나 묻고 또 물었다. 사실을 확인한 언니와 나는 부둥켜안고 눈물을 흘렸다.

나는 동생을 보면 마음이 아렸다. 영특한 동생이 훨훨 날 수 있게 받쳐 주지 못한 아쉬움과 안타까움이 있었다. 내심 아들처럼 마음이 쓰였다. 그런 동생이 학원을 도와달라고 하자 나는 앞뒤 재지 않고 남편의 동의를 얻어 짐을 쌌다.

자신만만하던 나의 호기는 서울 목동이라는 이름에 기가 죽었다. 새로 개원한 학원은 하루아침에 빛을 보기는 쉽지 않으나, 얼른 보란 듯이 우뚝 서고 싶었다. 세상일이 그리 만만한 게 아니었다. 게다가 주말에 일하고 평일 하루 쉬는 사이클에 적응하느라 여간 힘든 게 아니었다. 주말마다 남편이 올라와도 함께할 수 없어 미안하고 서글펐다. 몸도 마음도 부대꼈다.

새로운 돌파구가 필요했다. 구민체육센터에서 운영하는 '태보' 운동프로그램을 등록했다. 태보는 몇 년간 해온 운동으로 친근했다. 비록 몇 년 쉬었지만, 충분히 따라갈 수 있을 것 같았다.

소위 목동 아줌마들이 모이는 피트니스였다. 오전 시간대는 40명쯤 되었다. 신규는 나 하나였다. 기죽지 않으려 온 힘을 다해 뛰었다. 강사는 '신규회원님은 그냥 천천히 따라 하세요.'라며 특별히 신경 쓰지 않았다. 음악에 맞춰 몇 곡 맞추고 나니 몸이 풀렸다. '신규회원님 운동 좀 하셨나 봐요. 잘하시네요'라며 강사가 칭찬했다. 어깨가 으쓱하는 기분이 들며 힘이 났다.

사람 사는 것은 별반 다르지 않다는 생각이 든다. 어디서든 열심히 살다 보면 그 안으로 들어가 섞이는 것이다. 굳이 중심이 되진 못할지라도 그 무리에 스며들어 어울리며 살아가는 게 인생 아닐까 한다. 목동이라고 다르겠는가.

추운 겨울을 참고 견디면 언제 그랬냐는 듯 시치미 뚝 떼고 따스한 봄이 오지 않던가. 열심히 살다 보면 반드시 좋은 날이 올 것이다. 훗날 어설펐던 지금의 시간도 추억이라 말할 수 있으리라.

창밖을 보니 어느새 겨울비가 그치고 햇살이 가로수길을 물들이고 있다.

김치만두

늦은 밤 퇴근길에 남편에게 전화를 한다. 별일 없냐는 남편의 물음에 별일이 있어야 하는데 너무 조용하다고 투정을 부린다. 천천히 하라고 첫술에 배부르냐며 위로를 전하자 '당연하지 내가 누군데'라며 호기롭게 안심을 시켰다.

남편과 떨어져 지낸 지도 어느덧 3개월이 되었다. 남동생과 함께 하는 학원은 아직 자리를 잡지 못하고 있다. 목동 한복판 내로라할 학원 빌딩에 입성하고 동생과 나는 꿈에 부풀었다. 하지만 기존에 보란 듯이 버티고 있는 학원들 사이에서 내 자리를 찾기란 그리 만만한 게 아니었다. 나는 기껏해야 시골 학원에서 상담실장을 해 온 터라 학구열이 높은 목동에 적응하는 것도 숙제였다. 게다가 가족과 떨어져 지내느라 심적으로 힘든 시간을 보내고 있었다.

혼자 살면 자유롭고 마냥 신날 줄 알았다. 잔소리 안 해도 되고 불필요한 감정 노동이 줄어들어 편할 것으로 생각했다. 그러나 즐거운 기대감보다 공허함과 외로움이 더 깊게 파고들었다. 한동안 잠을 이루지 못하면서 내색도 하지 못하고 홀로 견뎌내야 했다. 나를 믿고 허락한 남편과 아이들에게 염치는 있어야 했다.

남편은 금요일 밤에 올라왔다. 원룸에서 비비적거리며 지내도 반갑고 좋았다. 그러나 반복될수록 신경이 쓰이고 불편했다. 주말은 학원이 제일 바쁜 날이었다. 아침부터 늦은 밤까지 수업이 있고, 직장 다니는 학부모들이 상담하러 오기 좋은 날이었다. 잠시도 학원을 비울 수 없었다.

남편이 오는 날은 함께 야식을 먹거나 주변을 산책하고 새벽녘이 되어 잠자리에 들었다. 다음 날 일찍 남편을 남겨 두고 학원으로 가려니 마음이 편치 않았다. 함께 살 때는 주말마다 산이고 바다고 쏘다니며 같이 시간을 보냈다. 갑작스럽게 견우직녀가 된 듯 함께할 수 없어 서러웠다. 게다가 월요일 새벽에 내려가는 남편의 아침을 챙기느라 종일 피곤했다.

피로는 1주일 내내 껌딱지처럼 달라붙어 나를 힘들게 했다. 매주 같은 생활이 반복되고 있었다. 학원 적응도 홀로서기도 쉬운 일이 없었다. 쌓인 피로만큼이나 마음은 삭막해져 갔다. 밀려오는 짜증을 오롯이 남편에게 쏟았다.

어느 날 불편한 진실이 터지고 말았다. 투정을 감수하던 남편이 결국 낭패감을 드러내고 말았다. 남편은 설레는 마음으로 주말을 기다리건만 정작 나는 시큰둥하고 짜증만 부리니 그 마음이 오죽했을까.

소란이 크지도 않았다. 남편은 언성을 높여 불편한 심기를 드러냈다. 차려진 아침상을 뒤로하고 집을 나섰다. 불러도 뒤 한번 돌아보지 않고 걸어갔다. 우람하던 어깨가 축 늘어져 보였다.

사흘이 지나도록 연락이 없었다. 나도 전화기를 만지작거릴 뿐이었다. 먼저 말할 용기가 나지 않았다. 어쩌면 남편이 나보다 힘든 시간을 보내고 있을 터였다. 처음 하는 부엌살림도 그렇고 수험생 딸아이와 대학생 아들까지 함께 있으니 더 수고로운 삶일 것이다. 원체 힘든 내색을 안 하는 과묵한 사람이었다.

남편에게 기댈 줄만 알았지, 남편을 위로하는 일에 인색했던 나를 생각하니 깊은 한숨이 났다.

또 하루가 지났다. 금요일이었다. 문득 남편이 먹고 싶다던 김치만두가 떠 올랐다. 아침 일찍 장을 보고 부산을 떨었다. 고기는 밑간을 하여 볶고, 숙주는 삶아 물기를 빼고, 당면은 삶아 적당한 크기로 자르고, 두부는 베보자기에 짰다. 잘 익은 김장김치를 송송 썰어 양파 자루에 넣어 물기를 뺐다. 준비된 재료에 파, 마늘, 양파, 후춧가루, 고춧가루, 소금, 계란을 넣어 잘 치대어 주었다. 냄새도 모양도 근사한 소가 만들어졌다.

소에 숟가락을 꽂아 가운데에 놓고 쟁반을 펼치고 만두피와 물 한 공기를 옆에 놓았다. 찜솥에 물을 부어 가스 불에 올렸다. 준비는 완벽했다.

만두피를 손바닥에 펼쳤다. 소를 한 숟가락 넣고 다독거린 후 아래서부터 입구를 여며 갔다. 반달 모양이 된 만두를 뒤로 꺾어

서로 맞붙였다. 우주선 같은 김치만두가 만들어졌다. 쟁반 위에 만두가 늘어날수록 생각지도 못한 행복감이 밀려왔다.

혼자 살림하는 남편은 인스턴트 음식을 먹다 지쳐 이것저것 도전해 본 모양이다. 배추 된장국, 콩나물국, 김치찌개, 어묵볶음 등. 가끔은 전화로 뭘 넣어야 하는지 물었다. 시집간 딸아이가 친정엄마에게 조언을 구하는 것 같았다.

먹고 싶은 것이 있는데 할 줄 몰라 참는다는 하소연을 하는가 하면 사 먹어봐도 기대했던 맛이 나지 않아 후회했다는 푸념도 있었다. 그중 김치만두를 제일 아쉬워했다. 마트 것도 먹어 보고 시장에서도 사 먹었지만, 집에서 만든 김치만두 맛이 안 난다는 것이었다.

잘 쪄낸 만두를 접시에 담고 사진을 찍었다. 카카오톡에서 남편과의 대화창을 열어 사진 보내기를 한 다음 글을 올렸다.

'여보, 김치만두 만들었어. 맛있게 끓여줄게 저녁에 와요'

남편과 나는 멋쩍은 얼굴로 마주했다. 나의 부드러워진 태도에 남편도 한결 누그러졌다. 만둣국을 맛있게 먹는 남편을 보며 '이렇게 쉬운 것을 난 왜 바보같이 굴었을까' 하는 후회가 났다.

그 후 남편과 나는 연애 시절로 돌아갔다. 아침엔 카톡으로, 퇴근길엔 전화로 서로를 다독거릴 줄 알게 되었다. 집에 가는 10분 동안 우리는 많은 대화를 주고받았다. 아이들을 꾸중하고 속상했던 이야기, 직장에서 언짢았던 일, 일취월장한 반찬 솜씨까지 열거하며 남편의 목소리에 생기가 묻어났다.

남편은 점점 아줌마가 되어갔다. 시시콜콜한 수다를 늘어놓는 게 너무 자연스러웠다. 남편의 수다가 싫지 않았다. 남편도 나도 잘 적응하고 있는 것 같아 안도했다.

나는 점점 목동이 익숙해져 간다. 지나는 길에 마주한 할아버지가 길을 물어도 주저하지 않고 알려드릴 정도가 되었다. 그 순간 뿌듯한 희열을 느꼈다. 학원은 아직 빛을 못 보고 있지만 고군분투하다 보면 반드시 좋은 결과가 있으리라.

김종원 작가가 '모든 성장은 고통이라는 터널을 지나며 완성된다'라고 했다. 우리는 여전히 성장하고 있고 그래서 고통이 따르는 것이 아닐까. 어두운 터널을 빠져나가 맞이하게 될 밝은 빛을 향해 오늘도 희망차게 달려가고 있다고 여기리라. 시련을 겪고 나면 행복을 만날 수 있으리라.

봄을 재촉하는 비가 내린다. 가로수는 물이 올라 금방이라도 새순을 피워 올릴 것 같다. 헐벗은 나무에 초록이 물들기 전에 집에 다녀와야겠다. 김치전 노릇노릇 구워 텁텁한 막걸리 한 잔 따라주며 남편의 수다를 들어 주고 싶은 날이다.

어찌해야 할까

가끔은 기차 여행을 떠나고 싶을 때가 있다. 들썩이는 마음을 꾹꾹 누르고 있던 차에 친구가 산수유축제를 갔다며 실시간으로 동영상을 보내왔다. 주말엔 시간 내기 힘든 나를 빼고 몇몇이 KTX 여행상품으로 떠난 모양이다. 카톡이 좋은 점도 있지만 이럴 땐 차라리 모르는 게 약이다 싶은 생각에 휴대전화를 구석으로 밀어놓았다.

며칠 후 휴강일에 맞춰 무작정 표를 예매했다.

'휴가 좀 내. 나 꽃구경 가고 싶어'

남편에게 예매한 표를 카톡으로 보내고 협박에 가까운 메시지를 보냈다.

일을 마치고 집으로 내려가니 12시가 되었다. 서울서 동생과 학원을 하느라 따로 산 지 벌써 5개월째다. 얼마 전 딸이 나와 합류하며 부자(父子)는 천안에서 모녀(母女)는 서울에서 두 집 살림이 불가피해졌다.

오랜만에 찾은 본가는 내 손길을 필요로 하는 곳이 한두 군데가 아니었다. 급한 대로 주방을 정리하고 소독제로 싱크대를 닦아냈다. 밑반찬도 몇 가지 만들었다.

서너 시간 눈을 붙였을까. 아침 6시 19분 기차였다. 바지런을 떨며 거실과 주방을 오락가락했다. 몸은 찌뿌둥하고 눈꺼풀은 무거워도 마음은 새털처럼 가볍고 설레었다.

조용하던 KTX 천안아산역은 하행 열차가 도착하자 서울에서 온 탑승객들이 밀물처럼 쏟아져 나왔다. 걸음걸이에 부지런함과 활력이 묻어났다.

KTX가 처음 생기고 호기심과 기대감으로 부산행 열차를 탔다. 시속 300km라는 어마어마한 속도감이 감탄을 자아냈다. 불현듯 동물 중 가장 빠른 치타가 시속 130km라는 것을 떠올렸다. 빠른 속도에 비례하듯 거친 소음이 심기를 자극했다. 비좁은 좌석으로 인한 불편감도 있었다. 불편함은 잠시였다. 순식간에 나를 목적지에 데려다 놓았다.

등받이로 진동이 느껴지며 열차가 출발했다. 소음은 여전하고 좌석도 불편했으나 여행길 설렘으로 견딜만했다. 열차 속도를 따라가지 못한 차창 밖 풍경이 흔들리며 지나갔다. 선명하지 않은 풍경들이 요즘 내 삶처럼 느껴졌다.

반년이 되어가지만, 서울 생활은 익숙해지지 않는다. 주말 없는 생활이 나를 옥죄고 힘든 학원 상황과 고전하는 동생을 보는 게 마음 아프다. 자괴감이 들기 시작하고 뿌연 안갯속 같은 나날이 계속되고 있다.

창원중앙역은 외곽에 새로 지어진 역사였다. 깔끔하지만 고립감을 느끼게 했다. 마중 나온 몇몇을 제외하고 승객들은 택시를 이용해 그곳을 벗어나야 했다. 긴긴 줄을 서서 차례를 기다렸다. 순서를 기다리는 사람들의 얼굴은 밝고 여유로웠다. 여행은 너그러움과 여유를 만들어 주는가 보았다.

택시 기사는 투박한 경상도 사투리로 우리를 맞이했다. 말투와 다르게 수다스러움에 친절이 묻어났다. 창원시는 2010년 마산시와 창원시와 진해시가 통합하여 출범했다며 자부심을 드러냈다. 이곳의 특색있고 맛있는 음식을 추천해달라고 하자 뭐든 다 맛있다고 정색하더니 이곳에서 나고 자라서 그런가 보라며 겸연쩍게 웃었다.

진해로 넘어가는 안민 도로는 만개한 벚꽃들로 눈이 부셨다. 쭉 뻗은 꽃길을 달리자, 답답했던 가슴이 열리는 것 같았다.

진해군항제는 평일이라 그런지 한산하다 못해 쓸쓸했다. 성미급한 벚꽃은 이미 생을 다하고 초록의 잎들이 삐죽거렸다. 만개한 벚꽃은 나만큼이나 지쳐 보였다. 도로변을 장악한 음식점들은 하나같이 텅 비어 쓸쓸함을 더했다.

몇몇 사람들이 벚꽃 아래서 사진을 찍었다. 사람이 꽃보다 아름답다는 노랫말 때문인지 사람들은 예쁜 꽃을 보면 달려가 포즈를 취한다. 요즘엔 가는 곳마다 핸드폰을 들이밀고 스마일, 김치, 하나둘 셋 추억을 저장하기 바쁘다. 나도 벚나무 아래로 달려가 어정쩡하게 손가락 하트를 날렸다. 때마침 바람이 불어와 꽃비가 내렸다.

"당신이 오니까, 꽃들이 다 죽잖아."

남편의 농담이 싫지 않았다. 덕분에 기분이 한결 나아졌다.

제황산 공원에서 모노레일카를 탔다. 산 정상에 오르니 벚꽃으로 뒤덮인 시가지와 푸른 바다가 한눈에 들어왔다. 푸르름이 시작된 산등성이는 산벚꽃이 흐드러졌다. 벚꽃은 햇살을 받아 발그레하게 물들었다. 하트 모양의 포토존에서 남편과 손을 잡고 포즈를 취했다. 오랜만에 둘이 함께하는 시간이다.

거리 어느 곳을 가도 벚꽃 일색이다. 일제 강점기의 잔해로만 여겨졌던 벚꽃이 우후죽순처럼 퍼져 축제를 벌이고 사람들이 구름떼처럼 모이고 하는 것이 어찌 보면 씁쓸할 수 있으나 꽃은 그저 꽃으로 찬미하면 그뿐이다. 꽃은 죄가 없지 않은가.

한 시간을 기다려 대형 유람선에 올랐다. 2층으로 올라가 자리를 잡았다. 탁 트인 바다가 한눈에 들어오는 곳이었다.

얼마 후 단체 여행객으로 보이는 어르신들이 1층으로 들어섰다. 유람선이 출발하자 경쾌한 트로트가 울려 퍼졌다. 어르신들이 입을 모아 떼창을 했다. 술기운 때문인지 흥이 한껏 올라 있었다. 템포를 빠르게 한 메들리 곡을 어르신들은 따라가지 못했다. 자기 흥에 겨워 음정 박자를 무시한 불협화음이 유람선을 뒤흔들었다. 나도 모르게 눈살을 찌푸렸다.

어르신들의 신명은 바다를 항해하는 2시간 내내 멈추지 않았다. 처음엔 짜증이 나다 이내 웃음이 났다. 오롯이 인생을 즐기는 듯한 어르신들의 모습이 부럽기도 했다. 나도 저 나이가 되면 인생을 즐길 수 있을까. 인생을 즐길 수 있는 자격이 주어질까.

저녁 무렵에야 다시 열차에 올랐다. 열차가 점점 속도를 내기 시작했다. 어둠이 내려와 차창 밖은 아무것도 보이지 않았다. 시커먼 어둠 같은 내일이 문득 겁이 났다.

공자가 말했던 '여지하 정신'을 떠올린다. '어찌해야 할까, 어찌해야 할까를 늘 되뇌면서 궁리에 궁리를 더해야 한다'라고 했다. 궁리하고 또 궁리하다 보면 답이 나오지 않을까. 사는 일은 저절로 되는 게 아무것도 없는 것이리라.

열차가 도시로 들어서자 불빛이 어둠을 걷어냈다. 열차 속도를 거스르지 못한 사물은 희미하게 윤곽만 드러냈다. 열차가 멈추자 비로소 선명해지며 형태를 드러냈다.

서두르지 말자. 한 걸음 한 걸음 나가다 보면 뿌연 안개가 걷히고 선명해지리라. 어떤 결과를 내기까지 인내가 필요함이리라.

남편은 집으로 향하고 나는 서울행 전철로 갈아탔다. 어쩌면 기댈 곳이 있어 최선의 노력을 다하지 않은 건 아닐까.

어찌해야 할까, 어찌해야 할까, 나는 곰곰이 궁리에 궁리를 더하다 신도림역에 도착했다.

행복한 동행

여유는 없는 시간을 쪼개어 만들 때 본성보다 몇 배 더 뿌듯함을 안겨준다. 서로의 시간을 조율하는 순간부터 설렘은 시작된다. 부부로서의 삶이 평온한 경지에 이르기까지 둘만의 여행은 상당한 역할을 하였음이 분명하다.

각기 다른 곳에서 여행 채비를 마친 우리는 이른 아침 견우와 직녀처럼 만나 여행길에 올랐다. 장거리 여행은 차멀미하는 내가 주로 운전대를 잡지만, 이번만은 남편의 올 서비스를 테마로 온전히 누리면 되는 것이다. 우리는 어린아이처럼 싱글벙글하며 차에 올랐다. 짱짱한 햇살이 기분을 부추겼다.

탄천 휴게소에 도착했을 때 갑자기 소나기가 퍼부었다. 수제 자장면으로 빈속을 채우며 소나기가 지나가길 기다렸다. 여행객들은 웃음기 머금은 얼굴로 뜨거운 햇살도 급작스러운 소나기도 아랑곳하지 않았다. 두런두런 왁자지껄 높고 낮은 음색이 섞여 지루함을 삼켰다.

전남 곡성에 당도하였다. 작은 도심 속을 기웃거리다 소박한 식당을 만났다. 향긋한 시골 내음과 엄마 손맛을 닮은 시골 밥상이 흐뭇함을 더한다. 든든하게 정을 채우고 기차마을로 향했다.

곡성 기차마을은 꼭 한번 와보고 싶은 곳이었다. 증기기관차는 추억을 싣고 나를 어디론가 데려가 줄 것 같고, 레일바이크는 연애 시절 같은 설렘을 선물할 것 같았다.

열차를 기다리는 동안 역 안에 조성된 장미정원을 거닐었다. 꽃이 진 장미 나무는 하나같이 생기가 없었다. 뙤약볕에 장미 몇 송이가 더운 숨을 몰아쉬고 있을 뿐이었다.

중앙으로 가자 아치형 오작교가 보였다. 요즘 우리 삶을 남편은 견우와 직녀 같다고 한다. 잠시의 헤어짐이지만 남편은 여러모로 불편하고 애틋한 모양이다.

"아 오작교다. 잠깐 기다려봐"

남편이 잰걸음으로 맞은편으로 갔다. 우린 견우, 직녀를 외치며 서로를 향해 슬로우모션으로 달렸다. 애절한 상봉의 기쁨을 연출하며 배를 잡고 웃었다. 아무래도 연기는 서툴렀다. 8월의 무더위가 유치한 사랑놀이를 시기하듯 바싹 달라붙었다.

증기기관차가 출발을 알리는 기적소리를 울렸다. 뿌웅뿌우우웅. 출발한 지 얼마 지나지 않아 교련복에 책가방을 멘 중년 남학생이 수레를 끌고 등장했다. 수레에 실린 주전부리가 시선을 사로잡았다. 입심 좋게 추억을 풀어놓으니 너나 할 것 없이 지갑을 열었다. 세월의 많고 적음을 떠나 모두가 쫀드기와 라면땅을 오물거리며 추억 속으로 침잠했다.

그들의 얼굴에 행복한 빛이 머물렀다. 섬진강을 끼고 달리는 기차 안에서 추억을 오물거리는 일처럼 행복은 아주 사소한 곳에서 샘솟는 것이리라.

동네 재래시장을 찾았다. 시장은 조촐했다. 골고루 진열된 떡이 먹음직스러웠다. 기정 떡을 하나 샀다. 술 냄새가 나는 기정떡은 부드럽고 쫄깃해서 내가 좋아하는 떡 중 하나이다. 과일가게를 지나치려니 향긋한 복숭아 냄새가 발길을 붙잡았다. 복숭아 한 무더기와 멜론도 한 상자 샀다.

갓 뽑아온 열무며 호박, 고추, 감자 등 싱싱한 야채들이 바구니에 담겨 '나 좀 데려가요' 했다. 갓 담은 열무김치와 풋고추를 숭숭 썰어 넣은 호박 부침개가 떠올라 군침이 돌았으나 여행 일정이 남아 아쉬움을 삼켰다.

하룻밤 머물 곳은 한옥 펜션이다. 이엉을 새로 입힌 듯 깔끔한 지붕은 방금 머리를 깎은 남학생 같았다. 어려서 시골집에 새로 이엉을 얹는 날은 기분이 좋았다. 샛노란 지붕을 보고 있으면 괜스레 마음이 둥둥 떠다녔다.

실내는 옛 정취에 반하는 양식 화장실과 텔레비전, 냉장고로 채워져 있었다. 어색하지만 편의를 간과할 수는 없는 노릇이다. 고즈넉함을 이불 삼아 하룻밤을 보냈다.

쓰르라미 소리에 잠이 깼다. 아침부터 더운 열기가 걸음을 부채질한다. 남도는 거리가 멀어 큰맘을 먹어야 올 수 있는 곳이다. 하여 되도록 여러 곳을 둘러보기로 했다. 마침, 순천정원박람회가 열려 겸사겸사 이쪽으로 길을 잡은 것이었다.

정원박람회는 세계 여러 나라의 정원을 꾸며 놓은 곳이다. 각 나라의 특성을 살려 새로운 아름다움을 느낄 수 있었다. 오후가 될수록 해가 점점 뜨거워졌다. 때마침 꼬마 기차가 나타났다. 기차는 더위를 가르며 힘차게 달렸다.

언덕 위에 세월을 느낄 수 있는 나무 한 그루가 있었다. 사람은 100년도 견디기 힘든 세월을 팽나무는 600년을 이겨 낸 것이다. 그 오랜 세월을 꿋꿋하게 버텨 왔음에 경의를 표하고 싶었다. 남편은 기를 받겠다며 팽나무를 끌어안았다.

낙안읍성으로 발길을 옮겼다. 옹기종기 모여 있는 초가집은 어릴 적 살던 마을 같았다. 마침 판소리 사랑가와 황진이의 요염한 춤사위가 펼쳐졌다. 이어 남도 민요가 흥을 일깨웠다. 피날레로 드라마 명성황후의 OST인 '나 가거든'이 애잔하게 울려 퍼졌다. 낙안읍성이 낭만으로 물들었다.

무더위는 여전히 끈끈하게 달라붙어 그림자처럼 따라다녔다. 더위에 지친 심신을 추스르며 송광사로 향했다.

송광사는 수천 년의 유구한 역사를 품은 사찰이다. 국보를 비롯해 6천여 점의 불교 문화유산을 간직하고 있다. 대나무와 아름드리 삼나무, 편백 나무가 울창한 숲을 이루고 있다. 곧게 뻗은 편백 나무는 피톤치드를 뿜어낸다고 한다. 두 팔을 날개처럼 펼치고 편백 나무숲을 뛰어다녔다. 나무를 부둥켜안고 킁킁거렸다. 잘 익은 고향 냄새가 났다. 약수 한 바가지를 들이켰다. 청량음료 같은 물이 더운 속을 달랬다. 계곡물에 발까지 담그자 몸이 한결 가벼워졌다. 순간 밀려드는 행복감에 나른해졌다.

저녁은 남도한정식이다. 떡 벌어지는 한 상은 보기만 해도 배가 불렀다. 가짓수에 놀라고 맛에 반해 집에 있는 아들, 딸 생각이 났다.

돌아오는 차 안에서 우리는 넉넉해진 마음을 풀어 놓는다. 서로에게 소홀했던 시간도 화해와 용서로 녹아내리고 서로를 마주 보며 따스하게 웃는다. 한동안 힘겨웠던 시간을 보내고 다시 웃음을 찾을 수 있음에 감사한다.

여행은 살다 보면 생기는 균열을 메워주기도 하는 것이다. 무릇 부부는 서로를 받치고 있을 때 균형이 맞는 것이리라.

살면서 우리가 놓쳐서는 안 되는 것은 돈도 시간도 기회도 아니다. 순간의 행복이다. 같은 곳을 바라보며 함께 하는 순간이 곧 행복임을 깨닫는다. 행복은 가까운 곳에 있다. 알아채지 못하면 놓치고 마는 것이다. 가까이 있는 행복을 알아채기 위해 우리는 동행이 필요하다. 세상을 호흡하는 동안 우리의 행복한 동행을 이어가련다.

기분 좋은 날

남편은 뾰로통한 얼굴로 여행 채비로 분주한 나를 본체만체한다. 며칠 전부터 혼자 떠나고 싶다고 고집을 부린 탓에 끝까지 말리지는 않았지만 흔쾌하게 허락하지도 않았다.

영등포역에는 울긋불긋 등산복을 차려입은 여행객이 삼삼오오 짝을 지어 서 있다. 내 또래로 보이는 중년 여인들이 왁자지껄 웃음꽃을 피우며 행복을 뽐내는 것처럼 보였다.

기차는 느릿느릿 도심을 벗어나기 시작했다. 차창 밖은 눈부신 햇살이 대지를 서서히 달구고 있다. 도심을 벗어나자 시골 풍경이 펼쳐졌다. 어릴 적 멋모르고 지낸 시골 풍경이 나이를 먹을수록 좋아지는 건 왜일까. 그때의 불편함은 까맣게 잊고 새로운 환상이라도 생긴 걸까.

시골로 내려갈수록 푸르른 벌판이 펼쳐졌다. 반듯반듯한 논배미에서 푸른 벼가 나풀거린다. 이맘때면 우리 동네 다랑논에서도 초록 물결이 출렁였다.

삽교역에 내린 사람들은 열 손가락 남짓하였다. 새로 지은 삽교역은 허허벌판에 덩그러니 서 있다. 콘크리트 건물이 생경하고 정감이 없었다. 방금 수덕사로 가는 버스가 출발한 모양이다. 한 시간을 하릴없이 기다려야만 했다.

수덕사는 굳이 의미를 부여하자면 시어머니 추억부터 끄집어내야 한다. 삼십여 년 전 간암으로 투병 중이던 시아버님이 갑자기 시어머니에게 도시락을 싸라고 하셨다. 영문도 모르고 부랴부랴 도시락을 싸 들고 따라나선 길이 수덕사였다. 그것이 두 분이 함께한 마지막 여행이었다.

오래전 남편과 빈한한 연애 시절에 기껏 첫 여행이라고 온 곳이 수덕사였다. 아침 일찍 출발해 기차와 버스를 갈아타며 특별할 건 없지만 꽤 설레고 로맨틱한 시간이었다.

그 후 둘째 아이를 잉태하고 죽도록 입덧을 하다 그만해서 바람을 쐬러 온 곳이기도 하다. 나도 모르게 태아가 유산된 후였다. 그게 벌써 20년 전이다.

수덕사는 고향과 가깝고 먹을거리가 풍성하다는 이유로 친구나 지인과도 가끔 찾던 곳이다. 무난한 등산코스와 휴식을 주는 숲이 있어 하루 바람 쐬기엔 안성맞춤이다. 그러나 오늘은 달랐다. 두 해 전 서울로 이사하면서 만만한 거리가 아니었다. 왜 하필 발걸음이 이곳으로 향했을까.

몇 년 만에 찾은 수덕사는 새 건물이 들어 서 있었다. 날로 새로워지고 화려해지는 것이 썩 반갑지만은 않다. 옛 정취가 사라지고 현대문물이 자연스레 터전을 물들이는 것이 왠지 사치스러워 보이고 불심이 퇴색되어 가는듯한 고루한 생각이 지배하기 때문이다.

사찰을 벗어나 등산로를 따라 올라갔다. 굽이진 계곡과 너럭바위가 옛 모습을 간직한 채 자리를 지키고 있었다. 익숙함이 주는 편안함이다. 계곡은 오랜 가뭄으로 물기 하나 없고 스산했다. 바위를 감싸고 있는 이끼조차 바스락거렸다. 그 위에 배낭을 내리고 땀을 식혔다. 산비둘기가 꾹꾹 울어댔다.

7월의 열 뜬 햇살이 나뭇가지 사이로 부서져 내렸다. 바위에 등을 붙이고 누웠다. 물푸레나무가 바람에 흔들리며 은은한 향기를 풀어놓았다. 스르르 눈이 감겼다.

요즘 들어 부쩍 기운이 없었다. 눈도 침침하고 기억력이 쇠퇴해짐을 느끼며 우울감이 찾아들기 시작했다. 좋아하는 친구도 멀리하게 되고 가족과도 마음을 닫게 되는 것이다. 습관처럼 직장을 다니고 살림을 하고 하루하루를 살아낼 뿐 예전처럼 즐거운 마음도 행복한 기분도 들지 않았다. 때로는 쓸쓸함이 파도처럼 들이닥치곤 했다. 점점 작아지는 나를 느끼며 그저 떠나고 싶었다.

나만 혼자였다. 연로한 아버지를 모시고 나온 일가족, 나란히 산을 타는 초등학생 부자, 아기 손을 맞잡고 걸음마를 시키는 젊은 부부, 풋풋한 연인들, 청초한 청소년들. 그들은 하나같이 밝은 얼굴에 행복이 묻어났다. 마치 나는 이방인 같았다.

시끌벅적 웃음을 섞으며 걷던 중년 무리가 사진을 찍어달라며 카메라를 내밀었다. 여인들의 웃음이 렌즈 안으로 고스란히 들어왔다.

"혼자서 왔수? 무슨 재미야"

나는 속내를 들킨 사람처럼 얼굴이 달아올랐다.

시내로 돌아오는 버스는 한적했다. 마침, 예산 읍내 오일장이라 둘러보기로 했다. 버스는 굽이진 길을 돌아 좁은 시골길을 흔들리며 나아갔다. 웃자란 아카시아 나뭇가지가 차창을 훑고 지나갔다. 들길은 개망초꽃이 만개했다. 산을 넘자 작은 마을이 나타났다. 표지석에 '가루실'이라고 적혀 있었다. 이름처럼 마을이 아담하고 예뻤다. 내가 살던 '절골'은 절이 있는 골짜기 마을로 이름이 촌스러웠다.

과수원 길을 지나자 반들거리는 풋사과가 손을 흔들었다. 푸른 논이 지나가고 마른 개울을 거쳐 앙증맞은 블루베리의 배웅을 받으며 어느새 읍내 장터에 도착했다. 때마침 한줄기 소나기가 쏟아지고 구수한 순댓국에 탁배기를 마시던 무리의 중얼거림이 웡웡거렸다.

"비 한 번 션하게 잘 오네유."

"그려 해갈되게 와야는디."

소나기는 좀처럼 멎지 않았다. 차양 위로 고였던 빗물이 우악스럽게 쏟아져 내렸다. 달콤한 자두 향과 비릿한 생선 내음이 습기를 머금고 둥실거렸다. 장사꾼들은 서두르지 않았다. 물건을 정돈하며 조용히 소나기가 지나가길 기다릴 뿐이었다. 그 낯빛에 고요와 평온이 깃들어 있었다. 쓸쓸함, 외로움 그런 것은 한낱 사치일 뿐 주어진 삶에 최선을 다하고 순응하는 모습이었다.

그들에 비하면 난 얼마나 편안한 삶이던가. 아직도 일할 수 있는 직장이 있고 기댈 수 있는 남편이 있고 오순도순 아이들과 함께 시간을 보낼 수 있으니, 이보다 더 평화로운 삶이 어디 있단 말인가. 현실에 감사할 줄 모르고 불만을 일삼는다면 그 삶은 늘 불행할 뿐이다. 한마디로 난 등 따시고 배부르니 괜한 투정을 하는 꼴이었다.

자두 한 바구니와 갈치 한 꾸러미를 샀다. 아주머니의 고요한 낯빛에 환한 웃음이 번졌다. 나도 덩달아 어색하게 웃었다.

돌아오는 길은 한결 마음이 가벼웠다. 내 마음에 소나기가 한차례 지나간 것처럼 고요했다.

영등포역에 내려 힘차게 계단을 오르는데 낯익은 얼굴이 보였다. 남편이 환하게 웃으며 손을 흔들었다. 무겁지도 않은 배낭을 받아 들고 손을 내밀었다. 나를 기다려주는 누군가가 있다는 것이 이렇게 고맙고 행복한 일임을 새삼 깨닫는다. 나란히 걷는 남편의 어깨가 유난히 듬직해 보였다. 남편의 손을 힘주어 잡았다.

혼자 떠났지만 돌아올 때는 남편과 같이 걷는다. 무거운 나를 지고 떠났다가 가벼운 나로 돌아왔으니 얼마나 기분 좋은 날인가.

내가 꿈꾸는 문학

아무것도 꿈꿀 수 없었던 시절이 있다. 어린 나이에 현실을 직시하는 눈이 뜨였고 말 그대로 나는 일찍 철이 들었다. 꿈을 꾸는 것은 나와 어울리지 않는다고 생각했다.

초등학교 시절 나는 가난 때문에 기가 죽어 지냈다. 남자애들이 왕눈이라고 놀려도 못 들은 척 고개를 숙일 뿐이었다.

중학교 때, 음악 선생님은 방과 후에 몇몇 학생에게 피아노를 가르쳤다. 나는 그들에게 섞일 수 없었다. 선망과 좌절은 동시에 찾아왔다. 꿈을 꾼다는 것은 불가능을 확인하는 일이었다. 어느 날 이솝우화를 보며 깨달았다. 내게 지금 필요한 건 '여우와 신 포도'였다.

포기와 체념은 무엇이 다를까. 스스로 방어기제를 만들었다. 가질 수 없는 것은 포기하고 이룰 수 없는 것은 체념했다. 그 후 나는 상대적 박탈감에서 조금 자유로워졌다.

결혼 후 남편의 응원으로 다시 꿈을 꾸기 시작했다. 팍팍한 삶

속에서도 배움을 계속했다. 국민생활관에서 운영하는 다양한 프로그램을 수강했다. 독서 토론, NIE, 수지침, 에어로빅, 수영, 볼링 등 빈 마음을 채워나갔다.

그러나 채워지지 않는 뭔가가 있었다. 살다 보면 불쑥 올라와 가슴 설레게 하고 잊을 수도, 내려놓을 수도 없는 그것 바로 문학이었다.

오래전 모 신문사 주부 에세이 공모전에 당선되었다. 드디어 문학의 길이 열렸다고 생각했다. 그러나 아무것도 바뀐 것이 없었다. 계속되는 치열한 삶 앞에서 문학은 한낱 사치에 불과했다. 현실과 타협하며 다시 꿈은 멀어졌다.

10여 년 전부터 네이버 블로그를 운영했다. 일기장처럼 혹은 낙서처럼 끄적이기 시작했다. 구성, 문체, 메타포 이런 형식에 얽매이지 않고 내가 하고 싶은 얘기를 주절거렸다. 그런데 신기한 일이 일어났다. 내 마음이 시나브로 가벼워졌다. 자판을 두드리며 눈물이 주르륵 흘러내렸다. 카타르시스가 느껴졌다. 그렇게 내 치유의 글쓰기가 시작되었다.

하지만 내 안의 모든 걸 쏟아 내기엔 블로그 지면이 좁게 느껴졌다. 게다가 신변잡기의 단순한 열거는 자기 연민이며 넋두리에 불과하다는 생각이 들었다.

'그래 제대로 배워 작품 같은 글을 써 보자'

나의 꿈이 풍선처럼 부풀어 올랐다. 더는 양보하거나 물러서고 싶지 않았다. 오십이 넘었지만 늦은 나이는 없다고 주문을 걸었다.

문예창작과에 편입해 첫 주차 수업을 들으며 가슴이 벅차올랐다. 간절히 원할 때처럼 의욕과 열정이 불타오르는 순간이 있을까. 창작 공부는 내 삶의 원동력이 되어 꿈틀거렸다. 때로는 번민과 좌절이 나를 흔들고 기를 꺾었다. 한계에 부딪히고 한숨으로 불면의 밤을 보내며 자괴감이 들기도 했다.

어느 날 나는 깊은 생각에 잠겼다. '나에게 재능이 있는지는 모르겠다. 설령 재능이 있더라도 오십여 년 동안 잠들어 있었기에 이제 와 그것을 깨워 빛을 본다는 건 불가능할지도 모른다.'

하지만 해보지 않고 체념한다면 평생 한으로 남으리라. 지금부터라도 꾸준히 써나간다면 일말의 희망이 있지 않을까.

내가 꿈꾸는 문학은 어떤 것일까. 나는 문예창작과에 들어와 정통문학을 배우지만 그것을 계승하려는 사명감이 있는 것은 아니다. 사회를 대변하고 교훈을 주는 정통문학을 감히 어찌 이어갈 수 있겠는가. 다만 말하고 싶다. 내 살아온 얘기, 내 부모 형제가 겪은 세월을 누군가에게는 말하고 싶어 안달이 난 것뿐이다. 그렇다고 삶이 특별하거나 기구하지도 않다. 그저 비슷한 듯 다른 삶의 모습을 얘기하고 싶을 뿐이다.

요즘은 작품을 문학의 가치로 평가하기보다 독자인 대중들에 의해 그들의 구미를 충족시키느냐 그렇지 못하느냐로 구분하는 경향이 있다. 어느 소설이 대중들에게 인기를 끌고 많이 팔렸느냐가 좋은 작품의 잣대로 작용하고 있다. 정통문학인들로서는 안타까운 일이나 결국 작품을 읽는 독자는 대중이기에 그들의 구미를 간과할 수는 없다.

문학의 깊이가 점점 낮아지고 그로테스크한 글들이 쏟아져 나오는 것도 이 시대를 대변하는 것임은 분명하다. 일제 강점기와 전쟁을 거쳤고 민주화 항쟁을 하고 지금은 꽤 안정된 시대이다. 대중들은 힘든 세월을 잊고 싶고 복잡하고 머리 아픈 걸 더는 바라지 않을지도 모른다. 하여 쉽고 재미있고 가벼운 소설을 찾는다고 독자를 무지하다거나 문외한으로 치부할 수는 없는 노릇이다.

시대는 변한다. 따라서 문학도 변한다. 일례로 도 닦는 스님이나 선교하는 신부님마저도 매스컴에 출현해 대중들에게 인기를 구사하는 걸 볼 수 있다. 시대에 맞춰 달라질 수밖에 없음을 보여주는 건 아닐까.

하지만 모두가 시대에 맞춰 변해야 하는 건 아니다. 누군가는 정통을 따르고 가치를 추구하는 문학을 계속할 것이고 명맥을 이어가리라 믿는다. 사명감을 가지고 정통문학을 계승할 문학가들은 존재할 것이다.

나는 감히 정통문학을 손댈 수도 없고 대중들에게 이름이 오르내릴 만큼 재미난 소설을 써낼 자신도 없다. 내가 쓰고 싶은 글을 조금 더 체계적으로 쓰기 위해 문학을 배울 뿐이다. 문학은 일부에게 한정되어 있지 않다고 생각한다. 누구든 하고 싶으면 할 수 있다. 다만 정통문학인지 대중문학인지 자기만족의 문학인지가 다르지 않을까.

내가 문학을 하고 있다고 말하기엔 부끄럽다. 그냥 글을 쓰고 있노라고. 내 이야기를 소설화시키고 있노라고 말할 것이다. 비겁하다고 해도 할 수 없다. 나에게 있어 문학은 글쓰기이고 내 글쓰기는 조금 더 나아가 소설이 되어가고 있을 뿐이다. 문학은 몰라도 소설은 내 넋두리를 들어줄 수 있는 유일한 내 편이다. 하여 맘껏 넋두리를 풀어놓으려고 한다.

나의 소설은 수필 냄새가 난다고 한다. 수필은 소설 같다고 한다. 소설과 수필 사이에서 아슬아슬한 줄타기를 제대로 하지 못하고 있음일까.

나는 퇴고를 좋아한다. 글을 쓸 때는 처음부터 끝까지 서사가 끊어지지 않게 한 번에 써나가는 편이다. 그리고 퇴고하고 또 퇴고한다. 오늘 보이지 않던 오류가 내일은 보이고, 최선인 양 썼던 오늘의 문장보다 내일 더 좋은 문장이 떠오르기도 한다. 퇴고하면 할수록 글이 좋아지는 걸 실감하고 있다.

나의 오십 년 삶도 퇴고할 수 있다면 얼마나 좋을까. 만일 가능하다면 나는 스무 살부터 글을 쓸 것이다. 치열한 삶 앞에 굴하지 않고 문학을 택할 것이다. 나의 꿈을 놓지 않고 문학의 길을 의연하게 걸어가리라. 풍경과 인간이 주제가 되는 소소한 이야기를 질리도록 써 보리라.

경찰차 타 본 여자

빨간색 신호등이 켜졌다. 영등포역으로 가려면 아파트 사이 2차선 횡단보도를 건너야 한다. 차량이 드물다 보니 대개 사람들은 신호등을 허수아비 취급한다. 바쁜 출퇴근 시간은 더욱 그렇다. 맞은편에서 젊은 남자가 건너온다. 멈춰 서 있는 나를 흘끔 본다. 그는 나를 미련하거나 융통성 없는 여자로 여길지도 모른다. 나는 법과 질서나 옳고 그름에 양보나 타협이 없다. 고로 내 별명은 도덕 선생님이다.

TV를 보느라 그만 운동시간에 늦어버렸다. 서둘러 주차장으로 갔다. 열쇠 버튼을 누르자 삐릭 경쾌한 음이 울리며 빛이 깜빡였다. 운전석 문을 열려는 순간 차 뒤편으로 시선이 갔다. 액정이 깨진 휴대전화와 카드 지갑, 립글로스, 담배 한 갑이 어지럽게 흩어져있었다. 휴대전화는 꺼져있고 카드 지갑에 학생증이 있었다. 바로 옆 동 주소였다.

2개월 전이었다. 운동을 오래 쉬어 군살이 자꾸 늘었다. 젊어서 즐기던 태보는 운영하는 곳이 많지 않았다. 목동으로 다니려니 거리는 멀지 않으나 저녁 시간은 차량이 붐벼 여차하면 지각하기 일쑤였다.

내 사전에 지각이란 용납할 수 없는 불성실이었다. 게다가 오랜 공백기로 따라가기가 버거웠다. 동작의 정확성은 고사하고 순서조차 버벅거렸다. 수업 시간에 늦거나 불참한 다음 날은 스트레스가 이만저만이 아니었다. 뭐든 완벽을 추구하는 성격 탓이었다.

피트니스는 차로 20 여분 걸렸다. 지금 가도 시간 맞추기가 빠듯했다. 어차피 휴대전화는 꺼진 상태로 운동을 다녀와 가져다 줄 생각이었다.

운동을 마치고 샤워까지 하고 나니 한 시간 반이 소요되었다. 신정교를 넘어오는데 남편에게 전화가 걸려 왔다. 운전 중이니 조금 있다 하라며 전화기를 내려놨다. 주말부부인 남편의 전화 타이밍은 항상 이런 식이었다. 씻거나, 운전 중이거나, 막 잠이 들었을 때 기가 막히게 맞췄다. 다시 전화가 울렸다. 난 신경질적으로 전화를 받았다.

"당신 지갑 주웠어? 왜 가지고 갔어? 경찰이 와서 기다린대"

남편이 날카롭게 다그쳤다.

민얼굴에 물기가 가시지 않은 머리로 허겁지겁 관리소로 뛰어갔다.

"죄송합니다. 전 운동 끝나고 갖다 주려고 했어요."

물건을 건네받은 경찰이 관리소를 나갔다가 잠시 후 들어왔다.

"피해자가 확인했는데 없어진 물건은 없지만, 절차상 조서를 작성해야 합니다. 잠깐 파출소로 임의동행 해주셔야겠습니다"

경찰이 사무적인 어조로 말했다. 절도로 신고가 됐기 때문이라고 했다.

난생처음 경찰차를 탔다. 기분이 묘했지만 떳떳하기에 대수롭지 않게 여겼다. 지구대에 도착하자 한쪽 구석을 가리키며 앉아 있으라고 했다. 한 시간이 지나도록 투명 인간 취급을 했다. 20여분이 더 지났을 즈음 젊은 경찰이 종이 한 장을 내밀었다. 동의서라며 주민등록번호와 이름을 쓰고 지장을 찍으라기에 시키는 대로 적어 건넸다. 그리고 또 방치되었다.

직장이 여수인 남편은 몸이 달아 연신 문자를 보내왔다. 나는 괜찮다고 별일 아니라고 답장을 보냈다. 기다리는 게 지루하고 무시당하는 게 언짢긴 했다.

한 시간이면 된다던 조서는 2시간이 넘도록 기다림의 연속이었다. 지루함은 초조함이 되고 목이 타기 시작했다. 자정이 다되어 순경 둘이 나를 다시 경찰차에 태웠다. 영등포 본서로 간다고 했다.

이동 소식을 들은 남동생이 놀라 금방 오겠다고 했다. 동생은 사법고시를 준비했던 사람이다. 무지가 용감이라고 초연한 나와 다르게 심각성을 인지하고 있었다.

본서에 도착하자마자 보안 문을 통과해 형사실로 들어갔다.

나란히 놓인 철제책상은 모두 비어 있었다. 나는 그곳에서도 한 쪽 구석에 방치되었다. 뒤늦게 도착한 남동생은 보호자가 들어올 수 없다는 이유로 밖에서 발을 동동 굴렀다.

"누나 정확하지 않은 것은 함부로 '예'라고 답하지 말고 기억 안 나는 건 안 난다고 해. 경찰이 누나 편들어 주는 것처럼 유도심문할 수 있으니 말리지 말고. 알았지?"

새벽 1시가 지나 담당 형사가 드디어 말을 건넸다.

"아주머니 이건 지구대가 잘못했네요. 거기서 해결할 수 있는 문제를 피의자로 넘기면 어떡하라고. 제가 전화해서 막 뭐라 했습니다. 하지만 이렇게 넘어온 이상 자료가 남으니, 조사는 받으셔야 합니다. 조금만 기다리세요."

무거운 침묵 속에 또 시간이 흘러갔다. 행색이 누추한 중년 남자가 비틀거리며 끌려왔다. 옆을 지날 때 싸구려 술 냄새가 훅 끼쳤다. 처음이 아닌 듯 익숙한 몸짓으로 굽실거렸다. 또 한 명의 사내가 붙잡혀 왔다. 키가 크고 행색이 말끔하니 당당했다.

"아니 형사님, 내 돈 떼먹고 안 줘서 컴퓨터를 대신 집어 온 게 왜 안 됩니까?"

사내는 서너 번 언성을 높이다 이내 자세를 낮추고 조서를 써 내려갔다.

초조함은 참담함으로 변해갔다. 보이지 않는 무시와 멸시가 나를 옥죄었다. 그때 뒤늦게 들어 온 늙수그레한 형사가 흘끔거리더니 빈정거리는 투로 물었다.

"왜 남편분은 안 오세요?"

"여수에 있어요. 신축 아파트 건설 현장에 소방 감리로 가 있습니다. 소방기술사예요."

"아, 거기 웅천지구요? 거기 이제 삽 떴을 텐데요."

옆에 있던 중년 형사가 눈을 반짝이며 알은체했다. 내 편을 만난 것처럼 반가웠다. 그 후 나를 대하는 태도가 한결 부드러워졌다.

"아주머니는 학원장이고 남편은…. 여기 오실 분이 아닌데."

담당 형사가 취조실로 데려갔다. 1문 1답 식으로 즉석에서 컴퓨터 자판을 두드리며 조서를 작성했다. 완성된 조서를 내밀며 읽어 본 후 사인하라고 했다.

"남의 물건 함부로 주우면 큰일 납니다. 인생 공부하셨다고 생각하세요. 저 만나서 다행인 줄 아세요. 피의자 조사는 기록이 남아서 참고인 조사로 했어요"

"고맙습니다."

눈물이 주르륵 흘러내렸다. 내 죄명은 점유물이탈죄였다.

두 시간 만에 건물 밖으로 나오니 그믐달이 어슴푸레 떠 있었다. 남동생은 얼마나 간을 조렸는지 얼굴이 희부연 달빛 같았다. 안에서 벌어진 일을 무슨 영웅담처럼 털어놨다. 신분이 확실하고 초범이라 참작이 됐을 거라며 남동생이 위로했다.

집에 도착하니 새벽 3시가 넘어가고 있었다. 동생이 가고 나서야 가슴이 두근거렸다. 피해 학생이 악의가 있어 현금이 없어졌다고 했더라면, 나쁜 경찰관을 만나 빨간 줄이 남기라도 했다면,

생각할수록 아찔했다. 그 후 나의 바른생활은 더 확고해졌다.

신호등이 초록 불로 바뀌었다. 당당하게 횡단보도를 건넌다. 혼자여도 좋다. 미련해 보여도 융통성 없는 여자라 해도 좋다. 나는 계속 도덕 선생님으로 살 것이다.

이제는 남편에게 농담을 건넬 수 있다.

"당신 경찰차 타 봤어? 나 경찰차 타 본 여자야."

따뜻한 위로

인천공항에 도착하니 정오가 되었다. 4시 비행기였다. 간만에 햄버거를 먹고 쇼핑으로 시간을 보냈다. 긴 연휴임에도 공항과 면세점이 생각보다 한산했다.

대한항공 여객기가 힘차게 이륙했다. 제주도행 비행기를 타봤을 뿐 해외는 처음이라 긴장됐지만, 막상 이륙하니 무덤덤했다. 창밖으로 하얀 구름이 뭉게뭉게 피어올랐다. 마치 대형 솜사탕 같았다. 한 귀퉁이 떼어 입에 넣으면 살살 녹아 달콤한 감상을 불러일으킬 것 같았다.

비행기가 이륙한 지 30여 분이 지나 기내식이 나왔지만 기대감을 충족시키지 못했다. 멀미약을 먹었더니 자꾸 졸음이 쏟아졌다. 자다 깨기를 반복하다 보니 곧 타오위안 공항이라는 기내 방송이 흘러나왔다. 밖을 보니 타이베이가 한눈에 들어왔다. 성냥갑 같은 집들이 오밀조밀 모여 있는 게 장난감 나라에 온 것 같았다.

착륙은 순조로웠다. 예약한 택시를 타고 한 시간을 달려 숙소에 도착했다. 호텔에 짐을 풀고 쓰린 야시장으로 첫걸음을 뗐다.

사람들이 북적거렸다. 먹거리나 패션 등 우리나라 시장과 별반 다르지 않았다. 하긴 사람 사는 곳이 비슷하지 않겠는가. 취두부 냄새가 식욕을 떨어트렸다. 향이 가장 약한 음식에 도전했지만 짜기만 하고 내 입엔 별로였다.

두 번째 날이다. 호텔에서 조식을 먹고 9시간용 택시투어를 하는 날이었다. 한 시간여 만에 도착한 곳은 예류 지질공원이다. 파도에 의한 침식과 지반에 융기 현상이 일어난 특이한 지형이었다. 용암이 지나간 자리처럼 구멍 뚫린 곰보 바위들은 제주의 현무암과 흡사했다. 여왕의 머리 퀸즈 헤드와 낙타, 코끼리, 거북이, 하마 등 동물 형상에 따라 이름 붙여진 바위들이 바다와 맞닿아 있다. 자연의 신비 앞에 감탄을 금치 못했다.

다음은 스펀이라는 곳이었다. 천등에 가족의 소망을 적었다. 남편은 파란색에 만사형통을, 아들은 빨간색에 행복을, 딸은 노란색에 재물복을, 나는 하얀색에 가족의 건강을 실어 띄웠다. 천등이 공중으로 훨훨 날아올랐다. 우리 가족의 소망이 모두 이루어질 것만 같았다. 간식으로 먹은 닭 날개 볶음밥은 입에 맞았다.

진과스로 이동했다. 구리를 채굴하던 곳으로 구리 광산과 황금 폭포가 있었다. 절벽을 이룬 바위는 금빛으로 물들어 있었다. 그 위로 시원한 폭포수가 쏟아져 내렸다. 손을 대면 황금 가루가 묻어나올 것만 같았다.

폐광된 광산에서 먹은 광부 도시락은 돼지갈비구이 한쪽과 나물, 김치 몇 조각이 들어있었다. 어릴 적 엄마가 싸준 도시락을 먹는 것처럼 기분이 묘했다.

다음은 지우펀이다. 홍등계단을 오르니 새로운 세상이 펼쳐져 있었다. 겉으로는 그저 산등성이인데 아기자기한 상점들이 숨어있는 게 신기했다. 먹을거리와 각종 기념품이 관광객을 유혹하고 있었다. 사람이 어찌나 많은지 줄을 맞춰 다니며 기차놀이를 연상케 했다.

어느새 스멀거리며 어둠이 내려왔다. 홍등이 길을 밝혀주었다. 홍등은 좋은 일이 있을 때 건다고 한다. 어둠이 짙어질수록 가지런히 걸려있는 홍등이 운치를 더해주었다. 산굽이를 따라 펼쳐진 야경은 고혹했다. 카페에서 우롱차를 마시며 야경을 감상했다. 날이 흐려 별은 볼 수 없으나 수많은 불빛이 어둠을 걷어내고 있었다.

관광은 시먼딩 시내에서 끝났다. 저녁으로 먹은 중화요리는 만족스러웠다. 처음 먹어 보는 음식들이 낯설지 않았다. 망고 빙수로 입가심을 하고 호텔로 돌아왔다. 두 번째 날이 서서히 깊은 수면으로 빠져들었다. 내일은 어떤 신비로움을 만날 수 있을까.

오랜만에 맑고 푸른 하늘을 볼 수 있는 기분 좋은 아침이다. 그러나 출발한 지 10분도 지나지 않아 부슬부슬 가랑비를 흩뿌렸다. 해는 쨍쨍한데 미세한 분무기로 물을 뿌리는 것 같았다.

국립 중정 기념당에 도착했다. 놀라운 규모와 웅장하고 위엄

있는 건물에 압도되었다. 장제스(장개석) 총통의 청동상과 다양한 유물들이 전시되었다. 장제스는 대만을 설립한 사람이다. 타이완의 역사를 이야기할 때 빼놓을 수 없는 곳이라 한다. 마침, 산수화 전시회가 열려 그림 감상도 했다. 기념당 옆으로 국립희극원과 국립음악청이 있으나 공연이 없어 아쉬웠다.

두 번째로 찾은 곳은 딘타이펑이라는 식당으로 만두와 딤섬이 유명한 곳이었다. 이른 시간인데도 30분을 기다린 끝에 음식을 먹을 수 있었다. 애들은 맛있게 먹었지만, 남편과 나는 느끼했다. 오늘도 망고 빙수와 버블티를 흡입했다. 처음 맛본 버블티는 쫄깃한 알맹이가 씹혀 재미있었다.

샹산역 부근에 가면 대만의 랜드마크인 101빌딩이 있다고 했다. 걸어가기도 차 타기도 애매한 거리라 패스하기로 했다.

3일 만에 대만 전철을 처음 이용했다. 무려 21개 역을 달린 끝에 단수이역에 당도했다. 단수이는 바다와 강이 만나는 하구로 석양이 아름다운 항구도시다. 소도시가 주는 아늑함과 주변 풍광이 아름다웠다. 골목 상점들을 구경하는 재미도 있고 대왕카스테라와 어묵탕도 맛있었다.

단수이 우진 학당은 1871년에 개교한 단수이궁 중 지금까지 유일하게 남아 있는 곳이다. 단강 고등학교, 진리 대학교, 홍마오청 등을 돌아보았다. 홍마오청은 구 영국대사관으로 소백궁까지 연결되어 있었다. 푸르름과 유럽풍 건물이 어우러진 길을 산책하며 운치를 만끽했다.

아침부터 오락가락하던 비는 오후가 되자 거세졌다. 해가 쨍하다 소나기가 쏟아지다 다시 멈추기를 반복하며 변덕을 부렸다. 습기 머금은 더운 바람이 몸을 무겁게 했다. 멋진 일몰을 못 보고 돌아서야 했다.

중앙역에서 파인애플 케이크인 펑리수를 사고 저녁은 우육면을 시켰다. 소고기 아롱사태를 편육으로 올린 칼국수로 국물이 시원하니 먹을 만했다. 3일째가 되니 몸도 마음도 녹초가 되었다.

때마침 택시투어 기사님이 찍은 동영상을 보내왔다. 가는 곳마다 포즈를 강요하더니 근사한 음악을 넣어 한편의 동화처럼 만들어 보냈다. 우리 가족의 소중한 추억이 고스란히 담겨 뿌듯했다. 숙소 근처에서 전신 마사지를 받고 기념품도 몇 개 더 샀다. 아쉬운 마지막 밤이 저물고 있다.

집으로 향하는 비행기가 창공을 날고 있다. 하루를 힘겹게 밝혀준 햇살은 서쪽으로 끌려가지 않으려 안간힘을 쓴다.

3박 4일이 금세 지나갔다. 연일 30도를 웃도는 무더위와 잦은 소나기, 습한 바람이 우리의 여행길을 질투하며 따라다녔다. 우리나라는 청정한 가을 하늘이 펼쳐지고 있으리라.

해가 뉘엿거리다 하늘 저편으로 숨어버렸다. 비행기는 지금 제주 상공을 지나가고 있다. 별빛 같은 불빛들이 초롱초롱하다. 마치 영롱한 꿈을 꾸고 있는 것 같다.

우리 가족은 각자의 삶을 열심히 살아왔다. 이번 여행은 열심히 산 우리에게 주는 선물이다. 지방에서 일하느라 외로운 남편에게, 대학원 다니며 보조연구원 하느라 힘든 아들에게, 대학교 다니랴 과외 하랴 애쓰는 딸에게, 1인 3역으로 고군분투하는 나에게 주는 따뜻한 위로다.

창밖은 도시의 불빛들이 어우러져 별천지를 방불케 한다. 저 불빛 속에서 사람들은 소소한 행복을 가꾸며 살아가고 있다. 우리 가족도 우리의 보금자리에서 불을 밝히고 행복한 삶을 살아가리라.

남편이 사라졌다

운수가 사나운 날이 있다. 출근길 유턴을 하려는데 2차선에서 택시가 느닷없이 달려들었다. 클랙슨을 누르며 급브레이크를 잡았다. 택시가 재빨리 우측으로 틀지 않았으면 추돌 사고가 날 뻔했다. 다행히 따라오는 차는 없었다. 비상등을 넣고 창문을 내렸다. 욕이라도 퍼붓고 싶은 심정이었으나 얼굴이 노래진 기사님은 얼핏 70대로 보였다. 연신 고개를 숙이며 미안하다고 했다. 조심하시라 당부하며 놀란 가슴을 쓸어내렸다.

점심이 지나고 조 팀장이 회사를 그만두겠다고 했다. 남편이 전립선암을 앓은 지 5년째로 상태가 많이 안 좋다는 것이었다. 마음이 제법 통하는 동갑내기인데 뜻밖의 소식에 마음이 뒤숭숭했다.

퇴근 후 곧장 집으로 갔다. 설이 막 지난 후라 추위가 여전히 매서웠다.

휴가 중인 남편은 집에 없었다. '지금 전화기가 꺼져 있어 소리샘으로 연결합니다' 기계음이 들려왔다.

남편은 또 산에 간 모양이다. 이름만 들어도 알만한 산은 남편의 발길이 닿지 않은 곳이 없을 정도였다.

"아빠, 운동이 과하면 노동야. 건강하자고 하는 건데 오히려 건강을 해친다고. 적당히 하세요."

아이들의 걱정에도 아랑곳하지 않았다.

그러고 보니 오늘은 인증사진도 보내지 않았다. 정상에 오르면 늘 사진을 찍어 보냈다. 땀범벅이 된 얼굴에 환희의 미소가 담긴 사진이었다.

불현듯 불길한 생각이 기세등등 머릿속을 휘저었다.

"아들, 아빠가 연락이 안 돼. 산에 가신 것 같은데 핸드폰이 꺼져 있어. 아침에 보낸 톡도 안 보셨어. 날도 제일 추운데"

"휴대전화 배터리가 다 될 수도 있죠. 너무 걱정하지 마시고 신고는 하세요"

난생처음 112 번호를 눌렀다. 여경이 받았다.

"저기요, 남편이 연락이 안 돼요. 전화기는 꺼져있고 아침에 보낸 톡도 안 보고…."

울음이 차올라 말을 잇지 못했다.

"언제부터 연락이 안 되세요. 언제 보았죠? 산에 간 건 맞나요? 어느 산에 가셨죠? 인상착의는 어떻게 되나요?"

질문이 쏟아졌다. 몇 시에 갔는지 어느 산에 갔는지 알지 못했다. 출근할 때 일어난 걸 보았고 등산용 배낭과 아침에 쪄 놓은 기정떡이 사라져 산에 갔음을 짐작할 뿐이었다.

어둠이 점차 내려앉고 있었다. 경기도소방재난본부에서 위치 추적 문자가 들어왔다. 양주시 장흥면 산 중턱에서 작은 점이 깜빡였다. 아직 산에 있다는 건가. 오전 중에 실족해 정신을 잃었다면 이 추위에 괜찮을까. 몸이 덜덜 떨렸다.

초인종이 울렸다. 영등포경찰서에서 나온 남, 녀 순경이었다. 전화로 했던 질문들을 되풀이하고 메모를 했다. 프로필에 있는 사진을 캡쳐해 여경 폰으로 보내려는데 손이 떨려 자꾸 오류가 났다. 보다 못한 여경이 본인이 해도 되겠냐며 내 휴대전화를 가져갔다.

경찰이 돌아가고 경기도 양주 산악구조대가 출동했다는 연락이 왔다. 불안은 급속도로 깊어졌다. 아들은 급체해 올 수 없고 딸은 통근버스를 타면 2시간이 걸린다고 했다. 가슴은 쿵쾅거리고 울음이 계속 비어져 나왔다. 경찰은 번갈아 가며 전화를 걸어 같은 물음을 반복했다.

"혹시 요즘 힘든 일 있었나요? 혹시 싸우셨나요?"

"아뇨. 내일 딸내미 결혼식 양복 맞춘 거 가봉하러 가기로 했어요."

전화가 꺼진 곳은 사패산이라고 했다. 그것이 기지국을 기점으로 반경 2~5킬로라서 찾는 게 쉽지는 않다고 했다.

10년 전 이맘때였다. 동서에게 전화가 걸려 온 건 오후 3시쯤이었다. 시골에 혼자 계신 시어머님이 사라졌다. 작은 집 손자가 북경 유학을 앞두고 인사차 찾아뵈었다.

"형님, 애들이 어머님 댁에 갔는데 아무리 찾아봐도 안 계시다네요. 근데 마루에 핏자국인지 뭔지 얼룩이 있고 좀 이상하대요"

휴대전화가 꺼진 곳을 기점으로 수색 작업이 이뤄졌으나 반경이 넓어 흔적만 겨우 찾았을 뿐이었다.

나는 경망스럽게도 그날이 떠올랐다. 곧 어둠이 짙어질 텐데 만약 산 어딘가에 쓰러져 있다면 어떻게 찾는단 말인가. 불안과 두려움이 눈덩이처럼 불어났다. 발만 동동 구르다 근처 사는 남동생이 생각났다.

전화벨이 다시 울렸다. 영등포경찰서 모 순경이라며 관리소로 오라고 했다.

2년 만에 시어머니를 찾았다. 강도에 의해 무참히 칼에 찔려 정화조에 버려진 시신을 수습했다. 그 순간이 오버랩되며 가슴이 요동쳤다. 동생은 곧 도착한다며 어떤 얘길 들어도 정신 똑바로 차리라고 했다. 그 말이 불안을 가중시켰다.

경찰 둘이 CCTV 모니터가 빼곡히 박혀 있는 벽면을 바라보고 있었다. 경비반장이란 사람이 엘리베이터 두 대를 크게 확대해 시간을 돌리며 남편 모습을 찾고 있었다.

"아마 8시 30분에서 9시 사이에 나갔을 거예요"

남편은 8시 56분에 4층서 엘리베이터를 탔다. 내 예상대로 등산복을 입고 털모자를 쓰고 작은 등산용 배낭을 메고 있었다. 경찰이 캡쳐해 경찰서로 보내고 무전으로 알렸다. 1층에서 내린 남편의 자취를 찾으려고 다른 모니터를 열자 시커먼 화면이 나타났다. 암흑 같은 내 심정을 대변하는 것 같았다. 버퍼링 속도가 느리다며 경비반장이 멋쩍어했다.

화면이 다시 켜지고 후문 버스 정류장으로 향하는 양쪽 길이 선명하게 보였다. 할머니가 노란 버스에 아이를 태워 보내며 손을 흔들었다. 머리가 휑한 할아버지가 다리를 절며 대로로 걸어갔다. 젊은 여자가 팔 깍지를 끼고 종종걸음을 쳤다. 남편의 모습은 보이지 않았다.

"켜졌다 휴대전화"

옆에 있던 경찰이 소리쳤다.

"여보세요 위○○ 씨 되십니까? 여긴 영등포경찰서 김○○ 순경입니다. 아내분께서 선생님 연락이 안 된다고 실종신고를 하셨어요. 지금 어디십니까? 아 자택이세요? 얼른 아내분께 전화하세요. 걱정 많이 하셨어요."

팽팽했던 긴장감이 풀리자 다리에 힘이 빠졌다. 나는 연신 고개를 조아리며 관리소를 나왔다.

엘리베이터 문이 열리자, 남편이 벙찐 얼굴로 서 있었다. 남편에게 안겨 가슴을 치며 엉엉 울었다. 남편은 산에 하루 이틀 다니냐고 왜 유난을 떠나며 화를 냈고, 이렇게 추운 날 왜 산에 가서 연락이 안 돼 걱정시키냐고 나무랐다. 해프닝으로 끝나 다행이라며 동생이 중재했다.

어젯밤 꿈자리가 뒤숭숭하더니 운수가 사납긴 하다. 하지만 오늘은 좋은 날이다. 모두 무사하니까.

느림의 미학, 삶의 여유를

오랜만에 한섬 해변을 찾았다. 겨울 바다는 고즈넉하다. 바람이 간지럼을 태우는지 미세한 파도가 수줍게 달싹인다. 바다는 이유 없이 변화무쌍하다. 비바람이 불지 않아도 너울성 파도가 사납게 일렁이고, 강풍이 세차게 몰아쳐도 도를 닦는 스님처럼 고요할 때가 있다. 나도 그랬다. 종잡을 수 없는 바다처럼 들썩이다 출렁대다 가라앉기를 반복했다.

작년 여름이었다. 남편의 새로운 직장으로 '동해'가 선택지에 있었다. 나는 들뜬 마음을 주체하지 못하고 남편을 종용했다. 육지에 사는 사람은 바다에 대한 로망이 있다. 게다가 직장을 그만둘 수 있는 핑곗거리가 생기는 셈이었다.

20년 가까이 학원에 몸담았으나 저조한 출산율에 학원업은 나날이 내리막이었다. 게다가 '코로나19'가 발생하면서 결국 학원을 떠나야 했다.

새로 찾은 직장은 사회적 약자에게 도시락을 제공해 주는 곳이었다. 오십 중반을 넘긴 나로서 전문 행정직 자리는 행운이었다. 일의 취지도 마음에 들었다. 그러나 '코로나19' 여파는 그곳에도 찾아왔다. 회사는 점점 어려워지고 적자로 허덕이는 상황에서 보람을 찾는다는 건 어불성설이었다.

도시락 반찬 담는 일, 음식 만드는 일, 김치 담그는 일 등 주된 행정업무보다 노동의 비중이 늘어갔다. 몸도 마음도 지쳐있을 때 돌파구처럼 남편의 이동 소식이 들려왔다.

때마침 나온 전셋집은 20년이 지난 아파트 18층이었다. 낡고 볼품은 없으나 창 너머로 한섬 해변이 그림처럼 펼쳐졌다. 오션뷰 그 자체였다. 바로 계약을 했다. 근방에 적절한 집이 나오지 않아 몸이 단 까닭도 있었다.

장거리 특성상 1박 2일 이사를 했다. 차에 이삿짐을 실은 채로 밤을 보내고 다음 날 아침에 들어왔다. 7월의 무더위 속에서 냉장고에 있던 음식은 버릴 각오를 해야 했다. 사다리차가 쉴 새 없이 짐을 올렸다. 쓰지도 버리지도 못하는 계륵 같은 물건들이 많았다. 여름철 이사는 두 번 다시 못할 만큼 힘이 들었다.

창 너머로 이사의 고단함도 녹이는 마법 같은 풍광이 펼쳐졌다. 다음 날 아침 일출을 거실에서 맞이했다. 황홀한 삶이 시작된 것이다.

남편이 퇴근하면 이른 저녁을 먹고 매일 해변을 거닐었다. 파도가 거친 날은 웅장함에 탄성을 지르고 잔잔한 날은 고요한 아름다움을 마주하며 감상에 젖었다. 주말이면 주변 여행지를 돌아다녔다. 무릉계곡, 추암촛대바위, 환선굴, 대금굴, 강릉수목원 등등 소문 난 곳은 도장 깨기라도 하듯 눈도장을 찍었다.

더 나아가 울진, 영덕, 포항으로 영역을 넓히고 태백, 정선, 평창, 인제를 거쳐, 양양, 속초, 고성까지 아울렀다. 불과 3개월 만이었다. 이제 갈 곳이 없었다. 그날이 그날이고 만사가 시들했다. 평생 바쁘게 달려온 나였기에 넘치는 여유는 무료하고 답답했다.

가을이 물들고 있었다. 새벽녘 쨍한 차가운 공기 꽃이 피고 두타산 봉우리가 붉게 물들었다. 나는 밤낮으로 소파에 누워 지냈다. 숨을 쉬는 일도 생리적 욕구도 무의미하게 이어갔다. 오늘이 어제 같고 내일도 오늘과 달라질 게 없는 일상이었다. 우울감이 서서히 나를 갉아먹고 있었다.

바닷물에 젖은 달이 출렁였다. 이끌리듯 한섬 해변으로 나갔다. 어두컴컴한 어둠 속에서 파도가 거친 숨을 토해냈다. 순간 알 수 없는 힘이 나를 끌어당겼다. 찰나였다. 정신을 차려 보니 바닷물에 발목이 잠겨 있었다.

요양보호사 과정을 시작한 건 살기 위함이었다. 양가 부모는 오래전 고인이 되고 직업으로 삼을 체력은 더더욱 아니었다. 단지 바로 시작할 수 있다는 이유였다. 노인의 성향과 다양한 건강 의학 상식, 환자 다루는 법, 심폐소생술 등을 배웠다. 친정엄마가 병석에 있을 때 알았으면 도움이 됐을 내용이었다.

동갑내기 친구도 사귀었다. 주말 부부로 살다 6개월 전 남편을 따라온 성욱이와 재혼으로 인해 1년 전 내려온 미경이었다. 타향에서의 어려움을 나누며 동질감으로 금방 가까워졌다. 매일 점심을 함께 먹으며 위안이 되었다. 그러나 자격증을 취득하자마자 취업한 성욱이는 늘 시간에 쫓기었고 미경이는 얼마 지나지 않아 자식들 곁으로 돌아갔다.

무거운 마음속으로 텅 빈 봄이 들어왔다. YWCA에서 운영하는 교육프로그램 중 전산회계, ITQ 엑셀, 파워포인트 자격증반을 신청했다. 역시 활용 가능성은 극히 낮았다. 단지 무언가 집중해야만 견딜 수 있을 것 같은 압박감이었다. 나는 스무 명의 수강생 중 최고령으로 왕언니라 불리었다. 어느새 그 많은 세월을 지나왔는지 한숨이 났다.

강의를 들으며 나는 사는 것 같았다. 처음 접하는 회계가 그렇게 재미있을 수가 없었다. 남들은 낯선 용어들이 나는 낯설지 않았다. 글을 쓰는 덕분인 것 같았다. 3개월 만에 자격증을 모두 취득했다.

어느덧 동해살이 1년이 될 즈음 나는 시나브로 적응해 갔다. 뜬금없이 고향 초등동창회를 다녀왔고 전에 살던 서울 나들이도 몇 차례 오간 덕분인지도 몰랐다. 아마 나는 향수병을 앓고 있던 모양이었다.

여름이 끝나갈 무렵 다행히도 도서관에서 운영하는 '문예 창작반'을 만났다. 처음 동해에 올 땐 소설에 매진하려는 큰 그림을 그렸건만 노트북도 펼치지 못하고 헛되이 시간을 흘려보냈다. 비로소 지면을 채우며 마음의 평온을 찾아가고 있었다.

지금 생각해 보면 내가 동해에 정을 붙이지 못한 이유는 잠시 머물다 갈 손님이라 여겼기 때문일지도 모른다. 언젠가는 떠날 기약이 있기에 제2의 고향으로 받아들이지 못한 것이리라.

"많이 담아둬 눈에 마음에. 언제 또 바다를 실컷 보며 살겠어."

한섬을 같이 산책하던 남편이 말했다. 그렇다. 언젠가 이곳을 떠나면 분명 이곳이 생각 날 것이다. 분주한 도심 속 사람들과 발맞추다 보면 금세 여유가 그리울지도 모른다. 수평선 너머로 떠오르는 붉은 해와 파도가 만들어 낸 하얀 물보라와 짭짜래한 바닷바람이, 발가락 사이를 간지럽히는 한섬 해변의 모래알과 밤마다 오색 빛을 뿜어내는 무지갯빛 터널이, 남편과 손잡고 거닐며 나누던 이야기 등 모든 것이 그리움으로 다가올 것이다.

비로소 보이는 것이 있다. 내가 만난 동해는 느긋함과 여유로움을 품었다. 길을 가든 해변을 거닐든 한가로움을 벗하며 사색하기 그만이다.

바쁜 일상에서 그토록 그리던 여유건만 막상 주어지니 즐기지 못하고 있었다. 오십이 넘도록 여유가 낯선 삶을 살아온 내가 기특하기도 하고 안쓰럽기도 하다.

지금이라도 인생을 즐기는 법을 찾아야겠다. 난 충분히 자격이 있다고 생각한다. 우선 눈과 귀를 열고 느릿느릿 걸어보리라. 동해는 느림의 미학, 삶의 여유를 만끽하기에 더없이 좋은 곳이다.

꽃망울 오물거리며 봄이 온다

새로 이사 온 아파트 근처에 내가 좋아하는 공원이 있다. 지역 주민들의 화합을 의미하는지 다양한 풀과 꽃과 나무들이 어우러져서인지 이름이 화합공원이다. 난 왠지 그 이름이 퍽 마음에 든다.

봄기운이 막 돌기 시작한 공원은 아직 쓸쓸하다. 산수유가 고물고물 피어나기 시작하고 화살나무, 벚나무, 철쭉, 황매화가 아직 꿈을 꾸고 있다. 곧 있으면 봄꽃들이 꿈에서 깨어나 기지개를 켜리라.

운동장을 한 바퀴 돌아 산책로를 따라 올라가면 바람개비 동산이 있다. 색색의 바람개비는 고개를 길게 빼고 오가는 사람들을 구경한다. 바람개비와 인사를 하고 숲길로 향한다. 겨울을 견뎌내느라 앓은 얼굴처럼 수척한 소나무와 상수리나무가 나란히 서 있다.

나지막한 산등성이는 어릴 적 뒷동산처럼 낯설지가 않다. 우리 집 뒷동산은 소나무와 갈참나무가 어우러진 고즈넉한 산이었다. 지금쯤 보랏빛 진달래가 피어나 산자락이 화사하게 물들었으리라.

봄이 시작되면 엄마와 나는 앞치마를 두르고 뒷산으로 갔다. 맨 먼저 원추리가 올라오고 홑잎 나물이 피어났다. 된장국을 끓이거나 살짝 데쳐 매콤하게 무쳐 먹으면 겨우내 시큰둥했던 입맛에 생기가 돌았다. 이어 삽주 싹과 취나물이 흔해지고 고비와 고사리가 뒤를 이었다. 고사리는 나는 곳만 났다.

비탈진 산길을 올라가면 움푹 파이고 평평한 벌판이 나왔다. 우린 펀던이라 불렀다. 펀던이는 밤나무로 둘러싸여 아늑하고 고사리가 많이 났다. 고사리는 풀숲이나 덤불 속에 숨어있었다. 고불고불한 머리를 잔뜩 구부리고 숨바꼭질하길 좋아했다. 그 옆에 고비 한 무더기도 있었다. 고비는 수줍은 새색시처럼 하얀 솜털로 온몸을 가리고 있었다. 솜털을 훑어내리면 얼굴을 붉히며 모습을 드러냈다. 엄마와 나는 술래가 되어 고사리도 고비도 잘도 찾아냈다.

풀숲을 얼마나 헤맸을까. 목도 마르고 배도 고팠다. 엄마와 나는 앞치마를 풀어놓고 그늘에 앉아 쑥버무리로 허기를 채웠다. 물 대신 셩을 꺾어 갈증을 달랬다. 잎을 따내고 껍질을 벗겨 베어 물면 시큼한 물이 입안 가득 고였다. 나중에 안 사실이지만 박완서의 '그 많던 싱아는 누가 다 먹었을까?'의 싱아가 내가 먹은 셩이었다.

엄마와 나는 불룩해진 앞치마를 양손으로 끌어안고 뒤뚱거리며 산에서 내려왔다. 만삭의 산모 같은 배를 마주 보며 웃음이 터졌다.

고사리를 무쇠솥에 삶아냈다. 씁쓸한 냄새가 났다. 소쿠리에 펼쳐 양지바른 장독대에 널었다. 고사리는 삶고 마르는 동안 독성이 빠진다고 했다.

엄마는 가끔 별식으로 생고사리 국을 끓여주었다. 삶은 고사리를 물에 여러 번 우려낸 후 쌀가루를 넣어 끓이면 담백하니 고깃국 버금가는 맛이었다.

산길로 접어드니 아직 물이 오르지 않은 나무 사이로 미풍이 살랑인다. 옅은 봄 내음이 묻어난다. 자연의 소리는 언제 들어도 좋다. 숲이 숨 쉬는 소리, 바람 소리, 새소리. 고향을 생각나게 하는 정겨운 소리다.

숲이 깊어지자, 세 갈래의 오솔길이 나타났다. 은행나무 숲길, 오음길, 풍경길이 이름처럼 어여쁘다. 어떤 길로 가든 결국은 하나의 길에서 만나게 된다. 넓고 편안한 길이 기다리고 있다. 우리의 삶도 수많은 길을 헤매며 평탄한 길을 찾아가는 과정이 아닐까.

돌아 내려오는 길은 사뭇 다르다. 새로운 풍경이 펼쳐져 있다. 어느 각도에서 보느냐에 따라 사물은 달라지게 마련이고 숲도 그렇다. 잠시 나무 의자에 걸터앉는다. 등을 어루만지는 봄 햇살이 제법 따사롭다.

참새 한 무리가 소나무 품속으로 날아들었다. 짹짹 짹째글 조용하던 공원이 갑자기 소란스러워진다. 수십 마리가 재잘재잘 한시도 쉬지 않고 지저귄다. 눈을 흘겨보지만 아랑곳하지 않는다.

언제부턴가 친구 서넛이 만나면 자기 얘기를 하기 바쁘다. 남의 얘기를 듣는 것보다 내 얘기를 하는 것이 더 즐거운 모양이다. 게다가 나이를 먹어 갈수록 하나같이 목청이 커서 시끄럽다. 자기 귀가 어두워져서인지 남성호르몬이 과다 분출돼서인지 모르겠다. 너는 너대로 나는 나대로 마치 저 참새떼와 다를 바 없다.

나이 먹을수록 입은 닫고 주머니는 열라는 말이 농담만은 아니다. 수다스러워지는 순간 가벼워지고 실수를 하게 마련임을 우린 왜 모를까. 어쩌면 내 입단속이 안 되는 불치병에 걸린 건 아닐까.

일주일 후 다시 찾은 화합공원은 목련이 지고 벚꽃이 만개했다. 조팝나무와 영산홍이 금방이라도 터질듯한 몽우리를 물고 있다. 불과 며칠 사이로 공원이 눈이 부시다. 눈부신 아름다움이 얼마나 갈 것인가.

화무십일홍이라 했다. 열흘 동안 붉은 꽃이 없다는데 요즘은 하루 이틀 사이로 피었다 삼 사일을 못 넘기고 스러진다. 게다가 봄이라는 계절이 왔는가 싶으면 어느새 여름이 되어있다.

우리의 삶도 눈 깜짝할 사이 지나갔다. 젊음은 느낄 새도 없이 달아나 버렸다. 남편과 아이들 뒷바라지에 바친 청춘은 되돌릴 수가 없다. 이제라도 나 자신을 찾겠다며 정신을 차렸을 땐 오십

중반을 넘어서 있었다.

화합공원은 머지않아 영산홍이 만개하고 조팝나무가 흐드러지고 라일락 향기로 가득 찰 것이다. 그리고 순식간에 낙화가 시작되고 더러는 눈송이처럼 소복이 쌓여 바람에 흩어지리라. 화려했던 공원은 금세 녹음이 짙어지고 매미 울음소리가 울려 퍼지다가 울긋불긋 가을이 물들고 하얀 겨울이 내려앉을 것이다.

그러나 실망할 필요는 없다. 헐벗은 나무 위로 눈이 내리고 시린 바람이 몰아치다가도 봄은 온다. 다시는 오지 않을 것 같지만 시치미 뚝 떼고 꽃망울 오물거리며 봄이 온다. 지금처럼 내년에도 그다음 해도 계속해서 봄은 오고 또 오는 것이다.

우리의 삶도 봄이 오고 또 오면 얼마나 좋을까.

나의 봄날은 언제였을까. 스무 살의 봄은 앞이 보이지 않는 무채색이었다. 서른 살의 봄은 아이 둘을 낳아 키우며 희망이 꿈틀대는 푸른색이었다. 마흔 살의 봄은 삶과 치열하게 맞서는 붉은색이었다. 오십 대의 봄은 무슨 색일까. 60대가 되면 색이 있기나 할까.

봄이 오는 공원에서 문득 나를 돌아본다. 파릇한 풀포기가 돋아나고 나무마다 꽃을 피울 동안 나는 무엇을 했던가. 아! 오십 대는 날 위한 꿈을 꾸며 초록색으로 물들이리라.

4부

알알이 여물다

칭찬이 필요해

프랑스 어느 마을에 보클랭이라 불리는 어린 소년이 있었다. 가난한 농부의 아들로 태어나 공부에 재능이 있었지만 차림이 말쑥하지 못하고 더러워 언제나 놀림을 받았다. 어린 마음에 상처를 받은 보클랭은 말수가 점점 줄어들고 공부에도 소홀하기 시작했다. 선생님은 이런 변화를 눈치채고 보클랭을 불러 말했다.

"너는 선생님이 가르친 어떤 학생들보다 총명하단다. 열심히 공부하기만 한다면 분명히 뛰어난 인물이 될 거야. 그러니 상처받지 말고 열심히 노력해 보자꾸나."

선생님의 칭찬을 들은 보클랭은 다시 열심히 공부했다. 이후에도 선생님은 보클랭을 계속 칭찬해주었다.

선생님의 칭찬을 듣고 자란 보클랭은 성장하여 파리대학 교수가 되었고 새로운 원소인 '크로뮴*'을 발견한 유명한 화학자가

* 크로뮴 : 주기율표 제6족 원소의 하나. 은백색의 광택이 나는 단단한 금속원소로 도금이나 합금 재료로 사용

되었다. 어느 블로그에서 읽은 글이다.

『칭찬은 고래도 춤추게 한다』라는 책은 미국 작가 케네스 블란챠드 등 세 사람이 공저한 것으로 대한민국에 '칭찬 열풍'을 불러일으킨 밀리언셀러다. 이 책은 지나친 칭찬보다는 상황에 맞는 적절한 칭찬과 격려를, 한 사람의 행동 중 긍정적인 면을 찾기 위한 노력을 요구하고 있다. 칭찬은 사람의 행동을 긍정적으로 변화시키는 도구 중 하나라 할 수 있다는 것이다.

칭찬은 남녀노소 누구에게나 기분 좋은 에너지를 준다. 그러나 우리는 칭찬에 인색하다. 그건 오래된 관습일지도 모르겠다.

아들이 중학교 2학년 때 일이다. 남학생 30명이 같은 반이었다. 그중 한 아이가 약간의 자폐가 있었다. 행동이 산만하고 장난이 심해 반 아이들의 기피 대상이었다. 한번은 커터칼을 가지고 장난을 하다 바닥에 떨어진 휴지를 줍는 아들의 손등을 찍었다.

연락을 받고 응급실로 달려갔다. 열다섯 바늘을 꿰맨 아들은 얼굴이 창백했다. 힘줄이 드러났으나 다행히 신경은 건드리지 않았다는 말에 안도했다. 그러나 흉터는 남는다고 했다. 천만다행이라 여기며 속상함을 삼켰다. 그 아이의 부모는 전화조차 없었지만, 책임을 묻지 않고 조용히 넘어갔다.

얼마 후 학교로부터 전화를 받았다. 아들을 다치게 했던 아이의 엄마가 교실을 찾아와 한바탕 난리를 치고 갔다는 것이다. 반 아이들이 단체로 자기 아들을 왕따시켰다는 이유였다. 그 엄마는 끝내 고소까지 불사하였다.

학교폭력 근절로 예민한 시기였다. 그 아이가 생각 없이 까불고 장난을 치니 반 아이 중 하나가 대걸레로 살짝 겁을 준 모양이다. 주변에 있던 반 친구들도 말리지 않고 구경했다는 이유로 뭉뚱그려 공범이 되었다. 아들도 그중 한 명이었다.

중년의 여자담임은 각서를 내밀었다. 방관은 했을지언정 같이 합류한 정황이 없음에도 시시비비를 따질 생각조차 없어 보였다. 내 아들이어서가 아니라 우등생이자 성실한 모범생이었다. 1학년 때 담임이 역성을 들었으나 들은 척도 하지 않았다.

아들이 각서를 써 내려가는 동안 수치심과 원망이 뒤섞여 눈물이 흘러내렸다. 아들은 다만 친구를 말릴 용기가 없었을 뿐이었다.

경찰서에 출석해 참고인 조사를 받았다. 조사 끝에 무혐의가 입증되었지만, 그날의 치욕스러움은 아들도 나도 지울 수 없는 상처가 되었다.

난 담임을 이해할 수가 없었다. 담임은 아이들의 보호자가 아닌가. 칭찬으로는 못 키울망정 적어도 억울한 피해자로 만들지는 말아야 하지 않을까. 혹시 내가 인사치레를 안 해서 그런 걸까.

그 아이 엄마도 야속했다. 우리 아이 손 등에 평생 지워지지 않는 흉터를 남겼음에도 선처를 베풀지 않았던가. 그땐 사과의 말 한마디 없더니 당신 자식이 받은 상처만 보인단 말인가.

그 후 담임은 많은 학부모의 입에 오르내렸다. 반 아이들을 따뜻하게 대할 줄 몰랐다. 선생님으로서 자질이 의심되는 행동을 보였고 교사들과도 어울리지 못했다. 담임은 1년 만에 타지로 전근을 하게 되었다.

사람은 누구나 칭찬 듣기를 좋아한다. 특히 청소년 시기엔 따뜻한 칭찬 한마디가 미래를 바꾸기도 한다. 소설가 신경숙 작가는 고등학교 시절 써낸 반성문을 보고 담임이 작가가 되어보는 게 어떠냐는 칭찬 한마디에 글을 쓰기 시작했고 지금의 작가로 우뚝 설 수 있었다. 적어도 담임이라면 내 아이들을 보호하고 바르게 성장할 수 있도록 마음을 다해야 하지 않을까.

내가 근무하는 검정고시 학원은 상처받은 아이들이 많이 온다. 결핍을 겪은 아이들에게 따뜻한 관심과 말 한마디는 가장 큰 위로가 된다. 닫혔던 마음을 열고 어두웠던 표정이 밝아지면 나도 보람을 느낀다. 그러나 개중에는 나의 노력에도 끝내 마음을 열지 않는 아이도 있다. 하여 때론 한계를 느끼고 무력감이 들기도 한다.

내가 후회되는 일은 아들을 키우며 칭찬에 인색했던 지난날이다. 어려서부터 책을 좋아하고 영리한 아이였다. 자정이 되어서야 집에 들어가면 아들 방에 불빛이 새어 나왔다.

"아직도 안 자면 어떻게? 아침에 또 못 일어나려고"

꾸중을 들은 아들은 얼른 불을 껐다.

그 후, 내가 일을 마치고 들어가면 아들은 자고 있었다.

어느 날 청소를 하려고 침대 밑을 보니 책이 수북하게 쌓여 있었다. 뛰는 엄마 위에 나는 아들이었다.

나는 얼마나 무지했던가. 아들의 독서를 칭찬했더라면 지금쯤 학자가 되었을 수도 있을 일이었다.

여자아이 둘이 데스크로 다가왔다. 며칠 전 꾸중을 듣고 토라졌던 아이들이다. 젤리를 건네며 알은체하니 멋쩍게 웃는다.

학원은 아이들이 잠시 스쳐 가는 곳이지만 가장 중요한 순간에 머무는 곳이기도 하다. 그 짧은 시간이나마 온전히 사랑받고 존중받도록 아이들을 대하려 노력한다. 사소한 칭찬에도 아이들은 무표정하던 얼굴에 미소를 머금는다. 집에서도 학교에서도 받아 보지 못한 칭찬을 듬뿍 나누어 주어야겠다. 덕분에 아이들의 상처가 조금씩 아물지도 모르는 일이다.

"민지야 오늘 수업 열심히 들었다며 너무 예쁘네"

민지가 헤벌쭉 웃었다.

아들의 홀로서기

이틀 후면 20년을 함께 살아온 아들을 떠나보낸다. 군대를 보내는 것도 아니건만 나 스스로 유난스러움을 모르는 바 아니다. 한 달 전부터 마음이 분주했다.

대학교 기숙사에 들어가는 아들을 위해 옷가지도 새것으로 준비해 주고 싶고 가방은 물론 속옷, 신발까지 모두 새로 마련해 주려고 몇 날 며칠 발품을 팔며 쇼핑을 즐겼다. 아들과 함께하는 쇼핑이 언제 또 있겠는가 싶어 퇴근 후 피곤함도 몰랐다.

아들은 대학 입학을 앞두고 두 달 동안 아르바이트를 했다. 남동생이 하는 입시학원에서 잡무를 도왔다. 아들은 처음 받은 노동의 대가로 컴퓨터를 마련했다. 의미 있게 쓸 줄 아는 아들이 기특했다.

아들은 3박 4일 강원도로 OT를 떠났다. 아들의 방문을 열었다. 사내 냄새가 훅 끼쳐왔다. 괜스레 책꽂이도 기웃거리고 책상 서랍도 열어보았다. 학생증과 사진이 가지런히 놓여있었다. 초,

중, 고 졸업 사진이 단계적으로 아들의 성장을 담고 있었다. 어느새 어른이 되어버린 아들 녀석이 조금은 멀게 느껴졌다.

옷장을 열어보았다. 오래된 중학교 교복과 체육복이 아직 걸려있다. 고등학교 교복은 온기가 식지 않은 듯 생기가 묻어났다. 품속 자식이라고 하지 않았나. 이제 서서히 떠나보낼 채비를 해야겠다.

어려서부터 듬직하고 속이 깊어 손이 가지 않던 아들이었다. 너무 일찍 철이 든 건 바쁜 엄마 탓이었을 것이다. 초등학교도 들어가기 전에 치킨집을 하는 엄마를 대신해 네 살 아래 동생을 챙겨야 했다. 저녁을 먹으면 으레 동생 손을 잡고 집으로 향했다. 밤마다 어린 동생을 지키며 오빠 노릇을 톡톡히 했다. 엄마 품이 필요하긴 동생이나 저나 마찬가지인데 말이다.

아이들을 위해 열심히 산다고 하지만 정작 아이들이 필요한 건 엄마였을 것이다. 부족한 엄마 노릇을 용서라도 하듯 두 아이는 반듯하게 잘 자라주었다.

집안의 장손으로 태어난 아들은 보물이었다. 게다가 영특하기까지 하니 자랑이 아닐 수 없었다. 초등학교 시절, 아들 방 벽은 상장으로 채워졌다. 사방을 도배하듯 하고도 자리가 부족했다. 우등생 아들 덕에 자모 회장을 맡았고 운영위원도 하게 됐다.

바쁜 와중에도 아들 뒷바라지를 핑계로 학교를 심심찮게 드나들었다. 당당한 치맛바람을 일으켰다. 아들은 엄마 체면을 살려주기에 충분했다. 마침내 초등학교를 1등으로 졸업하며 내 어깨가 으쓱 올라갔다.

아들에 대한 기대감은 점점 커져만 갔다. 상경의 꿈을 안고 서점 자리를 보러 다녔다. 근처에 홀로 사는 시어머니와 친정엄마가 낙심했다. 하는 수 없이 근접한 중소도시로 만족해야 했다.

부모의 지나친 기대는 아들을 힘들게 했다. 빈틈없는 계획으로 학교와 학원을 전전했다. 시험 후 작은 성적 변화에도 아들을 몰아세웠다. 다 너를 위해서라고 핑계를 대며 다그쳤다.

주말을 앞둔 저녁이었다. 학교에서 돌아온 아들을 닦달하며 한바탕 언성을 높였다. 슬그머니 집을 나간 아들이 새벽이 되어도 돌아오지 않았다. 책상 위에 메모가 있었다.

'훌륭한 인간이 되고 싶지 훌륭한 조련 물이 되고 싶진 않습니다. 잠시 혼자 있고 싶네요'

아들의 반기였다. 사춘기가 착하고 여린 아들에게 용기를 불어넣었다.

생각지도 못한 아들의 가출은 자극제가 되었다. 부모의 지나친 기대에 부담감을 느낀 모범생이 극단적 선택을 했다는 뉴스가 떠오르며 겁이 덜컥 났다. 남편과 아파트 주변을 뛰어다녔다. 갈만한 곳이 떠오르지 않았다. 학교, 학원 외에는 없었다.

쥐도 도망갈 구멍을 보고 쫓는다고 했다. 부모라는 이유로 아들을 밀어붙이기만 했지, 아들의 마음을 헤아리려 했던가. 아들만 무사히 돌아온다면 다신 안 그러겠다고 제발 무사하게 해달라고 밤새 기도했다.

오락실에서 밤을 새운 아들이 들어왔다. 뾰로통한 얼굴에 미안한 기색이 섞여 있었다.

그 후 나는 아들에게 관대해질 수 있었다. 조련 물이 아닌 훌륭한 사람이 될 수 있도록 믿고 응원하기로 했다.

아들은 욕심이 없고 독하지 못했다. 공부할 때도 악착같은 면이 없어 부모가 보기엔 아쉬움이 많았다. 충분히 한 걸음 더 나아갈 수 있는데도 그 자리에 멈춰 서는 아들이 안타까웠지만 거기까지가 아들의 성향이고 최선인 것이었다.

아들은 명문고를 들어갔으나 두각을 나타내지 못했다. 사춘기가 늦게까지 이어졌는지 말수도 없고 웃는 얼굴을 보기 어려웠다. 기대를 놓지 못한 남편이 못마땅히 여길 때마다 나는 아들 역성을 들었다. 공부로 인한 고단함도 만족할 수 없는 성적도 고스란히 아들이 감수해야 할 몫이었다.

수능을 보던 날 아들은 어깨가 축 처져 들어왔다. 명문대의 꿈이 좌절되고 자의 반 타의 반 재수를 했다. 내가 할 수 있는 건 그저 믿고 응원하는 일뿐이었다.

다음 해 아들은 남부럽지 않은 K 대학교에 들어갔다. 1학년은 기숙사 생활이 필수였다.

아들이 가방과 박스를 챙겨 나왔다. 학교까지는 한 시간이 걸렸다. 학교 정문은 그리스 로마에서나 볼법한 건축물로 웅장하고 아름다웠다. 산으로 둘러싸인 캠퍼스도 아늑하고 예뻤다. 가파른 오르막길을 지나 기숙사 건물로 들어갔다. 짐을 얼른 들여놓고 점심을 먹으러 나왔다.

아들과 헤어져 돌아오는 길은 무엇을 잃어버린 듯 가슴 한구석이 허전했다. 아들에 대한 과한 걱정은 또다시 아들을 힘들게 할지도 모른다는 생각이 들었다. 어쩌면 아들은 첫 독립에 신이 났을지도 모르겠다.

나는 아들을 안다. 본성이 착하고 속이 깊고 성실하다. 중심이 있고 책임감도 있다. 어디 내놓아도 엇나가거나 손가락질을 받을 행동은 하지 않을 것이다. 부모가 자식을 믿지 못하면 누가 아들을 믿는단 말인가.

어젯밤 편지를 써서 아들 가방에 슬며시 넣었다. 말로 할 수 없는 미안함과 고마움을 전하고 당부와 응원도 남기고 싶었다.

'아들아, 엄마가 살면서 가장 행복했던 순간은 네가 태어나던 날이란다'로 시작했다.

갑자기 울컥하며 아들이 태어나던 순간부터 지금에 이르기까지 20년 세월이 파노라마처럼 스쳐 지나갔다. 아들이 내 소유물인 양 내 욕심을 강요했던 시간, 칭찬에 인색했던 지난날, 관대하지 못했던 순간이 자책이 되어 돌아왔다. '아들아 미안하다. 엄마도 엄마가 처음이었으니까' 나는 드디어 사과할 수 있었다.

진짜 사나이

살면서 가장 행복했던 때는 첫 아이를 얻었을 때가 아닐까 한다. 나는 스물다섯에 한 아이의 엄마가 되었다. 요즘 같으면 한참 인생을 즐기며 다양한 꿈을 꿀 때지만 그 시절엔 보편적인 결혼 시기였다. 게다가 양쪽 모두 어려운 환경으로 혼자보다 둘이 낫다고 판단하였다. 그렇게 맺어진 사랑의 결실로 지금의 아들을 낳던 날 시기와 질투인지 순탄하지만은 않았다.

아침부터 배가 사르르 아프더니 피가 비쳤다. 예정일은 2주나 남아 있었다. 다니던 산부인과에서는 큰 병원으로 가라고 했다. 마침, 종합병원 산부인과에 있는 지인에게 연락하니 양수가 빠지면 태아가 위험하다며 겁을 줬다. 아직 산통이 시작되기 전으로 혼자 가도 된다며 일하는 남편을 안심시켰다.

입추를 하루 앞두고 더위는 기가 꺾이기 시작했다. 혼자서 택시를 탔다. 10여 분 만에 병원으로 가던 택시가 갑자기 멈춰 섰다. 택시 기사가 난감해하며 여러 차례 키를 돌렸지만, 시동이 걸리지 않았다. 택시 기사는 지나가는 택시를 잡아 나를 인계했다. 그것이 불길한 징조였을까.

촉진제를 맞고 골반이 열리지 않으면 수술할지도 모른다고 했다. 빨리 보호자를 부르라며 또다시 겁을 줬다.

저녁 내내 처음 겪는 산고의 고통과 싸웠다. 골반이 열리지 않아 아픈 건지 열리느라 아픈 건지 알 수 없었다. 종합병원 특성상 보호자는 들어오지 못했다. 혼자서 두려움과 고통을 견뎌내야 했다. 하늘이 노래지면서 아기의 울음소리가 들려왔다. 새벽 1시 11분이었다.

"손가락 발가락은 다 있나요?"

나는 간호사를 잡고 물었다.

잠시 후 병실을 찾은 남편과 친정엄마의 낯빛이 어두웠다. 순간 아이가 잘못되었나 하는 불길한 생각이 머리를 스쳤다.

"놀라지 말고 들어. 네 시어머님이 교통사고로 중환자실에 계시다."

서늘한 엄마 목소리에 나는 놀라움과 안도감을 동시에 느꼈다.

2주 앞당겨진 출산 소식에 시어머니는 경황이 없었다. 게다가 수술할 수 있어 보호자를 찾는다는 말에 긴장했다. 자영업을 하는 남편은 당장 올 수 없는 상황이었다. 긴장하긴 남편도 마찬가지였다.

허겁지겁 가게로 달려온 시어머니는 이른 출산이 며느리 탓이기라도 한양 구시렁거렸다. 남편이 시어머니를 채근했다. 병원은 자차로 30분 거리였으나 버스는 세 번을 갈아타야 했다. 남편이 택시를 잡으려는 순간 시어머니는 이미 사라지고 없었다.

버스에서 내린 시어머니는 급한 마음에 4차선 대로를 무단 횡단하다 트럭에 치이고 말았다.

중환자실은 아래층에 있었다. 몸을 겨우 추스르고 긴 복도를 걸어가는 동안 아무 생각도 나지 않았다. 에어컨 바람이 한기를 불러일으켰다.

시어머니는 얼굴에 피멍이 들고 퉁퉁 부어 있었다. 눈물이 왈칵 쏟아졌다.

사경을 헤매던 시어머니는 다행히 6주 만에 집으로 돌아올 수 있었다. 시어머니는 어렵게 얻은 첫 손자를 무척 이뻐하셨다. 그런 할머니께 보답이라도 하듯 건강하고 똑똑한 아이로 성장했다.

초등학교에 들어가자 영리함은 빛을 발했다. 우등생 장손은 할머니의 자랑거리였다.

아들은 사춘기도 묵묵히 혼자 이겨내는 애늙은이 같은 아이였다. 여동생에 비하면 욕심이 없는 게 아쉬웠지만, 생각이 깊고 어른스럽고 철학적인 면이 있어 심오한 대화를 주고받기도 했다.

난 아들을 믿었다. 천성이 바르고 성실하니 어딜 가든 잘 해낼 거라 여겼다. 1년간 대학기숙사 생활을 하면서도 걱정 한 번 안 시킨 믿음직한 아들이었다.

아들을 군대에 보내는 건 나의 숙원 사업 같은 거였다. 여린 마음을 담금질해 강한 사나이로 거듭나길 바라는 마음이었다.

그러나 막상 아들의 입대 소식은 이런저런 걱정이 한가득 일었다. 하필 가장 추울 때라 더 그랬다.

머리를 짧게 자르고 나타난 아들을 보니 실감이 났다. 서로 바라보며 어색한 웃음을 웃었다. 평온함을 유지하려고 마음을 다잡았다.

당일 아침이 되자 가슴이 두근거렸다. 어제까지 담담했던 마음이 일렁이기 시작했다. '진주'까지 가려면 서둘러야 했다.

집을 나서는 아들 얼굴은 긴장한 빛이 역력했다. 아들은 할머니와 나란히 뒷좌석에 앉고 운전대를 잡은 내 옆에 남편이 앉았다. 모두가 착잡한 심정이 되었다. 3시간을 가는 동안 차 안은 침묵이 흘렀다. 평소답지 않게 시어머니도 말을 아꼈다.

진주 시내에 도착했다. 횟집에서 점심을 먹는 둥 마는 둥 하고 입소 장소로 갔다.

작년 이맘때였다. 아들을 대학교 기숙사에 보내놓고 한동안 힘들었다. 텅 빈 아들 방을 하릴없이 들락거렸다. 그때보다 더 참담한 심정이었다.

집합하라는 방송이 흘러나왔다. 나는 애써 태연한 척했다. 아들도 마찬가지였다. 아들이 꾸벅 인사를 하고 돌아서 연병장으로 향했다. 그 순간 눈조차 마주치지 못하는 아들의 떨리는 마음이 보였다. 아들은 속내를 들키지 않으려는 듯 끝내 돌아보지 않았다. 하지만 아들 얼굴에 드리운 초조와 불안이 고스란히 전해졌다. 가슴이 아릿했다.

뿌옇게 흐려진 눈가를 황급히 닦고 아들 모습을 찾았다. 똑같은 스포츠머리를 한 사내들 틈에서 분간이 가지 않았다. 아들을 알아보기란 모래사장에서 바늘 찾기 같았다.

눈시울이 붉어진 남편이 슬며시 자리를 옮겼다. 시어머니와 나는 손수건으로 눈가를 문질렀다.

입소 행사가 끝나고 소대장은 입소자들에게 각자 자기 부모님이 계신 방향으로 돌아서라고 했다.

"큰절"

구호가 떨어지자 아들들이 일제히 몸을 낮춰 절을 했다. 여기저기서 울음을 터트렸다. 운동장은 순식간에 울음바다가 되었다.

입소자들이 건물 안으로 들어갔다. 사람들은 떨어지지 않는 걸음을 천천히 옮겼다. 한기가 품속으로 파고들었다. 낯선 곳은 더 춥게 느껴지기 마련이다.

저녁 어스름이 되어 집에 돌아왔다. 휘영청 밝은 달이 어둠을 벗어 내렸다. 주방 한구석에 아들이 먹다 남긴 치킨 상자가 뒹굴고 있다. 아들의 흔적들이 가슴을 뻐근하게 한다.

아들은 훈련소에서 6주간 훈련을 받는다. 내 품속의 아들이 이제 대한의 아들이 되었다. 진짜 사나이로 거듭나는 것이리라.

시간에 대하여

시간은 누구에게나 공평하지만, 사용하는 사람에 따라 많은 차이를 안겨 준다. 일상에 있어서 어느 날은 몹시 지루하고 어느 날은 아쉽게도 후딱 지나갔다고 느끼지 않은 사람은 없을 것이다. 특히 나이에 따라 체감하는 속도는 확연히 다르다. 어려서는 길기만 하던 1년이 40대 후반이 되자 뒤 몇 번 돌아보면 어느새 해가 바뀌고 있다. 50대는 시속 50킬로로, 60대는 시속 60킬로로 흘러간다는 말이 맞는 걸까. 그러나 나이를 앞서는 것은 상황일 것이다.

얼마 전 공군에 입대한 아들의 하루는 얼마나 길까. 군대서 보내야 할 2년이 20년에 버금가는 까마득함이리라. 늙은 거북이가 산을 오르는 것보다 더 느릴지도 모르겠다.

훈련소에 들어간 지 일주일째 되던 날 아들은 공중전화로 첫 소식을 전해왔다. 엄마 목소리를 듣자마자 아들은 울음이 복받쳐 한동안 말을 잇지 못했다. 날 닮아 마음이 독하지 못한 아들이 낯선 곳에서 얼마나 힘이 들까 생각하니 덩달아 울컥했다. 감정을 추스른 아들은 가족의 안부를 묻고 자신의 무고함을 전하며 안심시켰다.

6주가 지났다. 아들이 고된 훈련 과정을 수료하고 1박 2일 휴가를 나오는 날이었다. 보상치고는 턱없이 짧은 시간이지만 얼마나 고대하던 휴가였을까.

아들은 해맑은 미소를 지으며 나타났다. 정장 구두를 신고 짙은 남색 정복에 모자를 쓴 아들이 '필승'하며 경례를 붙였다. 그새 군기가 바짝 들어 늠름했다. 아들을 와락 끌어안았다.

밥숟갈을 놓자마자 아들의 수다가 시작되었다. 처음 1주일이 가장 견디기 힘든 시간이었다. 차라리 훈련을 받아 몸이 고되면 시간이라는 녀석도 덩달아 빠르게 움직일 텐데 적응기라는 명목하에 아무것도 하지 않고 방치되었다. 그 시간이 눈물 나게 지루하고 견디기 힘들었다. 그도 그럴 것이 요즘 아이들은 얼마나 많은 자유를 누리고 사는가.

혼자만의 방에서 혼자만의 시간을 만끽한다. 대학 생활도 필요한 강의 외에는 자유롭다. 20년 가까이 자유분방하게 살아온 아이들이다. 군대라는 틀에 갇히는 순간 얼마나 숨 막히고 두려웠을 것인가. 하지만 통제를 통해 규칙과 사회성을 배우고 나아가 사회인으로 거듭날 수 있음이다.

도스토옙스키는 '인간은 모든 상황과 환경에 적응하는 존재이다'라고 했다. 누구나 상황에 길들게 마련이다. 아이들도 다르지 않다. 다만 고통이 따라야 한다는 명백한 사실을 전제해야만 한다.

6주간 훈련을 무사히 통과한 대한의 아들들은 늠름한 모습으로 버스에 올랐다. 수십 대의 버스는 일사불란하게 부대를 벗어나 고속도로로 진입했다. 얼마를 달렸을까. 휴게소가 나타나자, 버스는 일제히 정차했다. 30분의 자유시간이 주어지고 버스 문이 열렸다.

버스에서 쏟아져 나온 훈련병들은 앞을 다투어 편의점으로 달려갔다. 마치 선착순 집합훈련을 방불케 했다. 훈련병들은 집에 갈 교통비 조로 현금 2만 원을 손에 쥐었다.

편의점은 순식간에 초토화되었다. 과자, 초콜릿, 아이스크림을 입에 달고 살던 아이들이 6주의 시간을 마른 입으로 버티느라 얼마나 힘들었을까.

아들 얘기를 듣고 처음엔 소리 내 웃다가 짐짓 짠한 마음이 들어 웃음기를 거두었다.

집에 온 아들은 굶주린 것처럼 먹을 것에 집착했다. 예전에 즐기지 않던 간식들을 주문했다. 아들이 간식에 집착하는 이유를 알 것 같았다.

훈련이 끝나고 받은 건빵을 먹다가 울뻔한 사연과 유격 훈련 후 산 정상에서 먹은 약과가 그렇게 맛있었다는 말이 이유를 뒷받침하고도 남았다. 차례를 지내고 나면 뒹굴어 다니는 게 약과였다. 어디 우리 아이에게만 국한된 얘기겠는가.

결핍을 겪어봐야 소중함을 아는 것이리라. 상황에 따라 작은 것 하나도 기쁨을 주고 감동을 선사한다는 사실을 아이들은 깨달았을까.

아들의 수다는 끝나지 않았다. 군대에서 처음 맞이하는 설날은 서러웠다. 별로 좋아하지도 않는 떡국을 먹으며 눈물이 났다. 정월 대보름날은 더했다. 창문을 비추는 달빛이 어찌나 교교하던지 집이 그리워 혼났다. 아들의 시간을 붙잡아 매어 놓고 싶은 밤이었다.

다음날, 아들의 표정은 어제와 사뭇 달랐다. 곧 돌아가야 하는 부담감 때문인지 입을 꾹 닫고 먹을 타령도 하지 않았다. 계획했던 먹거리를 다 먹지 못했으나 아쉬움을 드러내지도 않았다.

아들은 슬픔이 묻어나는 목소리로 인사를 하고 집을 나섰다. 아들의 뒷모습은 훈련소에서 헤어지던 때를 떠올리게 했다. 가슴이 빠근했다.

거실 가득 고여있던 아들의 수다가 빠져나가자 휑하고 쓸쓸했다. 언제든 아들 방문을 열면 아들의 넓은 등이 반겨줄 것만 같았다. 군대 생활은 이제 시작인데 그 긴 시간을 어찌 견뎌야 할지 아득했다. 그러다 문득 아들만 할까 싶어 한숨을 삼켰다.

오늘부터 기술학교로 옮겨 간다. 기술 훈련이 끝나면 자대 배치를 받는다. 새로운 생활의 연속이다. 자대는 선임병도 있고 상관도 있으니 모르긴 해도 이등병 생활이 좀 고달플 것인가. 산 넘어 산이 따로 없었다.

생각이 거기에 미치자 저릿하게 속을 훑어내린다. 그러나 영민한 아들이니 어딜 가나 잘 적응하고 꿋꿋이 이겨내리라. 당연히 넘어야 할 산이 아니던가.

시간이 더디게 흘러간다는 군대다. 하지만 거꾸로 매달아 놓아도 국방부 시계는 간다잖는가. 세상이 온통 빠른 속도로 돌아가는데 어찌 보면 한숨 돌리는 시간이라 여기면 그나마 위로가 되지 않을까.

기술학교는 6주 동안 실제적인 기술을 연마하는 곳이다. 기계공학을 전공하는 아들이 흥미를 느끼면 좋겠다. 어려서부터 기계를 해체하고 조립하기를 좋아했다. 비행기를 직접 접할 수 있으니 얼마나 좋은 기회겠는가. 모쪼록 아들의 시간이 지루하지 않게 흘러가기를 바랄 뿐이다.

훗날 나이를 먹으면 깨닫게 될 것이다. 시간이 더디 흐르던 지난날이 얼마나 소중하고 고마운 일이었는지를 말이다. 비록 지금은 아득하지만 지나고 보면 2년이란 시간도 금방이다. 벌써 40년을 훌쩍 넘긴 내 삶을 보면 그건 틀림없는 사실이다.

지금쯤 귀대 버스 안에서 아들은 풀이 죽어 있으리라. 조용히 한숨을 뱉고 있을지도 모른다. 하지만 아들아 지금도 시간은 흘러가고 있단다. 금쪽같은 시간이 흘러가고 있단다.

너의 소중한 시간을 헛되지 않게 보내기 바란다.

기다림을 배우다

지난여름은 긴 장마가 시간을 늘려놓은 탓일까. 6주의 시간이 유난히 길게 느껴졌다. 공군인 아들은 6주마다 1박 2일 휴가를 나왔다. 말이 휴가지 외박인 셈이다. 남들은 또 휴가 나왔냐고 무심코 말하나 엄마인 나는 6주의 기다림이 6년에 버금가는 애달픔이다. 처음으로 휴가다운 휴가를 나오는 날이다. 일주일이라는 시간을 함께할 수 있다는 생각에 소풍 가기 전날처럼 설레었다. 머릿속은 갖가지 메뉴들로 아우성쳤다.

입맛은 소탈하나 맛에 민감한 아들 녀석에게 행복한 밥상을 차려주려고 부산을 떨었다. 신문에 곱게 싸 냉장고에 보관했던 더덕을 꺼냈다. 얼마 전 시어머님이 손수 키워 준 거였다. 더덕을 깨끗이 씻어 껍질을 벗기자 더덕향이 은은하게 퍼졌다. 핏물을 빼려고 찬물에 담가놨던 갈비를 건져 기름을 제거하고 양념으로 재웠다. 갈치는 손질해 굵은 소금을 살짝 뿌려 놓았다. 이제 아들만 오면 되는 것이다.

일각이 여삼추라 했던가. 하루가 얼마나 긴 시간이며 또 얼마나 짧은 시간이던가. 아들을 기다리는 하루가 마냥 긴 시간이라면 아들과 함께하는 하루는 더없이 짧은 시간이다.

아들이 환한 얼굴로 나타났다. 말수가 적은 아들은 말이 고팠는지 수다쟁이가 되어있었다. 군대에서 겪은 사소한 일들을 무용담처럼 늘어놓았다.

집돌이인 아들은 집에 오는 순간 모든 시름이 사라진 것처럼 보였다. 오랜만에 자유를 누리며 평온이 깃들었다. 늦도록 컴퓨터를 하고 늦잠을 잤다. 맛있는 걸 먹고 친구를 만났다. 아들의 시간이 조금씩 사라졌다. 저장고에 쌓아놓은 곡식을 야금야금 빼먹는 것 같았다. 일주일은 쏜살같이 지나가 동이 나고 말았다.

복귀를 앞두고 아들의 표정은 어두워졌다. 언제나 그랬던 것처럼 올 때와 갈 때가 확연하게 달랐다. 가기 전날부터 웃음기가 사라지고 그늘이 드리웠다. 당일 아침은 긴장한 빛이 역력한 얼굴로 마지못해 밥숟가락을 들었다. 어릴 적 아버지 손에 이끌려 장으로 팔려 가는 누렁이 같은 얼굴을 했다.

어쩌겠는가. 아들의 등을 떠미는 엄마 심정은 오죽하겠는가. 어차피 겪어야 할 과정이니 마음을 다잡을 수밖에 없음이리라.

아들이 다녀가고 나면 한동안 공허한 얼굴로 일상을 보냈다. 집을 나서던 아들의 수심에 찬 얼굴이 떠올라 나도 모르게 자꾸 한숨이 났다.

아들이 군대 간지도 두 계절이 지났다. 추운 겨울을 진주서 보내고 성남 비행장에서 봄과 여름을 보냈다. 벌써 아침저녁으로 선선한 바람이 불어왔다. 가을이 시나브로 스며들고 있었다.

다시 6주가 지나 아들이 짧은 휴가를 나오는 날이었다. 살랑이는 가을바람은 공연히 마음을 싱숭생숭하게 했다. 군대 있는 아들의 마음은 더욱 그러하리라. 아들을 핑계 삼아 여행을 떠나기로 했다.

새벽부터 여행 채비로 수선을 떨었다. 아들이 나올 시간에 맞춰 부대 앞에 도착하려면 서둘러야 했다. 성남까지는 한 시간 거리였으나 주말 여행객들로 인한 차량 정체를 고려해야 했다.

차가 정문에 도착하자마자 아들은 미소가 만연한 얼굴로 달려나와 차에 올랐다. 아들은 오늘도 재잘거리며 사소한 얘기를 잘도 풀어놓았다.

여행지는 동해였다. 바다는 역시 동해바다 아니던가. 속초 동명항에 도착해 활어회센타로 갔다. 금강산도 식후경이라고 했다. 수조에서 활어들이 퍼덕거렸다. 저 싱싱한 것들을 좁은 수조에 가둬놓았으니 얼마나 답답할까. 문득 수족관의 물고기가 군대에 잡혀 있는 아들 같아 애잔했다. 요즘은 사소한 것 하나에도 아들을 연관 짓는 버릇이 생겼다.

2층에 자리를 잡았다. 셋이 마주 앉으니 미소가 끊이지 않았다. 푸짐한 회 접시가 올라왔다. 아들이 맛있게 먹는 것만 보아도 배가 불렀다. 아들은 마치 회 구경을 처음 하는 사람 같았다. 부자가 나란히 소주잔을 기울이는 모습을 흐뭇하게 바라봤다.

얼큰한 매운탕까지 먹고 나니 세상 부러울 게 없었다.

근처 방파제에 올랐다. 동해 바다가 한눈에 들어왔다. 푸른 하늘과 맞닿은 바다는 푸르다 못해 쪽빛이었다. 수평선 위로 갈매기들이 유유히 날아다녔다. 모든 상념이 사라지고 평온해졌다.

예약한 숙소는 양양이다. 양양은 송이 축제가 한창이었다. 남대천을 따라 풍성한 먹거리와 볼거리가 화려하게 펼쳐졌다. 자연산 송이버섯은 값이 비싸다. 게다가 올해는 수확이 적어 더했다. 아무리 금값이라도 아들 먹일 심산으로 송이를 기웃거리자 아들이 한사코 손사래를 쳤다.

다음날 동이 트기 전 설악산으로 향했다. 설악산은 입구부터 차가 밀려 있었다. 단풍이 겨우 물들기 시작했는데 다들 마음이 급한 모양이었다. 10년 만에 찾은 설악산이었다. 수려한 자태는 여전히 위엄을 드러냈다. 울산바위는 변함없이 산새를 지키고 아슬아슬 암벽을 타는 산악인들도 보였다.

권금성으로 올라가는 케이블카는 이른 가을 풍경을 음미하려는 관광객들로 북적였다. 뱀처럼 길게 늘어선 줄은 좀처럼 줄어들지 않았다. 장시간 기다린 끝에 드디어 차례가 왔다. 콩나물시루처럼 50여 명을 태운 케이블카가 움직였다. 산등성이는 주홍빛으로 물들어가고 있었다. 위로 올라갈수록 탄성이 터져 나왔다.

케이블카에서 내려 산길을 걸어 올라갔다. 서늘한 바람이 따라오며 걸음을 재촉했다. 20 여분 만에 권금성 너럭바위가 나타났다.

권금성에서 내려다본 산세는 신의 경지 같았다. 울긋불긋 물들기 시작한 골짜기와 첩첩이 쌓인 웅장한 산맥이 그랬다. 멀리 보이는 수평선은 바다가 하늘이요 하늘이 바다였다. 바위 위에 우뚝 서 있는 아들의 모습도 늠름하고 믿음직스러웠다.

가족이란 같은 시간, 같은 공간을 함께 하는 것만으로 행복임을 깨닫는다. 딸아이까지 함께하면 금상첨화였을 것이나 수험생이니 어쩔 수 없었다.

어느새 장성한 아들은 든든한 버팀목이 되어 주고 있다. 세월이 갈수록 약해져 가는 내 마음을 아들에게 살포시 기대본다.

새삼 가족의 소중함을 되새긴다. 가족은 함께 하며 사소한 행복을 나누는 것 아니겠는가. 더도 말고 덜도 말고 지금만큼 행복하기를 빌어본다.

아들을 부대 앞에 내려놓고 돌아서려니 가슴이 울랑울랑하다. 그저 엄마의 노파심이다. 아들은 공군으로서 임무에 최선을 다하고 있다.

우리는 각자의 자리에서 기다림을 배우고 인내심을 기른다. 조바심내지 않고 묵묵히 기다리는 것 참고 견디는 것이 우리에겐 필요하리라.

아들이 다음 휴가를 나올 즈음엔 곳곳에 물들었던 가을빛이 빠져나가고 어설픈 겨울 햇살이 고개를 내밀 것이다.

딸아이는 유럽 여행 중

숨 막히게 하던 무더위가 드디어 꼬리를 내리고 선선한 바람이 불기 시작했다. 영원히 올 것 같지 않던 가을이 다시 찾아온 것이다. 열어놓은 창 너머로 풀빛 머금은 햇살이 속살거리고 고추잠자리가 나풀거리며 여린 날갯짓을 한다. 가을이 왔음은 하늘을 보면 알 수 있다. 푸르게 물들어 높아지고 넓어진 하늘은 여유와 풍요를 선물한다. 하지만 가을은 냠냠하다. 지금 이 순간을 온전히 누려야 한다.

어젯밤 딸아이가 유럽행 항공기에 올랐다. 50일 동안 유럽을 만끽하기 위해서이다. 홀로 떠나는 여행이지만 어려서부터 똑부러지고 스스로 책임질 줄 아는 아이기에 걱정을 슬며시 내려놓는다.

대학교 2학년을 마친 딸아이가 한 학기를 휴학하고 아르바이트를 하겠다고 했다. 유럽 여행을 가기 위함이었다. 대학생이 된 딸아이는 틈틈이 과외 아르바이트를 해서 스스로 책값과 용돈을 해결했다.

보통의 아이들은 스스로 번 돈은 자기만의 용도가 있게 마련이다. 대학생은 부모한테 용돈을 받는 게 자연스럽다. 하지만 우리 애들은 달랐다. 자식 복을 타고났는지 둘 다 기특하게 굴었다. 그렇다고 용돈을 못 줄 만큼 여유가 없는 것도 아니었다.

나는 딸아이의 계획을 지지하며 흔쾌히 승낙해 주었다. 견문을 넓히고 재충전의 기회를 가지는 것에 대한 동의였고 딸아이의 대담함과 용기에 박수를 보내고 싶었다.

딸아이는 집에선 까탈스러운 면이 없지 않으나 속이 여리고 반듯한 아이다. 밖에서는 야무지고 예의 바르고 애교도 없지 않은 것 같아 굳이 탓하지 않았다. 그저 믿어주고 맡기는 편이었다. 내가 바쁘게 사느라 보듬어 주지 못한 미안함이 있기에 더 이해하고 맞추려는 마음도 없지 않았다.

딸아이는 어려서부터 모든 걸 혼자 해냈다. 학교 준비물은 물론 숙제나 방과 후에 일어나는 모든 일과를 스스로 해결했다. 그러다 보니 자기주장이 뚜렷하고 고집이 센 면이 있지만, 요즘 세상을 살아가며 어쩌면 꼭 필요한 요소라고 여겨진다. 하여튼 부모 걱정시키지 않고 건강하고 똘똘하게 자라준 딸이 고마울 따름이다.

딸아이가 고등학교 시절, 입학시험 성적 우수생으로 기숙사에 들어갔다. 우등생 그룹만 받는 특혜였다. 학교가 속한 도시는 비평준화 지역으로 유명세를 가진 학교에 속했다. 주말마다 간식을 싸 들고 잠깐씩 면회를 했다.

사춘기를 맞은 수험생이 그렇듯 딸아이는 까칠하고 신경질적이었다. 입을 닫고 밀어내는 것보다 나았다. 그렇다고 시시콜콜 얘기하는 편도 아니었다. 밤낮 공부에 매달리느라 지치고 힘든 딸아이를 보면 그저 안쓰러웠다.

주말 휴가를 나와 딸아이와 산책하던 중이었다. 여느 때처럼 딸아이는 볼멘소리로 불만을 토로했다. 특히 오빠에 대한 반감을 드러내며 열을 올렸다. 듣다못해 내가 언성을 높였다.

"넌 도대체 오빠가 어쨌다고 그러는 거야?"

"엄마는 아무것도 몰라"

딸아이가 세 살 때 나는 치킨집을 시작했다. 새로 지은 아파트 상가였다. 막 입주를 시작한 데다 어린아이들이 많아 눈코 뜰 새 없이 바빴다. 처음 시작한 장사이건만 익숙해질 겨를도 없이 주문이 밀려들어 정신을 차릴 수가 없었다.

바쁜 저녁 시간이 되기 전 아이들을 집으로 들여보내야 했다. 딸아이는 기저귀를 겨우 뗀 상태였다. 딸아이는 네 살 위 오빠 손에 끌려 울다시피 집으로 갔다. 가게에서 집 베란다가 보여 그나마 안심이 되었다.

가게를 정리하면 자정이 넘었다. 집에 들어가면 어린 남매는 아무렇게나 쓰러져 자고 있었다. 나는 매일 밤 울었다. 몸이 힘들어서 울고 아이들에게 미안하고 속상해서였다.

6개월쯤 지나자 일이 익숙해지고 재미도 있었다. 그 무렵이었을 것이다. 그날따라 집에 가지 않으려는 동생을 오빠는 이끌다시피 데리고 들어갔다. 집에 가서도 동생은 계속 칭얼거린 모양이다. 오빠는 동생을 베란다에 내쫓고 문을 잠갔다.

"그날 내가 얼마나 무서웠는지 알어?"

악을 쓰며 울분을 토하는 딸아이가 낯설었다.

가슴이 콱 막혔다. 어린 가슴에 상처가 생기는 줄도 모르고 사는데 정신이 팔렸다고 생각하니 억장이 무너졌다.

훗날 온 가족이 모인 자리에서 이 일이 다시 불거졌다. 오빠 기억으로는 겁을 주느라 잠그는 시늉만 했다는 거였다. 딸아이는 거의 경기를 하는 것이었다. 겁이 났다. 아들에게 사과를 독촉했다. 놀란 아들이 몰랐다고 미안하다고 진심을 전했다.

"엄마가 잘못했어. 너희들만 놔둬서 미안해"

나는 울음 섞인 목소리로 딸아이를 달랬다.

딸아이가 분노를 멈추고 눈물을 닦았다. 상처는 받기 쉬워도 치유되기는 힘든 법이다. 딸아이가 그동안 가슴에 담고 아파했던 시간을 어떻게 보상해 줄 수 있을까.

그 후 딸아이는 훨씬 편해 보였다. 그리고 무난히 좋은 대학에 들어가 야무지게 살아갔다.

딸아이는 계획적인 아이다. 여행 계획서를 보니 빈틈이 없었다. 출발하는 시점부터 귀국하는 날까지 매일매일 가는 곳, 교통편, 여행지 특징, 관람 포인트, 맛집, 메모장까지 체계적이었다. 길치인 나도 그 가이드북 하나면 혼자 여행할 수 있을 정도였다.

딸아이는 부모 찬스도 마다하고 공항 전철을 이용했다. 백팩을 메고 캐리어를 끌고 지하철역으로 걸어 들어가는 딸아이의 뒷모습은 패기와 도전이 묻어나는 행복한 젊은이였다. 내 딸이지만 기특하고 자랑스러웠다.

나는 저 나이 때 어땠을까. 해외는커녕 서울 구경도 쉽지 않은 우물 안 개구리 같은 시골뜨기였다. 딸아이의 당당함이 부럽고 뿌듯했다.

딸아이는 지금 비행기 안에서 단잠을 자고 있으리라. 카타르항공이 도하를 경유해 런던에 도착하려면 우리나라 시간으로 새벽 2시나 되어야 한다.

오빠가 미국 LA에 살던 시절 엄마와 언니 둘이 미국 여행을 가자고 했다. 나는 일을 핑계로 가지 않았다. 엄마는 셋째 언니와 3개월 만에 돌아왔고 막내 언니는 6개월을 살다 왔다. 내가 미국에 가지 않은 건 어쩌면 두려움 때문일 것이다. 겁이 많은 나는 장시간 비행이 엄두가 나지 않았다.

그런데 이상했다. 딸아이가 몇 년 후 유럽 여행을 가자고 했을 땐 전혀 겁이 나지 않았다. 왠지 딸과 함께라면 어디든 따라갈 수 있을 것 같았다.

유럽의 하늘은 얼마나 멋질까. 유럽의 도시들은 얼마나 아름다울까. 딸아이가 유럽 곳곳을 활보하고 다닐 모습을 상상하니 덩달아 가슴이 설렌다. 이번 여행을 통해 딸아이의 삶이 더 빛나고 행복해지길 응원하리라.

학예회

어느새 소설(小雪)이 지나고 첫눈이 내린다. 겨울다운 겨울이 시작되고 있음이다. 이맘때면 유치원에서는 학예회 준비로 분주하다. 어제 모 유치원에서 학예회를 준비하는 과정에서 불미스러운 일이 발생해 수사에 착수했다는 뉴스를 봤다. 연습하는 과정에서 아이들에게 폭력을 행사했다는 것이다. 연습을 잘 따라오지 못하는 아동을 밀어 넘어트리거나 신체 등을 막대기 등으로 찌르고 악기를 집어 던지며 공포 분위기를 조성하는 영상이 공개되었다.

내가 초등학교 시절도 학예회가 있었다. 학부모님들을 초대하여 합창과 합주, 무용, 연극 등으로 재롱을 부렸다.

초등학교 5학년 때 일이다. 우리는 국어책에 나오는 '숲속의 대장간'이라는 연극을 하게 되었다. 나는 할머니 역을 맡았고 주인공 도련님은 우리 반 반장이었다.

그 아이는 부잣집 아들처럼 귀티나게 생긴 데다 옷을 잘 입고 다녔다. 게다가 공부까지 잘했다. 그 아이는 학교 인근에 살았다. 나무로 지은 호화로운 일본식 주택이었다. 그의 아버지는 말끔한 얼굴에 언제나 양복 정장을 입고 다녔다. 나의 아버지와는 다른 사람 같았다. 그 아이도 마찬가지였다. 농촌과 어울리지 않는 부잣집 도련님 같은 아이였다.

그 시절만 해도 이성을 좋아하는 마음을 들키면 안 되었다. 남녀 막론하고 스스러워 말을 걸거나 표현을 하지 않았다. 간혹 그렇지 않은 친구도 있지만, 내성적이고 수줍음 많던 나는 그 애와 단둘이 말을 주고받은 적이 없었다.

다른 여자애들도 그 애를 좋아했지만, 은밀히 마음을 간직할 뿐이었다. 그 애 앞에서 얼굴이 발그레해진다거나 자리를 급하게 벗어나는 행동을 함으로써 눈치챌 수 있었다.

며칠 동안 혼자 대사를 외우고 동작을 연습했다. 무조건 잘하고 싶은 마음뿐이었다. 드디어 실전 연습을 하기로 한 날이었다. 허리를 구부정하게 하고 할머니 말투를 흉내 내며 제법 그럴싸하게 연기를 했다. 그런데 할머니가 도련님의 손을 잡아끄는 부분에서 머뭇거렸다. 도저히 그 애의 손을 잡을 수가 없었다.

얼굴이 달아오르고 손은 굳어버리고 입은 달라붙어 우두커니 서 있기만 했다. 몇 차례 더 도전했지만 마찬가지였다. 선생님은 꿀밤을 주더니 참새로 역할을 바꿔주었다.

참새는 여자 다섯, 남자 다섯 명이었다. 춤추며 노래하는 참새가 훨씬 마음에 들었다. 게다가 발레복인 분홍색 드레스를 입는다고 했다.

자초지종을 들은 엄마가 냅다 지청구를 쏟아 냈다. 오십이 넘은 엄마에겐 외출복으로 입는 옅은 옥색 치마저고리가 있었다. 할머니역으로 입기에 안성맞춤이었다. 엄마는 내심 안도하고 있다가 드레스값이라는 말에 얼굴이 노래졌다. 설빔, 추석빔 한 벌 얻어 입기도 힘든 형편에 평소에는 입지 못할 드레스라니 얼마나 기가 막힐 노릇인가. 그런 엄마 속도 모르고 나는 분홍드레스를 입을 생각에 마냥 꿈에 부풀었다.

학예회 날이 되었다. 엄마는 하시던 일을 마무리하고 늦지 않게 오겠다며 먼저 가라 했다. 학교에 도착하니 복도에 낯익은 두 분이 와 계셨다. 종종 학교를 찾는 엄마들이었다. 짙게 화장을 하고 고운 양장을 차려입고 있었다. 우리 엄마한테는 한 번도 보지 못한 모습이었다.

참새 중 세 명은 엄마가 젊고 시내에서 상점을 했다. 나는 2남 5녀 중 막내딸로 아버지의 쉰둥이였다. 엄마는 화장은 고사하고 변변한 양장 한 벌 없었다. 늘 밭에서 살다시피 하여 얼핏 보면 할머니처럼 보였다. 어쩌면 나는 할머니역이 제격이었다.

잠시 후 참새 친구들이 교실서 나와 엄마한테 쪼르르 달려갔다. 한 엄마가 가방에서 무언가를 꺼냈다. 눈썹을 새까맣게 그리고 눈두덩을 파랗게 칠하고 입술을 빨갛게 발랐다. 친구들이 금세 어여쁜 공주님으로 변신했다. 나도 모르게 부러운 눈빛으로 바라보고 있었나 보다. 친구 엄마가 나를 불렀다.

"얘 너도 참새니?"

나는 힘없이 고개를 끄덕였다.

"그런데 왜 화장을 안 했어. 엄마 안 오셨니?"

엄마가 와도 붉은 립스틱 하나 없을 게 뻔했다.

"이리 와 봐라. 아줌마가 화장시켜 줄게"

친구 엄마에게로 쭈뼛거리며 다가갔다. 엄마한테 맡아보지 못한 향기가 났다. 눈썹을 그리고 눈두덩을 칠하고 입술을 발라주는 동안 내 속에 예기치 못한 슬픔이 스며들었다. 그것은 부끄러운 열등감이었으리라. 어른이 되어서도 불현듯 유년의 나를 데려와 상처를 확인시켰다.

딸아이가 유치원 시절 학예회 날은 기분이 좋았다. 딸애가 어찌나 열심히 하는지 그 모습이 예쁘고 기특했다. 늘 가운데 서서 순서 한 번 틀리지 않고 동작 하나에도 정성을 다하며 친구들을 이끌었다. 그 모습이 뿌듯하고 내 어깨가 으쓱하곤 하였다. 그 아이들이 멋진 모습을 보여주기까지 선생님들의 노고가 얼마나 컸을지 존경과 고마움을 생각했을 뿐 준비하는 과정에서 매를 맞거나 야단을 맞아 공포심에 떨었으리라는 상상은 해본 적이 없었다.

요즘 빈번하게 일어나고 있는 아동학대를 보면 가슴이 무너져 내린다. 엄마 아빠 사랑을 듬뿍 받아야 할 시기임에도 경제활동을 위해 어쩔 수 없이 어린 자녀를 맡기고 노심초사하고 있을 터이다. 그 아이들이 처음 배우는 세상이 두려움과 공포의 현장이라면 너무 가혹하지 않은가.

아이의 인성이 발달하고 형성되는 시기는 3세에서 7세라고 한다. 관계를 통해 이해와 사랑을 배우는 시기이기도 하다. 어린이를 돌보고 가르치는 일이 직업이 아닌 책임감과 사랑이 바탕되어야 한다. 나아가 긍지와 자부심을 느낄 수 있었으면 하는 바람이다.

학예회는 아이와 교사와 학부모의 따뜻한 사랑의 장이다. 동심으로 돌아갈 수 있는 추억의 장이며 소통의 장이기도 하다. 학부모들에게 멋진 결과물을 자랑스레 보여주고 싶은 의도는 알겠으나, 누구를 위한 학예회인지 모르겠다. 부모의 애달픈 마음을 더는 아프게 하지 말아야 하겠다.

물론 일부 몰지각한 교사의 잘못으로 진심 어린 선생님들이 폄하되지 않아야 하고 부모는 선생님들을 신뢰하고 불안감을 내려놓을 수 있어야 한다. 참된 노력으로 준비한 학예회는 박수와 갈채를 받아 마땅하리라. 부디 모두가 기다려지는 학예회가 되길 바란다.

짚 동가리 아지트

짐은 간단했다. 겨울옷 몇 벌과 이불 한 채, 신발 두 켤레가 전부였다. 미니멀 라이프가 유행이라나. 차창 밖으로 시선을 던진 채 침묵으로 일관하는 딸과 가다 서기를 반복하는 고속도로로 숨이 막혔다. 운전석 창문을 열었다. 기다렸다는 듯 찬바람이 달려들었다. 딸애의 긴 생머리가 펄럭였다.

회사 정문을 통과하자 딸아이가 "착잡하네" 하며 들릴 듯 말 듯 긴 한숨을 토했다. 요즘 같은 취업난에 졸업을 앞두고 입사의 행운을 거머쥐고도 딸은 시큰둥했다. 하긴 신촌 한복판에서 놀던 아이가 이천 시골 생활이 마냥 달갑지만은 않을 것이다. 하지만 나는 밥을 먹지 않아도 배부르고 자꾸 콧노래가 나왔다. 대기업과 기숙사라는 두 마리 토끼를 잡은 데다 새벽밥도 뒤치다꺼리도 면했으니 말이다.

2인 1실이었다. 욕실을 기준으로, 양쪽으로 방이 나뉘었다. 왼쪽이 딸아이 방이었다. 방문을 열자 나무 냄새가 훅 끼쳤다. 원목 붙박이장과 1인용 침대가 마주 보고 있었다. 붙박이장은 크고 작은 수납공간을 은밀히 품고 있었다. 침대 너머로 베란다가 보였다. 침대와 베란다 사이는 한 평 남짓했다. 미닫이문이 드르륵 간지러운 소리를 냈다. 왼쪽 벽에 네 칸 자리 책장이 기대 서 있고 빨래 건조대가 천장에 매달려 있었다. 작고 아늑한 공간을 보니 불현듯 어린 시절 나의 아지트가 떠올랐다.

추수를 마친 볏짚은 뒷동산에 가지런히 쌓여 있었다. 가로세로 각을 맞춰 켜켜이 쌓아 올린 짚 동가리는 언뜻 보기엔 위태로워 보였으나 한겨울 바람에도 끄떡없을 만큼 농부의 야무진 손끝이 배어 있었다.

졸참나무 잎이 붉게 물들기 시작하면 동생과 나는 짚 동가리에 집을 짓기 시작했다. 가운데 집단들을 빼내고 공간을 만드는 일은 가장 어렵고 중요했다. 무너지지 않아야 하고 남쪽으로 출입구를 내어 어둠을 걷어내야 한다. 높이는 그리 높지 않아도 되었다. 앉거나 누워있을 정도면 충분했다. 바닥은 볏짚을 겹겹이 깔아야 냉기가 올라오지 않고 푹신했다. 우리는 몇 날 며칠 구슬땀을 흘리며 집짓기에 열을 올렸다.

일곱 남매가 바글거리던 시골집에서 나는 한 번도 나만의 방을 가져본 적이 없었다. 유일하게 오빠가 건넌방을 독차지했으나 내로라할 만큼 근사하거나 부러운 모양새는 아니었다. 짚 동가리 집은 아지트라 불렀다. 동생과 번갈아 가며 혼자만의 시간을 만끽할 수 있는 내 방이었다.

움집과 동굴을 닮은 아지트는 바람 한 점 들지 않는 보금자리로 엄마 품처럼 온화했다. 엄마는 사는 게 고달파서인지 좀처럼 품을 열어 놓지 않았다. 나는 어미 닭 품속으로 들어가는 병아리처럼 아지트로 찾아들었다.

잘 익은 해가 중천에 떠올라 쪽빛이 새어들면 아지트가 환하게 물들었다. 나는 바닥에 배를 깔고 엎드려 '톰 소여의 모험'이나 '빨간 머리 앤'을 읽었다. 책장을 넘길 때마다 햇살이 속살거리고 그 순간 어렴풋이 문학가의 꿈을 꾸기도 했다. 하지만 노루꼬리만 한 겨울 해는 감질이 났다.

세 살 터울 동생과 나는 종종 다투었다. 그날도 한바탕 싸움박질하다 급기야 동생이 울음을 터트렸다. 자기가 사내라고는 하나 3년의 세월을 넘보면 안 되었다. 마침, 밭에서 돌아온 엄마가 부지깽이를 들고 방으로 들이닥쳤다. 동생은 뒷문으로 부리나케 도망가고 고스란히 매를 맞은 건 나였다. 언니와 싸우면 동생이 버릇없이 덤빈다고, 동생과 싸우면 누나가 동생을 안 봐 준다고 주로 혼나는 쪽은 나였다. 그런 날은 어김없이 아지트로 갔다.

햇살 한 가닥이 틈을 비집고 들어와 아지트가 주황빛으로 물들었다. 반듯이 누워 가슴에 손을 모으고 눈을 지그시 감았다. 천천히 숨을 들이마셨다. 잘 마른 지푸라기는 구수하고 단 향이 났다. 들숨을 타고 폐부 깊숙이 들어와 전신으로 퍼져나갔다. 내 안의 서러움을 밀어내고 평온이 깃들었다. 아슴아슴 깊은 잠 속으로 빠져들었다.

동생이 언제 왔는지 내 발끝을 흔들었다.

"누나 밥 먹으래"

목소리가 한결 누그러져 있었다.

우린 늘 그렇듯 화해의 형식이 따로 없었다. 누그러진 말투로 누구든 먼저 말을 건네 오면 그것이 화해였고 언제 그랬냐는 듯 다시 웃음을 섞고 재잘거렸다. 고등어 반찬을 내게 밀어주던 엄마의 입꼬리가 살며시 올라갔다.

뒷동산에 나무들은 나목이 되고 세찬 바람에 앓는 소리를 냈다. 처마에는 고드름이 햇빛을 받아 영롱하게 빛났다. 한기가 기승을 부릴수록 아지트는 나를 따스함으로 품어주었다. 우리는 아기곰처럼 아지트에서 뒹굴거리며 겨울을 났다.

어느새 벌거벗은 나뭇가지에 물이 오르고 새순이 피어나면서 나는 중학생이 되었다. 아지트는 허물어져 누렁이의 밥이 되거나 밭고랑에 거름이 되고 그것은 우리의 마지막 아지트였다.

짐 정리를 대강 마치고 침대에 나란히 걸터앉는다. 어려서부터 숙제는 물론 준비물 하나 손이 가지 않는 아이였다. 고등학교 3년을 기숙사에서 보내며 어리광 한 번 부리지 않았다. 하지만 험난한 세상을 살아내야 하는 지금은 그때와 다르다. 스산한 마음에 잡은 손을 좀처럼 풀 수가 없다.

나 또한, 직장생활을 하느라 품을 열어놓지 못했다. 일찍이 자기 방을 안겨준 것만으로 엄마 몫을 다한 듯 딸애의 외로움과 두려움을 모르는 체했다. 그랬음에도 반듯하게 자란 딸이 대견

하고 고마울 따름이다.

딸애가 정문까지 따라 나왔다. 코스모스처럼 여린 손을 흔든다. '딸아, 두려워하지 말고 네 아지트에서 인생을 멋지게 펼쳐 보렴. 엄마가 응원할게' 눈빛으로 전하지 못한 마음을 전하며 가속페달에 힘을 주었다. 딸의 모습이 백미러 안에서 점점 작아지다 사라졌다.

삶에 지치고 힘들 때면 어릴 적 짚 동가리 아지트가 생각났다. 그때 그 시절 아지트를 다시 만나면 행복할까. 세월의 때가 묻은 우리는 소소한 행복을 지나치고 더 큰 행복을 찾아 불행을 끼고 사는 건 아닐까.

다시 나만의 아지트를 만들어야겠다. 딸아이 방에 작은 책상과 의자를 들여놓아야지. 암막 커튼을 달고 한쪽을 지그시 묶으면 그 사이로 쪽빛이 새어들겠지. 딸의 향기를 맡으며 책을 읽고 글을 쓰다 아슴아슴 잠 속으로 빨려 들어가도 좋겠지. 다시 소소한 행복을 붙잡아야겠다.

헤드라이트가 어둠을 가르고 길을 밝혔다. 고속도로는 시원하게 뚫려 있다.

MZ식 효도

입사한 지 3년 차가 되었을 때 딸아이는 내년 봄에 결혼하겠다고 했다. 내년이면 스물아홉이다. 요즘 추세로 보면 이른 감이 없지 않은 나이지만 놀랍지 않았다. 딸아이는 계획적인 아이였다. 최소한 몇 년의 계획표를 만들고 계획대로 움직이는 사람 같았다. 계획에 의하면 결혼은 스물아홉에 이루어져야 마땅했다.

남자 친구를 집에 데려온 날이었다. 체구가 작아 듬직해 보이지 않았다. 기왕이면 체격이 있는 남자였으면 했다. 하지만 말이나 태도가 가볍거나 됨됨이가 허술해 보이지 않아 안심했다.

준비한 점심상을 차려 내놨다. 딸애는 남자 친구가 가리지 않고 뭐든 잘 먹는다고 자랑스레 말했다. 그랬다. 남자 친구는 얌전하면서도 야무지게 먹었다. 그 모습이 마음을 흡족하게 했다.

둘은 대학교 3학년 때 인턴으로 나간 S 기업에서 만났다. 졸업 후 같은 회사에 취업하면서 더 가까워졌다. 딸은 똑똑한 남자가 좋다고 했다. 딸이 선택한 남자니 믿음이 갔다.

동탄 신도시로 신혼집을 보러 갔다. 회사 통근버스가 다니는 중심지 아파트로 24평형이 8억에 가까웠다. 대기업을 다니지만 3년 차가 큰돈이 모였을 리 없었다. 그럼에도 불구하고 집을 사겠다고 했다. 영끌을 하겠다는 것이었다.

둘은 이미 마음을 맞춘 상태였다. 똑같이 반반으로 분담하기로 합의를 봤다고 했다. MZ세대 운운하며 요즘은 평등하게 반반이 대세라나. 회사 대출에 신용대출까지 벌써 다 알아본 모양이었다. 나는 딸애의 야무짐을 알기에 최소한의 비용을 보태기로 하고 동의하였다.

예비 안사돈과 통화하고 싶다는 의견을 전했다. 그분들이 받았을 충격은 짐작이 가고도 남았다. 예비 사위는 딸애보다 한 살 위로 겨우 서른을 바라보고 있었고 두 살 많은 미혼 형이 있었다.

갑작스러운 결혼 얘기도 당황스러운데 8억에 가까운 집을 사겠다고 하니 얼마나 황당하셨을까. 우리나 그 집이나 큰돈을 척 내놓을 형편은 아닌 듯했다.

전화기 속 음성은 화를 눌렀지만, 원망 섞인 말투였다. 예비 안사돈은 한숨 섞인 우려와 하소연을 늘어놨다.

"애들이 둘 다 야무지니 알아서 잘들 할 거예요. 돈 모아서 집 사기 힘드니 집 먼저 사서 갚아나간다는데 기특하잖아요"

내가 애들 역성을 들자, 예비 안사돈도 포기한 듯 동조하며 전화를 끊었다.

예비 사위 집안은 시골서 올라와 오로지 자식 뒷바라지에 열과 성을 다한 것 같았다. 두 아들을 명문대에 보내느라 그 수고가 오죽했으랴. 이제 보란 듯이 대기업에 취업해 마음을 놓는가 싶었는데 벌써 결혼이라니. 그것도 형을 제치고 둘째가 말이다. 예비 안사돈의 실망과 원망은 당연할지도 몰랐다.

내가 남편을 소개로 만난 지 2년이 지나 예비 시어머니께 인사를 드리러 갔다. 시골집이 무색했는지 밖에서 만나자고 했다. 다방이 낯설어서인지 예비 맏며느릿감이 불편해서인지 시선을 편히 두지 못했다. 호리호리하고 가냘픈 몸에 고생한 흔적이 역력했다. 주름진 얼굴에 드리워진 어두운 빛은 지친 삶을 대변하고 있었다.

장남인 남편이 군대 간 사이 4개월간 간암으로 투병하시던 아버님이 돌아가셨다. 어머님 혼자 4남매를 키우느라 고생이 이만저만이 아니었음을 들어 알고 있었다.

예비 시어머니는 굳은 표정으로 별다른 질문을 하지 않았다.

다음 날 남편이 어머니 마음을 전했다.

"이런 시골에 와서 살림할 여자 같지가 않구나"

그때 남편은 스물여섯, 나는 스물셋이었다. 남편이 제대하고 돈벌이를 시작하면서 어머님의 무게가 조금 줄어들고 있던 차였다. 아마도 여우 같은 여자를 만나 휘둘리거나 집에 보탬이 되지 않을까 은근 우려를 하신 모양이다.

MZ 세대를 운운하는 두 사람에게 모든 일을 맡겨두었다. 예식장을 예약하고 웨딩 촬영까지 일사천리로 이루어졌다. 그 또한 비용은 공정하게 이등분 한다고 했다. 나는 전자제품 일체와 주방용품과 사돈의 이부자리 한 세트를 혼수로 해주었다.

결혼식을 4개월 앞두고 상견례를 했다. 예비 사돈은 더는 이른 결혼을 탓하지 않았지만, 아들에 대한 서운함을 내비치었다.

이듬해 3월, 코로나가 꺾이는가 싶더니 다시 기승을 부리던 때였다. 최소한의 하객을 모시고 조촐한 결혼식을 치렀다.

웨딩드레스를 차려입은 딸은 아름다웠다. 젊음이 더해 빛이 났다. 딸에게 엄마의 빈 자리를 만들었던 시간이 후회와 자책이 되어 돌아왔다. 계획적인 아이로 만든 건 내 잘못이리라. 내가 품을 열고 따스하게 보듬었더라면 자기 자신에게 좀 더 관대하고 매사에 여유롭지 않았을까. 바쁘다는 것도 어찌 보면 변명에 불과하리라.

내 식구가 된 사위는 더 예뻐 보였다. 둘째답지 않게 의젓하고 성실하고 똑똑했다. 무엇보다 딸애에게 잘하고 입이 짧지 않아 기특하고 사랑스러웠다.

딸애는 말 그대로 신세대 며느리다. 보수적인 세대에 맞추는 게 쉽지 않을 것이다. 시대가 바뀌었다. 요즘 세대에게 오래된 관습에 따라 며느리 노릇을 강요할 수는 없음이다. 현실에 맞게 이해하고 포용해주길 바란다면 내 욕심일까.

나에겐 결혼 안 한 아들이 있다. 난 가장 시크하고 멋있는 시어머니가 될 각오를 하고 있다. 물론 현실이 되면 어떻게 변할지 장담하긴 이르지만 말이다.

아들이 결혼하면 처가 자식이라고 한다. 하지만 나는 딸과 사위를 품 안에 가두려고 하지 않는다. 둘이 이쁘게 잘 살면 그것으로 고마운 일 아닌가. 기대가 크면 실망이 크다고 했다. 자식에게 너무 기대하면 서운해지고 노여워질 뿐이다. 부모와 자식 간 갈등의 원인도 대부분 거기서 시작되는 것 아닐까.

딸이 결혼한 지 어느새 2년이 넘었다. 매월 대출금을 갚으며 가끔 해외여행도 가고 잘살고 있다. 둘이 친구처럼 알콩달콩 사는 모습을 보면 흐뭇하고 고맙다.

딸애는 직장 생활로 피곤하고 힘든 이유도 있지만, 독립적으로 살아온 아이다. 곰살궂은 성격이 못되기에 애교 있는 며느리는 아닐 것이다. 하지만 표현은 서툴러도 마음이 여리고 속이 따뜻한 아이다. 양가에 매월 생활비를 보내고 맛있는 것이 있으면 챙길 줄도 안다.

서로 마음 맞는 짝을 만나 재미있고 행복하게 사는 것이 부모한테 최고의 효도가 아니겠는가. 그게 바로 MZ식 효도라고 생각한다.

5부

일상이 물들다

부끄러운 스승

문밖이 왁자지껄 소란스럽다. 오늘도 어김없이 여인들이 안으로 들어서며 낭랑하게 인사를 건넨다. 교실로 향하는 발걸음이 경쾌하다.

그들과 수업을 한 지도 어느덧 반년이 되어간다. 그들은 정신없이 앞만 보고 달려온 사람들이다. 장성한 아들, 딸이 보금자리를 찾아 떠나자 문득 자신을 돌아보게 되었다. 남편과 자식에게다 퍼주고 빈껍데기만 남은 인생이었다. 이제라도 자신을 찾겠다며 용기 내 학원 문을 두드렸다.

여인들은 대부분 환갑이 지났고 칠순을 넘긴 사람도 있었다. 그들이 제일 하고 싶었던 것은 바로 '배움'이다. 가난한 환경이 또는 무지한 부모 탓에 혹은 철없는 자신들의 게으름에 배움을 놓쳐버린 사람들이다. 그들은 저마다 눈물겨운 사연 한 보따리씩 안고 나를 만났다.

P는 어릴 적 아버지가 돌아가시자 엄마는 먼 친척 집에 그녀

를 맡기고 떠났다. 남도의 섬마을인 친척 집은 별반 나을 것도 없이 입에 겨우 풀칠이나 하는 곳이었다. 다섯 살 무렵부터 바닷가로 해초를 따러 다니고 산으로 나무를 하러 다녔다. 하는 양이 맘에 들지 않으면 빗자루로 때리고 욕설을 퍼붓기 일쑤였지만 그마저 쫓겨날까 봐 소리 내 울지도 못했다.

그저 이 악물고 버티다 보면 엄마가 데리러 오지 않을까 하는 일말의 희망을 안고 견뎌냈다. 그러나 여덟 살이 되고 아홉 살이 되어도 엄마는 나타나지 않았다. 친척은 학교도 보내지 않고 점점 어른도 하기 힘든 일을 시켰다. 일을 해내지 못하면 밥을 굶겼다. 시간이 흐를수록 희망은 사라지고 하루하루가 지옥 같았다. P는 열 살 되던 해 살고자 그곳을 도망쳐 나왔다.

주르륵 흘러내리는 눈물을 찍어 내던 P는 더는 말을 잇지 못하고 한숨을 길게 토해냈다. 그녀의 주름진 얼굴에서 그 후 고생한 이야기는 듣지 않아도 알만했다. 그 어린 나이에 안 해본 고생이 없을 것이다. 그래도 다행인 건 지금은 다복한 가정을 꾸리고 형편이 여유로워 보여 내심 고맙기까지 하였다.

P는 아침마다 간식거리를 내 책상 위에 슬그머니 놓고 갔다. 어쩌다 마주치기라도 하면 수줍게 웃었다. 읽기는 제법 잘하는 그녀지만 받아쓰기를 어려워했다. 노트에 빨간 줄이 그어지면 '돌대가리'라며 자기 머리를 쥐어박았다.

"어머니 머리가 나쁜 게 아니고 세월이 오래돼 녹슨 거예요. 안 쓰던 기계도 기름을 칠하면 잘 돌아가잖아요. 시간이 필요하니 여유 있게 하세요”

그녀는 배시시 웃으며 다시 연필을 고쳐 잡았다.

J는 맏딸로서 동생들을 돌보느라 학교 문턱에도 가보지 못했다. 어린 동생이 줄줄이 바짓가랑이를 잡고 늘어졌다. 허구한 날 등에선 아이가 떠나지 않았고 밭일 나간 부모를 대신해 집안일까지 도맡아 하며 손에 물 마를 날이 없었다.

소작농을 하는 집안 형편은 나아지지 않았다. 하는 수 없이 J는 남의집살이를 전전하다 지금의 남편을 만나 아들 둘을 낳았다. 지지리 복도 없는 J였다. 하필 만난 남편은 돈 버는 일을 하지 않고 툭 하면 손찌검을 했다. 차마 아이들을 버릴 수 없어 견디며 살았노라 땅이 꺼질듯한 한숨을 내려놨다.

학원에 온 늦깎이 학생들은 구구절절 사연이 없는 사람이 없다. 그 사연을 듣고 있노라면 나의 어린 시절이 생각난다.

중학교 1학년 때 공휴일을 맞아 처음으로 품삯 받는 일을 나갔다. 이웃집 언니 둘과 동네 과수원에서 배꽃을 솎는 일이었다. 탐스럽게 매달린 배꽃 송이 중 큰 꽃 서너 개만 남기고 나머지를 가위로 잘라주면 되었다. 그래야만 배가 튼실하게 자랄 수 있는 것이다. 낮은 곳은 그런대로 할 만한데 높은 가지는 사다리를 놓고 올라가 거꾸로 매달리다시피 해야 했다.

두어 시간 지나자, 어깨도 결리고 가위를 쥔 손도 아팠다. 처음엔 향긋하던 배꽃향도 계속 맡으니 어지럽고 멀미가 났다. 순간 아득해졌다. 오늘 하루를 어떻게 견뎌야 할지 더럭 겁이 났다. 같은 동네로써 중도에 도망이라도 간다면 부모를 욕 먹이는 일이었다.

때마침 새참이 나왔다. 집에서 만든 찐빵과 설탕물이었다. 꿀맛이 따로 없었다. 허겁지겁 먹고 나니 몽롱했던 정신이 맑아지고 다시 기운을 차릴 수 있었다. 어찌어찌 몇 그루를 더 솎고 나니 점심시간이 되었다. 특별한 반찬이 없어도 꿀맛이었다. 점심을 먹고 잠시 휴식도 주어졌다.

오후엔 무슨 정신으로 일을 했는지 가물가물하다. 오랜 가위질로 손아귀도 아프고 온몸이 안 아픈 곳이 없었다. 노동이 이토록 힘들고 돈 버는 일이 고통을 감수해야 한다는 사실을 절실히 깨달았다.

그 후로도 공휴일마다 사과꽃이나 복숭아 솎는 일, 복숭아 싸는 일을 다녔다. 여름방학 동안은 본격적으로 일했다. 복숭아를 수확하는 철이었다. 일손이 귀해 그랬는지 일을 열심히 해서인지 과수원이 돌아가며 우리를 불러 주었다.

무더위 속에서 복숭아를 따는 일은 꽃을 솎는 일과 비교가 안 됐다. 더운 열기가 훅훅 올라오고 복숭아털이 달라붙어 몸이 따갑고 근질거렸다. 털 묻은 손으로 얼굴의 땀을 닦다 눈이 따가워 곤욕을 치르기도 했다. 그나마 상처 난 복숭아를 얻어먹을 수 있어 견딜 수 있었다.

여름방학이 끝날 무렵, 처음 큰돈을 손에 쥐었다. 평소 먹고 싶던 군것질거리가 있었지만, 차마 쓸 수가 없었다.

가을이 깊어지자, 과수원에선 사과, 배가 향긋하게 익어갔다. 주말마다 아침 일찍 과수원으로 달려갔다. 사과나 배는 꼭지가 떨어지지 않게 잘 돌려 따야 했다. 나는 정성을 다해 과일들을 땄다. 탐스럽게 자란 사과, 배를 보며 봄에 내가 꽃을 솎아 준 덕분이라 생각하니 흐뭇한 마음도 들었다.

한낮의 햇살은 뜨거우나 그늘은 선선하니 일도 할 만했다. 더군다나 새콤달콤한 사과를, 시원한 배를 풍족히 먹을 수 있어 더없이 좋았다.

추수가 끝날 무렵이 되자 일이 손에 익었다. 주인아주머니는 내년에 또 오라며 상처 난 과일을 한 바구니 싸 주셨다.

수업을 마치고 돌아갔던 학생들이 다시 들어섰다. 곱게 포장한 빨간 장미 한 송이와 커다란 케이크 상자를 수줍게 내밀었다.

"내일 스승의 날이잖아요"

그들이 얼마나 갖고 싶었던 스승일까. 부족한 나를 스승으로 여기니 고맙고 부끄러웠다.

'선생님 가르쳐 주셔서 감사합니다. 열심히 배우겠습니다'

카드에 적힌 비뚤비뚤한 글씨가 가슴을 뭉클하게 했다.

언젠가 길을 가다 간판을 읽을 수 있게 되었다며 소녀처럼 좋아하던 여인들이다. 그들에게 부끄럽지 않은 스승이 되리라.

준비 없는 이별

친구를 먼저 보냈다. 화창한 햇살마저 얄궂은 오늘이다. 늘 허허롭게 사람 좋은 웃음을 웃던 친구가 어제 한 줌의 재가 되어 쓸쓸히 우리 곁을 떠났다.

사흘 전 새벽 무렵, 문자 수신음이 울렸다. 불길한 느낌이 잠기를 거두었다.

'홍태가 저세상으로 갔다.'

장난 문자라고 하기엔 뜬금없고, 사실이라기엔 어이가 없었다. 멀쩡하던 친구가 저세상이라니. 조바심이 나 견딜 수가 없었다. 문자를 보낸 친구의 번호를 눌렀다.

"교통사고래. 회사 사람들과 한잔하고 횡단보도를 건너는데 신호를 무시하고 달려오던 차에…."

친구는 한동안 말을 잇지 못했다.

"늦은 시간인 데다 외곽이라 사람을 못 본 모양이야. 다른 사람은 괜찮은데 홍태만 즉사했단다"

침울한 친구의 목소리가 비수처럼 꽂혔다. 가슴이 벌렁거리고 온몸에 소름이 돋았다. 당장이라도 달려가 내 눈으로 확인해야만 믿을 수 있을 것 같았다. 하지만 그조차 두려웠다.

컴퓨터를 켰다. 동창회 카페엔 아직 소식이 올라오지 않았다. 그런데 현재 접속자 명단에 홍태 이름과 웃는 남자 얼굴 아이콘이 깜박이고 있었다. 뭐가 그리 급해 로그아웃도 하지 못하고 저세상으로 떠난 것일까.

어두컴컴한 거실을 오락가락했다. 놀란 가슴이 진정되지 않았다. 얼마 지나지 않아 새벽 여명이 거실 유리창을 기웃거렸다.

2주 전, 홍태를 비롯해 일곱 친구가 관악산 입구에서 만났다. 오랜만에 만난 홍태는 얼굴빛이 유난히 검고 어두웠다. 그날따라 배도 많이 나와 보였다. 난 속으로 '건강이 안 좋은가'라는 생각을 잠깐 했다.

산 중턱에서 땀을 식혔다. 눈 앞에 펼쳐진 5월의 산자락은 싱그러움을 뽐내고 있었다. 푸르른 하늘과 더 푸르른 숲이 가슴을 탁 트이게 했다. 홍태는 처음으로 집안 얘기를 꺼내 놓았다. 순박한 아내, 이쁜 딸아이와 듬직한 아들, 노모 자랑을 주저리주저리 늘어놓았다. 나만 그랬을까. 왠지 쓸쓸함이 묻어났다.

팔순 노모는 40대 중반인 막내아들이 안쓰러워 지금도 보약을 챙겨주고 속곳에서 꼬깃꼬깃한 지폐를 꺼내주신다고 했다. 아직도 받기만 하는 자신이 한심하다는 듯 한숨을 내쉬었다. 친구들은 입을 모아 어머니께 잘해드리라고 잔소리 아닌 잔소리를 했다.

홍태를 만난 건 3년이 채 되지 않는다. 같은 중학교를 나왔지만 남, 녀가 반이 달라 그 친구를 알지 못했다. 25년 만에 재경동창회가 만들어졌다. 첫 모임에서 만난 홍태는 이웃집 아저씨같이 넉넉하고 편안한 친구였다. 푸근한 외모가 그랬고 선한 인상이며 말투가 딱 그랬다.

그 후로도 동창회를 할 때마다 빠지지 않고 나타났던 친구였다. 친구들을 보면 그저 좋아서 웃음을 흘리고 다니며 행복하다고 말하는 친구였다. 술과 친구를 좋아하는 정이 많은 아니 정이 고픈 친구였다. 그 친구의 술버릇은 만취 상태가 되면 어디서든 내 집처럼 잠들었다.

지난가을 모임 때도 홍태는 제일 먼저 달려왔다. 손수 준비해온 플래카드를 입구에 걸고 친구들을 맞이했다. 동창회 일이라면 솔선수범하고 부지런함이 몸에 밴 그런 친구였다. 그 부지런함이 저세상을 향한 부지런함이 되리라고 누가 상상이나 했던가.

날이 밝자마자 직장에 연가를 내고 장례식장인 S 병원으로 향했다. 두근거리는 가슴을 억누르며 입구로 들어섰다. 모니터에 친구 이름이 나타났다. 이름 앞에 고인(故人)이라 표시되어 있었다. 그 순간 가슴이 쿵하고 내려 앉았다.

영정사진 속 홍태는 푸근하면서 쓸쓸하게 웃고 있었다. 나는 처음으로 가까운 친구의 죽음과 맞닥뜨렸다. 준비 없는 이별이었다.

친구들이 하나둘 장례식장으로 모여들었다. 동창회 때 오지 않던 친구들도 모습을 드러냈다. 대부분이 처음 겪는 친구의 죽음 앞에 망연자실했다. 가는 순서는 없다지만 아직 40대는 황망하고 안타까운 이별임이 분명했다.

북적이는 친구들을 보며 '홍태가 잘 살았구나'라는 생각이 들었다. 그리고 뜬금없이 '네가 친구들을 한자리에 모이게 하려고 그랬구나'라는 생각을 했다.

한 달 후면 중학교 총 동문 체육대회가 있다. 그동안 준비하면서 가장 열성적이고 애를 태웠던 친구가 홍태였다. 넉넉지 않은 살림에 선뜻 기금을 내놓으며 앞장서서 협동심을 호소하던 친구였다. 만일 홍태가 체육대회라도 보고 갔으면 덜 서운했을까. 다 부질없는 노릇이었다.

일주일이 지나도록 막내아들로부터 소식이 없자 노모가 여러 차례 전화를 한 모양이었다. 그래도 연락이 되지 않자, 형제에게 안부를 물었다 한다. 애지중지하던 막내아들이 차가운 관 속에 누워있다고 차마 전할 수 없었으리라.

나는 직장을 계속 비울 수 없어 친구의 마지막 가는 길은 보지 못했다. 몇몇 친구가 장지까지 따라가 저승길을 배웅했다. '그래도 외롭지는 않겠구나. 인생 참 잘 살았구나.' 나는 거듭 생각했다.

우리는 동창회를 통해 만나 서로를 알아가며 3년간 우정을 쌓았다. 동창회는 정신없이 앞만 보고 달리는 중년의 삶에 작은 휴식을 선사하기에 충분했다. 너나 할 것 없이 어릴 적 감정이 되고 남, 녀를 불문하고 편한 친구 관계가 가능했다. 그것은 아마 시골 학교 동창생이기에 가능한지도 모르겠다. 아니 변치 않는 순수함을 간직한 홍태 같은 친구들이 있어 가능했으리라.

동창회로 인해 가끔 불미스러운 일이 일어나기도 한다. 그러나 그건 극히 일부에 지나지 않는 일이다. 일부로 인해 동창회 이미지가 왜곡돼서는 안 될 일이다.

친구야, 40여 년간 저마다의 삶을 안고 살다가 동창이라는 이름으로 다시 만나 어린 시절로 돌아간 것처럼 편했던 것은 너의 넓은 마음과 넘치는 정이 있었기 때문이다. 이제 보고 싶어도 볼 수 없는 다른 세상 사람이 되었지만 우리는 너를 잊지 않을 거야. 너의 푸근한 웃음이 그리울 때마다 너와의 추억들을 생각할게. 부디 그곳에서도 행복한 웃음을 웃으며 살기 바란다.

이별은 지나온 시간을 더 소중하게 만든다. 후회하고 자책하게 한다. 이렇게 빨리 이별의 시간이 찾아올 줄 알았더라면 우리는 서로에게 달랐을까. 친구에게 좀 더 관심을 가지고 귀 기울였다면 어땠을까. 어쩌면 늦은 밤까지 술을 마시지 않았으려나. 이미 엎지러진 물이다.

오호통재라!

회색빛 하늘이 반갑다. 가뭄에 선물 같은 단비를 머금고 있으리라. 먹구름이 이처럼 반가울 줄이야. 하지만 내 마음의 먹구름은 반갑지가 않다.

벌써 6개월째 기차를 타고 출퇴근하다 보니 별별 거슬리는 꼴을 다 보게 된다. 어제는 바로 옆자리에서 벌어진 광경에 탄식이 절로 나왔다.

퇴근길 빈자리를 찾아 앉았다. 대학생으로 보이는 남학생이 옆자리로 다가왔다. 툴툴거리며 통화를 하고 있었다. 엿듣는다는 말이 무색할 정도로, 대놓고 큰소리로 떠드는 바람에 나뿐만 아니라 주변 사람들까지 듣고 싶지 않아도 절로 들려오는 상황이었다.

"야 미친 거 아니냐. 디뿔이야. 말이 되냐?"

남학생은 짜증 섞인 목소리로 계속 떠들어댔다.

"중간고사 때 다섯 문제 중 세 문제를 썼는데 30점 만점에 4점이래. 기말고사 때 형이 컨닝페이퍼 썼잖냐. 책 있는 그대로 썼는데 60점 만점에 15점이래. 그게 말이 되냐구?"

나는 어이가 없어 속으로 코웃음을 쳤다.

"야 과제는 3장 써서 냈거든 근데 5점이래 넌 몇 장 냈냐? 넌 뭐 나왔냐?"

상대방 대답을 듣지 않고도 알 수 있게 남학생이 되물었다.

"넌 에이뿔야? 다섯 장 냈다고? 나 참, 하여튼 전화해서 따졌더니 성의가 없었데. 야 성의를 양으로 따지냐?"

난 속으로 생각했다. 이 개념 없는 대학생을 어쩐다. 한편으론 성도 이름도 얼굴도 모르는 교수가 참 정의롭게 느껴지기까지 했다.

컨닝페이퍼를 이용한 걸 자랑스레 떠들고 교과서에 있는 내용을 그대로 옮겨놓고 성의라는 말에 양심의 가책도 느끼지 못하는 남학생이 참으로 한심하고 불쌍한 생각마저 들었다. 그는 에이뿔 학생에게 과사무실 전화번호를 알아내고 하소연하기를 멈추었다.

이제 좀 잠잠해지나 싶었는데 다시 누군가에게로 전화를 걸었다. 토씨 하나 틀리지 않고 좀 전과 똑같은 통화를 격앙된 소리로 주절거렸다.

머릿속이 어지러웠다. 책을 읽어도 도무지 내용이 들어오지 않아 의자에 기대 눈을 감았다. 씩씩대는 남학생의 목소리만 더 또렷하게 들려왔다. 마음이 헝클어지고 속이 부글거렸지만, 옮길 빈자리가 없었다. 급기야 그 학생은 교수를 그 XX라고 칭하며 가만 안 두겠다고 과사로 전화해 따지겠다고 했다.

나는 눈치를 주느라 최대한 큰 한숨을 몰아쉬었다. 소심한 경고지만 다른 도리가 없었다. 요즘처럼 묻지 마 살인이다 보복이다 하는 일들이 심심치 않게 일어나고 있는 현실 앞에 누구를 훈계한다는 것은 용기라기보다 만용인지도 몰랐다.

"야 끊자, 카톡으로 하자"

나의 한숨이 통한 것인지 스스로 지쳐서인지 전화를 끊었다.

나 같으면 차라리 교수님께 인정에 호소하는 쪽을 택했을 것이다. '제가 소홀했습니다. 성의가 부족했습니다. 앞으로 열심히 할 테니 선처를 부탁드립니다' 그게 예의이고 성의 아닐까.

그날처럼 기차 안에서의 20분이 길게 느껴진 적이 없었다. 좋은 소리도 한두 번인데 같잖은 투정을 바로 옆에서 듣고 있으려니 고문이 따로 없었다. 나는 일부러 창 쪽으로 얼굴을 돌렸다. 안면인식에 밝은 나로서 개념 없는 얼굴을 기억하고 싶지 않았다.

대학 공부를 하는 지성인이라는 사람이 저런 마인드를 지닌 것이 실망감을 불러일으켰다. 목소리만 높이면 뭐든 해결될 거라 여기는 삐뚤어진 생각은 어디서 나온 것일까.

기차에서 큰 소리로 통화하는 사람들은 종종 있다. 그나마 연세 지긋한 사람은 아량을 베풀어 이해하려 노력한다. 그러나 젊은이들은 에티켓을 알지 않는가. 남의 이목을 신경 쓰지 않는 무개념 젊은이를 보면 화가 치밀고 한숨이 난다.

마침 기차 안내 방송이 나왔다. '통화를 하실 때는 작은 소리로 해주시고….'

남학생은 시치미를 뚝 뗐다.

그들은 바른생활을 배우지 않아서일까. 내가 어렸을 땐 바른생활이라는 과목이 있었다. 질서나 예의를 배웠다. 웃어른에 대한 공경심과 예의범절과 공중도덕을 중요시했다. 2009 개정 교육과정에서 바른생활이라는 과목이 사라진 거로 알고 있다. 세상이 바뀌었다고 기본이 무너지면 안 되는 것 아닐까. 어쨌든 바른생활을 개의치 않는 젊은이를 보면 난 비애를 느낀다.

요즘 세대들은 보편적인 자유를 잘못 이해하고 있는 게 아닌가 싶다. 진정한 자유란 나만을 생각하는 게 아니라 남에게 피해를 주지 않는 범위 안에서 누리는 것이 아닐까. 눈살을 찌푸리게 하는 지나친 스킨십, 욕설을 섞은 말투, 웃어른을 예우하지 않는 태도 등 나만 거슬리는 것일까. 내가 고루하다고 한다면 굳이 반론을 제기할 생각은 없다.

얼마 전에도 눈살을 찌푸리게 한 일이 있었다. 기차 정기권을 끊으면 값이 저렴한 대신 지정 좌석이 없다. 자리가 있으면 앉고 주인이 나타나면 비켜주는 식이다. 하여 자유석 승객들을 배려한 칸이 있다. 그곳은 의자가 없고 자유롭게 바닥에 앉아 갈 수 있는 곳이다.

내가 퇴근할 무렵은 대학생들이 끝나는 시간과 맞물려 항상 북적거렸다. 그날도 자유 칸은 사람들이 붐볐다. 특히 대학생으로 보이는 사람들이 주를 이뤘다. 한쪽에 자리를 잡은 서너 명의 남, 녀학생이 과자부스러기를 펼치고 캔 맥주를 마셨다. 내 집인 양 웃고 떠들며 소란스러웠다. 딴엔 자식 같은 아이들을 예쁘게 봐주려고 '젊음이 좋네. 패기가 보기 좋네' 하며 애써 긍정적으로 생각했다.

기차가 영등포역에 도착하자 그 학생들은 신문과 과자봉지와 빈 캔을 그대로 놔두고 몸만 쏙 빠져나갔다. 그 순간 좌절감, 실망감, 노여움이 뒤범벅된 감정들이 탄식이 되어 나왔다.

도대체 어디서부터 잘못된 것일까. 이대로 나아간다면 10년 후 20년 후는 어찌 될 것인가.

규율로 사람을 통제할 수는 있다. 그러나 내면의 의식을 통제하기는 쉽지 않다. 개개인이 의식을 변화시키지 않는다면 세상은 바뀌지 않을 것이다.

자기중심적인 사고를 벗어나 사회 구성원으로서 책임과 의무를 다해야 만이 사회가 달라지지 않겠는가. 이타적인 삶을 살지는 못할지언정 이기적인 삶은 지양해야 하지 않을까.

그 남학생은 내리면서 또 다른 누군가와 통화를 하기 시작했다.

"야 미친 거 아니냐. 디뿔이야. 말이 되냐?"

오호통재라!

남의 말하기와 흉보기

사람이 여럿 모이면 말이 많아지고 특히 근거 없는 소문을 만들기도 한다. 특히 SNS를 통해 무수히 쏟아지는 확인 안 된 정보가 사람들 입을 타고 전국으로 아니 세계로 퍼져나가고 있다. 거짓된 정보가 주는 피해나 상처를 고려하지 않는 무자비한 언어폭력이 아닐 수 없다.

NGO 단체 '따뜻한 하루'에서 읽은 소크라테스의 세 가지 체를 예로 들어보자.

고대 그리스의 철학자인 소크라테스가 사는 마을에 남의 이야기를 좋아하는 아돌프라는 청년이 있었다. 어느 날 소크라테스가 마을 앞 나무 밑에서 쉬고 있는데 아돌프가 휘파람을 불면서 나타났다. 소크라테스는 아돌프가 헛소문을 퍼트리고 다니는 바람에 마을 사람 중에 상처를 받는 사람이 많다는 것을 알고 이 기회에 아돌프에게 가르침을 주고자 했다.

소크라테스를 본 아돌프가 먼저 다가와 인사를 하더니 이야기를 꺼내는 것이었다.

"소크라테스 선생님 제 말을 좀 들어보세요. 윗마을에 사는 필립이 무슨 일을 저질렀는지 아세요? 그 착한 친구가 글쎄…."

이때 소크라테스는 아돌프의 말문을 가로막고 물었다.

"먼저 이야기를 하기 전에 세 가지 체에 걸러보세. 첫 번째 체는 사실이라는 체라네. 자네가 지금 하려는 이야기가 사실이라는 증거가 확실하나?"

그러자 아돌프는 머뭇거리며 대답했다.

"아닙니다. 저도 들은 이야기입니다."

소크라테스는 다시 아돌프에게 물었다.

"그럼 두 번째 체는 선이라네. 자네가 하려는 이야기가 진실이 아니라면 최소한 좋은 내용인가?"

아돌프는 이번에도 머뭇거리며 대답했다.

"아닙니다. 별로 좋은 내용이 아닙니다."

소크라테스는 이제 아돌프에게 마지막으로 물었다.

"이제 세 번째 체로 다시 한번 걸러보세. 자네 이야기가 꼭 필요한 것인가?"

아돌프는 소크라테스의 말에 조용히 말했다.

"꼭 필요한 것은 아닙니다"

소크라테스는 미소를 지으며 아돌프에게 말했다.

"그렇다면 사실인지 아닌지 확실한 것도 아니고 좋은 것도 아니고 필요한 것도 아니면 말해야 무슨 소용이 있단 말인가?"

나는 사우나 다니길 즐겨한다. 찜질방에선 뜨끈한 열기만큼이나 여자들의 후끈한 수다가 넘쳐난다. 피로를 풀려고 갔다가 오히려 피로감을 안고 돌아오는 경우가 있다. 비록 일면식도 없는 사람들의 얘기지만 듣고 있다 보면 마음이 불편해진다.

나이를 막론하고 서너 명만 모이면 좋은 얘기보다는 남 흉보는 얘기로 신속한 의기투합을 보여준다. 그러다 누군가 먼저 자리를 뜨면 다음 타깃이 된다.

사람들은 왜 남의 말하기를 좋아할까? 왜 남의 이야기를 전달하지 못해 안달일까?

아파트에 사는 젊은 주부들이 고만고만한 아이들을 유치원에 보내놓고 모여 차 한잔하며 수다 삼매경에 빠지는 현상을 한때 101호 아줌마들이라고 했다. 달달한 커피를 마시며 아이 얘기로 시작해 남편과 시댁 얘기가 끝나면 자연스레 이웃집으로 넘어가고 듣지도 보지도 못한 제3 인물이 등장하고 연예계까지 섭렵하게 마련이다.

그런데 그 이야기의 십중팔구는 흉보는 이야기이다. 칭찬보다는 흉을 볼 때 더 많은 호응을 얻고 공감대가 형성되는 것을 볼 수 있다. 왜 알지도 못하는 사람들 흉을 볼 때 재미가 있고 희열을 느끼는 것일까?

직장인들은 커피타임에 주로 상사의 흉을 본다. 동료보다는 상사를 도마 위에 올리는 것이 훨씬 더 고소하고 재미있는 까닭일 것이다. 그것은 상사 앞에서 할 수 없는 말을 대신 쏟아 내며 속이 후련해지는 대리만족이라는 보상이 있기 때문이리라.

사람들이 남의 말을 하고 흉을 보는 건 어쩌면 부러움으로 인한 질투심이 작용한 까닭인지도 모르겠다. 상대를 깎아내려 상처받은 나를 위로하고 안도하기 위함은 아닐까.

사람은 부러움을 안고 산다. 어쩌면 부러움은 본능이다. 자책할 필요가 없는지도 모른다. 하지만 상대가 이룬 결과만을 보고 부러워하고 질투하는 것은 잘못된 사고이다. 그 결과를 얻기 위해 그 사람이 쏟았을 노력을 간과한 처사이다.

어떤 사람의 입은 깃털처럼 가볍다. '이거 비밀인데 너만 알고 있어' 그 말이 내 입에서 나가는 순간 이젠 비밀이 아니다. 내 입도 내가 막지 못하는데 남의 입을 어찌 막을 수 있겠는가.

'말 한마디에 천 냥 빚도 갚는다'라는 속담도 있고 설망어검(舌芒於劍) 즉, '혀가 칼보다 날카롭다'라는 말도 있다. 말을 할 땐 소크라테스의 세 가지 체에 거르는 연습이 필요하다.

요즘은 말보다 SNS나 카톡으로 대화를 주고받는 일이 훨씬 많아졌다. 감정이 드러나지 않다 보니 나의 의도와 상관없이 오해가 생기기도 한다. 자기 생각대로 읽고 받아들이기 때문이다. 슬픈 것은 그곳에서도 남의 흉보기가 사라지지 않는다는 것이다.

간혹 누군가는 채팅방을 착각해 당사자가 있는 곳에 험담을 올려 당혹스러운 경험을 한 적이 있을 것이다. 그런데도 남의 흉보기나 말하기는 줄지 않고 있다.

우리는 흔히 '안 보는 데서 대통령 욕도 하는데'라며 남을 비하하는 행위를 정당화시키려 한다. 대부분이 동조하며 자연스레 공범이 된다.

요즘 뉴스를 보면 일부 정치인들의 비도덕적인 행태가 낱낱이 공개되고 있다. 상대를 깎아내리고 공격을 일삼는 비상식적인 현장을 쉽게 볼 수 있다. 비하 대상은 대통령, 정치인, 노인, 여성 가리지 않는다. 차마 듣기 거북한 상황을 그대로 보여준다. 그 모습을 자주 접하다 보니 모두가 무감각해지고 있는 건 아닐까.

정치인들도 대놓고 하는데 우리가 하면 왜 안 되냐고 반박한다면 변명의 여지는 없다. 다만 남이 장에 간다고 거름 지고 나설 것인가. 옳지 않음을 깨달으면 따르지 않는 게 도리이리라. 그 정도 신념은 가지고 살아야 하지 않겠는가.

역지사지해보라. 한 번 뱉은 말은 주워 담을 수도 지울 수도 없음을 기억해야 할 것이다. 나의 인격은 내가 만드는 것이다. 결코, 남의 말하기와 흉보기로 희열을 찾으려 하지 말기 바란다.

어둠은 쉬어 가라는 손짓이다

어둠이 짙어졌는데도 거실이 침침하다. 고개를 들어 형광등을 살펴본다. 나란히 있는 두 개의 형광등이 조도 차이가 없는 것을 보니 수명이 다한 것 같지는 않다. 요즘 들어 책 좀 볼라치면 침침하고 글씨가 어리어리하다.

얼마 전 영등포역 후문으로 귀가하던 중 무언가 시선을 사로잡았다. 대낮임에도 어찌나 밝은 빛이 뿜어져 나오는지 저절로 눈길이 갔다. 도저히 그냥 지나칠 수가 없었다. 걸음을 늦추며 두리번거리자 말끔하게 정장을 차려입은 남자가 반색하며 내게 말을 걸었다.

"아이구 사모님 어서 오세요. LED 등 아시죠? 이게 밝기만 한 게 아니라 전기요금도 적게 나오거든요. 지금 행사 기간이라 저렴하게 교체해 드려요"

나는 낚싯대에 걸린 물고기처럼 영업사원 앞으로 이끌려 갔다.

"거실만 교체하면 얼만데요?"

"아주 저렴해요. 기왕이면 전체 다 하세요. 딱 하루만 특별 할인 행사하는 겁니다"

나는 이미 반쯤 넘어가 여러 모양의 등을 살펴보았다. 남자는 계속 따라다니며 세뇌를 시키듯 떠들어 댔다.

아들에게 전화를 걸었다. 공대 나온 놈이니 나보다는 잘 알리라는 믿음과 동거인에게 동의를 구하는 마음이었다. 아들은 대뜸 의심에 찬 말투로 자기가 알아볼 테니 그냥 오라고 했다. 아무리 귀가 얇은 나지만 아들 말을 거스르며 일을 저지를 만큼 무모하지는 않았다.

끈질긴 영업사원의 손아귀에서 간신히 벗어나 집으로 갔다. 기대에 찬 내 얼굴에 아들은 찬물을 끼얹었다.

"엄마, 그냥 전기스탠드를 구입하세요."

아들은 친절하게 사이트에서 검색한 목이 구부정한 스탠드를 내 코앞에 들이밀었다.

어린 시절 시골집은 호롱불을 켜고 살았다. 석유를 넣어 쓰는 호롱불은 하루만 써도 호야에 그을음이 새카맣게 끼었다. 매일 아침이면 호야를 빼내 마른 헝겊으로 닦아주는 게 일이었다. 호야는 얇은 유리로 되어있었다. 자칫 바닥에 놓치기라도 하면 여지없이 산산조각으로 부서졌다.

호야는 쉽게 금이 갔다. 실금이 생긴 호야는 반창고를 붙여 사용했다. 새 호야를 끼운 호롱불은 밝은 빛을 뿜어 방안을 환하게 비췄지만, 반창고를 붙인 호야는 풀이 죽어 불빛도 흐리멍덩했다. 오래 쓴 호야는 닦다가 깨지는 경우도 많았다. 열을 받아 더 약해진 탓이리라.

초등학교 5학년 때 전기가 들어오고 안방 천장에 형광등을 달았다. 길쭉한 삿갓을 쓴 신사 같았다. 스위치를 켜면 비싸게 구느라 깜빡깜빡 뜸을 들이다 불이 들어왔다. 불을 끄고 누우면 한동안 남아 있는 여린 주황빛이 꼭 도깨비불 같았다.

그 시절에 비하면 눈부신 세상이다. 건물 안으로 들어가면 밤인지 낮인지 분간이 되지 않는다. 거리는 수많은 가로등이 어둠을 무색하게 한다.

얼마 전 평창 백룡동굴에 다녀왔다. 자연 동굴을 그대로 유지하느라 동굴 안은 전등 하나 달지 않았다. 안내자가 밝힌 플래시 하나와 관람객 스무 명이 쓴 헬멧에 달린 헤드라이트 불빛으로 긴 어둠의 터널을 3시간 남짓 견뎌야 했다.

처음 동굴로 들어가 어둠을 만났을 땐 답답했다. 점점 어둠이 짙게 깔린 동굴 안으로 들어갈수록 두려움이 빳빳이 일어섰다. 다른 사람들도 같은 마음인지 침묵이 깊어졌다. 목적지에 도착하자 안내자는 모두 불을 끄게 했다. 칠흑 같은 어둠이 와락 달려들었다. 각자 명상의 시간을 가지라고 했다.

생각이 잠식당하고 공포감만 들끓었다. 블랙홀에 빨려 들어가듯 몸이 침잠하는 것 같았다. 사후 세계가 이런 모습일까. 두려움과 초조가 극에 달할 즈음 일제히 불을 켰다. 아까와는 다른 밝음이 그 안을 오묘하게 물들였다. 마치 태초에 생겨난 세상처럼 고귀하고 신비로웠다. 사람들은 경이로움에 사로잡혀 작은 탄성을 질렀다. 어둠이 밝음을 낳은 것이리라.

책을 펼쳤다. 눈이 계속 침침하다. 책의 글씨가 너무 작은가. 아무래도 형광등이 문제인 것 같다. LED로 교체하면 작은 글씨가 문제랴. 방충망 그 좁은 틈을 비집고 들어 온 모기 새끼도 보일 것이다. 나는 LED 영업사원이 아른거렸다. 탑차에 크기별로 등을 밝히고 서 있던 그 남자의 웃는 얼굴이 떠올랐다. 바로 신청했어야 했다. 특별할인행사라고 했다. 딱 하루만이랬다. 아쉬움이 꼬리를 물었다.

주말이 되어 지방에서 일하는 남편이 올라왔다. 아들 때문에 좋은 기회를 놓쳤다고 콧소리 섞어가며 고자질했다. 남편은 아들에게 귀띔이라도 받은 양 목이 꺾인 전기스탠드를 재차 강요했다.

남편의 별명은 형광등이다. 꼭 한 박자가 늦었다. 그래서 LED가 낯설 것일까. 하지만 형광등 같은 남편은 한결같다. 늦게 들어오지만 오래도록 은은하게 빛을 품고 있다.

안과에 다녀온 나는 그제야 형광등 문제가 아님을 알았다. 노안이 시작돼 시야가 흐려지고 침침한 것이었다. 안경 가게에 들러 슬그머니 돋보기를 샀다.

돋보기를 쓰니 작은 글씨까지 선명하게 보였다. 책을 맘껏 읽을 수 있었다. 솔직히 말하면 너도나도 LED를 바꾼다고 하니 시대 흐름에 편승하려 한 속내도 있었다. 부끄러움이 밀려왔다.

세상은 급변한다. 새로움을 추구하고 편안함을 우선시한다. 새로운 변화에 발맞추지 않으면 도태된 사람 취급이라도 받을까 봐 조바심한다. 유행에 뒤처진다고 인생의 실패자는 아니다. 너도나도 새로운 것만 원한다면 세월의 뒤편으로 물러나고 있는 나도 쓸모없는 사람이 되는 것이다. 자식들이 구시대 부모가 싫다고 버려도 할 말이 없지 않은가.

여행지에서 사 온 등잔에 석유를 채웠다. 심지가 흠뻑 젖자, 불이 붙었다. 여린 불빛이 어둠을 걷어냈다. 밝음에 익숙해져 침침하고 답답했다. 불꽃이 가물거리며 그을음을 만들었다. 그을음은 긴 꼬리를 남기며 하늘로 올라갔다. 불꽃을 가만히 들여다봤다. 호야를 닦던 어린 소녀가 환영처럼 넘실거렸다.

한밤중 사이렌 소리가 요란스레 울려 퍼졌다. 사이렌 소리는 점점 가까워졌다. 창문을 열고 내다보니 바로 맞은편 아파트 창문으로 불길이 치솟고 있었다. 10층에서 시작된 불은 혀를 날름거리며 위층으로 타올랐다. 시커먼 연기와 함께 핏빛처럼 붉은 불꽃이 사방을 대낮처럼 환하게 밝혔다.

지나친 밝음은 어둠보다 못하다. 한 달 내 백야가 계속된다면 어둠이 얼마나 간절하겠는가. 어둠이 있기에 밝음이 더 빛나는 것이리라. 어둠은 느림의 미학이다. 쉬어 가라는 손짓이다.

철이 들어야 할까

안양 천변을 걷다가 흐드러지게 피어있는 코스모스 무리와 마주했다. 연분홍색 흰색 꽃분홍색이 아롱다롱 어우러져 꽃물결이 일렁였다. 경이로운 풍경이 아닐 수 없다. 코스모스는 가을의 상징이었다. 산들바람에 가녀린 몸이 애잔하게 하늘거리면 빛바랜 추억 한 조각을 물어와 흐뭇한 미소를 짓게 하는 청초함 그 자체였다. 그런데 한여름의 코스모스라니 뜨악한 기분을 떨칠 수가 없다.

작년 봄에도 코스모스를 본 기억이 난다. 이건 뭐 시도 때도 없이 피어 계절을 무색하게 하고 시골길 가을 정취마저 퇴색시키고 있다.

7월의 코스모스가 못마땅한 나는 구실을 찾기 위해 백과사전을 뒤적이다 뜻밖의 사실을 알게 되었다. 원래 코스모스는 6~8월에 꽃이 핀다. 심은 지 3개월이 지나면 꽃을 볼 수 있기에 봄에 심으면 여름에 볼 수 있고 더 일찍 심으면 봄에도 충분히 볼 수 있다는 것이다. 철없는 코스모스라 입을 삐죽거리던 나는 머쓱했다. 그러나 내 마음속에 코스모스는 가을빛을 머금고 시골길을 수놓으며 하늘하늘 나부껴야 제 정취를 다하는 것이란 생각은 변함이 없다. 고정관념이든 습관이든 말이다.

우리 학원에는 늦깎이 학생들이 있다. 50대부터 70대에 이르기까지 주로 어머님들이지만 간혹 아버님들이 오시기도 한다. 이런저런 이유로 배움의 때를 놓친 분들이 검정고시 과정을 배우러 오신다. 하루는 수업이 시작되기 전 교실에서 큰소리가 났다. 아버님이 삿대질하며 역정이 대단했다. 옆에 앉은 어머니가 냄새 때문에 머리가 아프다고 한마디 한 것이 화근이었다.

72세의 아버님은 깔끔한 분이시다. 작은 키에 다부진 몸으로 제 나이보다 대여섯 살은 젊어 보인다. 늘 화사한 색상을 즐겨 입으신다. 학원에 오던 첫날은 초록색 남방에 빨간색 바지를 입고 나타나 수박 할아버지로 통한다.

"노인네 냄새라도 날까 봐 아침저녁 샤워하고 얼마나 신경을 쓰는데. 니들은 안 늙을 줄 알어"

분이 풀리지 않은 수박 할아버지는 어머니들을 싸잡아 육두문자로 인신공격했다.

그 후로 어머님들은 아버님을 투명인간 취급했다. 간식을 가져와 아버님만 쏙 빼놓고 먹고 자기네들끼리만 소곤소곤 얘기했다. 어느 날 아버님의 반격이 시작됐다.

수박 할아버지가 끙끙거리며 종이상자를 끌어안고 들어왔다.

떡 상자였다. 금방 쪄온 백설기는 김이 나고 구수한 냄새가 교실 가득 둥실거렸다. 1교시가 끝나자, 아버님은 이웃 교실에 친분이 있는 어머니를 불러와 떡을 통째로 가져가게끔 했다.

다음 날은 자두 한 상자를 가져와 자두 향만 실컷 풍기고 보란 듯이 옆 교실로 보냈다. 음식에서 인정이 난다는 말이 있다. 처음 어머니의 사소한 간식으로 시작된 약 올리기가 점점 심해지면서 서로 적대감만 커졌다.

1주일도 안 돼 두 번째 사건이 벌어졌다. 장마로 인해 오래된 건물은 습하고 눅눅해서 불쾌한 냄새들이 올라왔다. 또 다른 어머님이 무심결에, 계단에서 냄새가 난다고 한 것을 잘 못 알아들은 아버님이 다시 버럭 하셨다. 냄새에 민감한 아버님은 노발대발하고 어머님은 공산주의도 아니고 그런 말도 맘대로 못하냐며 맞섰다. 싸움을 말릴 겨를도 없이 핑퐁 게임처럼 고성이 오갔다.

늙으면 애가 된다는 말이 딱 맞다. 세월을 그만큼 사셨으면 마음이 하해와 같아질 거라는 기대가 무색하다. 아집만 늘어 양보도 타협도 하려 들지 않고 자기주장만 강하다. 질투도 시새움도 많고 노여움도 잘 타고 삐치기도 잘한다. 유치원생만도 못하다.

전철을 이용하다 낯 뜨거운 광경과 맞닥뜨린 적이 있을 것이다. 젊은 남녀의 과한 애정행각이다. 옆 사람은 개의치 않고 볼에 입을 맞추거나 허리를 끌어안거나 신체를 만지작거리기를 서슴지 않는다. 어른들은 민망함에 시선을 거둘 뿐 선불리 제재를 가할 수가 없다. 괜스레 훈계한답시고 나섰다가 무슨 봉변이라도 당할지 두려운 마음도 없지 않을 것이다.

한 번은 전철에서 허벅지가 훤히 드러나는 짧은 치마를 입고 입술을 빨갛게 바른 갓 스물이 될까 말까 한 여학생이 내 앞에 서 있었다. 마주 서 있는 남자에게 과한 스킨십을 계속하는 것이었다. 민망하다 못해 눈꼴이 시었다. '이봐요 학생 여긴 공공장소예요. 그만 좀 하지 그래요'라고 말하고 싶었지만, 차마 내뱉지 못하고 속으로 삼켰다.

도덕이나 예의범절 운운하며 참견했다가 꼰대 취급이나 받을 터였다. 내 딸도 어디선가 저러지 않으리라 장담할 수 없기에 씁쓸함은 한층 무게를 더했다.

이들은 철이 없는 걸까. 봄날의 코스모스도 한여름에 쏟아지는 주먹만 한 우박도 가을에 피어난 개나리도. 어디 계절뿐이랴. 공부는 뒷전이고 오토바이나 타고 담배나 뻑뻑 피워대는 어린 학생, 나이가 들어도 부모에게 기대 사는 캥거루 자식, 나이 먹은 게 벼슬이라도 되는 양 대접 받으려 하고 베풀 줄 모르는 옹졸한 어르신 등등.

철이 든다는 것은 무엇일까. 이상기온으로 인해 사계절의 흐름도 바뀌고 있는 지금 제철에 맞게 피어나고 열리고 스러져 간다는 것도 어불성설인지도 모른다. 요즘 아이들은 제철 과일이 무엇인지 알지 못한다. 하우스나 온실재배의 발달로 한겨울에도 수박이나 딸기가 넘쳐나기 때문이다.

사람이 철이 든다는 것은 어떤 것일까. 학생은 학생의 본분을 다하고 자식은 자식의 도리를 다하는 것일까. 어른은 어른답고 부모는 부모답게 사는 것일까. 본분이나 도리도 기준이 모호하긴 하다.

하지만 누가 보아도 보편타당한 선을 벗어나지 않도록 애를 써야 하지 않을까. 최소한 타인의 시선과 입장을 고려하고 행동해야 하지 않을까. 아무리 시대가 바뀌어도 도리에 맞게 행동하고 예의범절과 공중도덕을 지키는 것은 당연지사가 아니겠는가.

공자는 30세를 이립(而立)이라 하여 마음이 확고하게 도덕 위에 서서 움직이는 않는다고 하였다. 물론 더는 주변 환경에 흔들리지 아니하고 몸도 마음도 스스로 설 수 있어야 한다는 의미일 수도 있다.

사람이 나이를 먹는다고 다 철이 드는 것은 아니다. 자식을 키워봐야 부모의 마음을 알고 철이 든다지만 그것도 다 맞는 말은 아니다. 사람이 철이 든다는 것은 책임을 지는 일이다. 자신의 말과 행동에 책임질 수 있다면 철이 들었다고 봐도 무방하리라.

지구촌 곳곳이 이상기온으로 철이 없어지고 있다. 사계절이 뚜렷하던 우리나라도 봄, 가을이 짧아지고 있다. 지구를 살리려는 철든 생각이 모이면 뚜렷한 사계절도 돌아오지 않을까.

낼모레가 입추다. 무더운 여름이 서서히 꼬리를 내리고 가을로 접어들고 있다. 철이 들고 있음이다.

말이 고파

오후가 되자 몸이 근질거렸다. 거실을 가득 채운 햇살은 빨리 밖으로 나오라고 채근했다. 발길은 자연스레 늘 가던 곳으로 향했다. 5분 정도 걸으면 신도림역에서 진입하는 산책로가 나타난다. 산책로를 걸으면 안양시와 서울시의 경계에서부터 한강 합류 지점까지 흐르는 안양천을 만난다. 나는 주로 영등포 수변 둘레길을 걷는다. 신정교를 거쳐 목동교까지 다녀오거나 반대 방향인 오금교 또는 고척교까지 갔다 돌아오기도 한다.

하천은 물의 흐름이 약해지고 탁해져 있었다. 산란기를 맞아 잉어들이 푸드덕거리던 지난주와 다르게 푸르딩딩한 이끼만 나른하게 떠 있다. 햇살이 뜨거웠다. 5월 중순치고는 쨍쨍한 날씨 탓에 오가는 사람들은 겉옷을 벗어 허리에 묶고 반 팔 차림이었다.

신정교 갈림길에서 가로수 그늘을 찾아 걸음을 옮겼다. 잎사귀들은 어느새 자지러지게 푸르렀다. 나무 의자에 앉아 땀을 식혔다. 녹음 사이로 발소리와 소곤대는 말소리가 미풍을 타고 한들거렸다. 할머니 두 분이 조심스레 다가오며 주춤거렸다.

"앉으세요. 쉬셨다 가세요"

나는 한쪽으로 비켜 앉으며 말했다.

"아이구 앉아도 되나."

할머니들은 남의 의자를 빌려 앉는 것처럼 미안한 기색을 보였다. 아직 끝나지 않은 코로나로 거리 두기를 의식하는 것 같았다.

셋은 나란히 앉아 눈 앞에 펼쳐진 푸르른 광경과 오가는 사람들을 감상했다. 가방을 뒤적거리던 할머니가 사탕 하나를 꺼내 옆 할머니에게 건네며 입에 넣으라고 했다.

"점심도 안 먹고 물도 안 먹고 기운 떨어지면 어쩌려고 그래. 아무리 입맛이 없어도 먹어야지"

키가 크고 몸집이 있는 할머니는 같은 걱정을 세 번이나 반복했다.

"입이 써서 아무것도 안 먹혀."

키가 작고 왜소한 할머니가 나지막한 소리로 응대했다.

키 큰 할머니는 또 한 번 같은 걱정을 하고는 문득 생각났는지 내게도 사탕 하나를 내밀었다. 계피 맛이 향긋하니 좋았다.

"어르신 쌉싸래한 봄나물이 입맛을 돌아오게 해요."

나는 참을성의 한계를 드러내며 말문을 열고 말았다.

그렇게 물꼬를 튼 대화는 물 흐르듯 흘러갔다. 키 큰 할머니는 자신의 80년의 삶을 구구절절 풀어 놓았다. 눈을 반짝이며 고개까지 끄덕이자, 신이 나서 말을 멈추지 않았다.

오십이 넘고 나는 이상한 욕구가 불쑥 일어날 때가 있다. 일면식도 없는 사람과 말을 섞게 되는 것이다. 재래시장이나 횡단보도 앞, 공원을 가리지 않고 어르신을 만나면 말을 거는 나 자신을 발견한다. 그리고는 흠칫 놀라곤 한다. 때론 어르신들이 먼저 말을 걸어오기도 한다. 그건 순전히 '제발 말을 걸어주세요' 하는 얼굴로 어르신과 눈이 마주쳤을 때 일어나는 일이다.

대개 어르신들은 누군가 말을 건네주길 기다리는지도 모른다. 용기 내 한마디 던지면 기다렸다는 듯 답변이 오는 걸 보면 그렇다. 어르신들은 맨 처음 당신 살아온 얘기로 시작해 자식 자랑을 줄줄 꺼내 놓는다. 그러면 나는 공감의 의미로 고개를 끄덕이며 적극적으로 경청한다.

어느 순간부터 나는 그런 시간을 즐기고 있는 것 같았다. 어르신들의 얘기를 듣고 있으면 야릇한 기분이 들었다. 뿌듯함, 희열감 뭐 그런 비슷한 감정들이 이는 것이다. 무거운 짐을 들어드린 것도 아닌데 뭔가 어르신 공경을 실천한 것처럼 말이다.

한 번은 목욕탕에서 옆자리에 앉은 할머니가 먼저 말을 건넸다. 밑도 끝도 없이 자식 자랑으로 훅 치고 들어왔다. 나는 기다렸다는 듯 대꾸를 날렸다. 반가운 친구를 만난 듯 한참 대화를 주고받던 그때 갑자기 튀어나오려는 말을 간신히 참았다.

'어르신 김장은 하셨어요?'

어릴 적 웃어른을 만나면 '진지 잡수셨어요?'라며 인사를 했다. 어른들끼리는 때에 맞춰 '벼는 베었냐. 깨는 떨었냐, 김장은 했냐'라며 서로 안부를 묻는 게 자연스러웠다.

나는 왜 뜬금없이 어르신의 김장이 궁금했던 걸까. 순간적인 친밀감이 내 마음의 빗장을 풀어 버린 것일까.

집에 와 생각하고 어이가 없어 큰소리로 웃었다. 그리고 참길 잘했다고 생각했다.

말이 고파지는 나이는 언제일까. 언젠가 시골집에 다녀온 남편이 내게 하소연했다. 오랜만에 만난 큰아들이 반가운 시어머니는 밥상을 차려내고 상머리에 앉아 말을 시작했다. 동네 사람으로 시작해 알지도 못하는 이웃 마을 사람의 근황까지 쉴 새 없이 늘어놓았다. 마치 고장 난 수도 같았다. 순간 남편은 현기증을 느꼈다.

"어머니, 밥이 입으로 들어가는지 코로 들어가는지 모르겠어요."

시어머니는 일주일이 지나도록 전화를 하지 않았다. 멀티가 안되는 아들의 성향을 알지 못한 시어머니나 엄마의 말고픔을 몰라 준 무심한 아들이나 매일반이다.

우리는 나이를 먹어 갈수록 주변에 사람이 없다. 장성한 자식이 떠나고 친구도 점점 멀어진다. 그렇다고 직장에서 종일 시달리다 들어 온 남편을 붙잡고 시시콜콜한 얘기를 해봤자 흔쾌히 들어줄 리 만무하다. 그러니 시장이든 공원이든 목욕탕이든 눈빛이 마주치는 순간 말을 하게 되는 것이다.

누구나 말이 고파지는 순간이 온다. 나에게 그 순간이 왔을 때 일면식도 없는 누군가라도 말을 걸어주고 내 얘기를 들어준다면 그 또한 기쁘지 아니하겠는가.

내가 어르신들에게 말을 거는 이유는 내가 말이 고파서보다 말을 고파할 것 같은 어르신들에게 먼저 다가가는 나만의 방식이다. 내가 마음을 열고 먼저 다가갔을 때 그 누구도 불편해하거나 외면한 적이 없다. 반색하며 내 손을 덥석 잡는 사람도 있었다.

언젠가 딸아이가 물었다. 왜 나이를 먹으면 모르는 사람과 얘기를 하느냐며 도무지 이해가 안 간다는 말투였다. 지금 백날 설명한들 이해시킬 수 없을 것 같았다. 너도 나이 먹어 보라고 한마디 했을 뿐이다.

나도 칠십이 되고 팔십이 되면 내 삶을 구구절절 풀어 놓을 수 있게 누군가 틈을 주면 좋겠다. 세월을 좀 아는 50대면 좋겠고 뒤돌아서서 나처럼 흐뭇한 미소를 지을 수 있는 사람이면 더 좋겠다. 누구도 그걸 주책이라고 말하지 않기를 바란다.

집으로 돌아오는 길 피식 웃음이 났다. 오늘도 또 오지랖을 떤건 아닐까. 그래도 마음은 그지없이 흐뭇하다.

길가에 이팝나무가 가지마다 새하얀 꽃을 피워물었다. 조금 전 할머니가 저 밥알 같은 꽃을 보며 입맛을 찾았으면 좋겠다.

굽은 소나무

창밖은 봄기운이 흐드러져 자꾸 시선이 창밖을 향했다. 몸도 마음도 들썩거려 휴대폰을 뒤적거렸다. 사전에 꼼꼼하게 계획을 세워 여행하는 것도 좋지만 이런 날은 발길 닿는 대로 떠나는 것도 좋다. 산으로 가볼까 하다 무서운 생각이 들어 다른 목적지를 검색한다. 호수나 한 바퀴 돌아도 좋을 듯하다. 아니다 지금은 녹음을 만끽할 수 있는 둘레길이 좋으리라.

이사 온 지 두 달이 채 안 돼 갈 곳은 많다. 이름만으로 궁금증을 불러일으키는 곳도 있지만 혼자 선뜻 나서기엔 두려움이 있다.

몇 년 전까지만 해도 나는 혼자 다니길 좋아했다. 직업상 남편이 멀리 떨어져 있어 격주로 오는 경우가 많았다. 혼자 놀아야 하는 시간이 늘고 차츰 적응해 가고 있었다. 가을볕을 지고 눈부신 제주도로 일주일간 트래킹을 다녀올 만큼 대담하고 도전적인 성향으로 발전하였다.

그러나 언젠가부터 혼자 나서기가 두려워졌다. 그것은 사패

산 여성 등산객 살인 사건 소식을 들은 후였다. 혼자 산행을 하다 보면 어느 순간 주변에 아무도 없을 때가 있다. 온통 나무들로 둘러싸여 으슥하고 고요한 정적이 흐를 때 등이 오싹하며 소름이 돋는다. 안 그래도 겁이 많은 나는 걸음을 재촉해 다른 등산객들을 따라가느라 진땀을 뺐다.

그 후부터였다. 혼자 나서기가 망설여졌다. 게다가 서울 한복판에서 일면식도 없는 사람이 폭행을 당하고 칼에 찔리는 사건이 뉴스를 통해 흘러나왔다. 나의 두려움은 더 깊어졌다.

30여 분 차를 달려 도착한 곳은 물향기수목원이다. 가족들과 두어 번 다녀간 곳으로 익숙했다. 유치원생과 어르신들이 봄 소풍을 나온 듯 삼삼오오 쉼터에 모여 간식을 먹고 있다. 쉼터를 지나 숲이 있는 곳으로 걸음을 재촉했다. 숲은 나무와 꽃과 풀들이 어우러져 도란도란 얘기를 나누고 있었다. 바로 내가 찾는 그림이다.

내가 숲을 좋아하는 이유는 아마도 어릴 적 살던 곳이 산골이기 때문일 것이다. 작은 오두막은 산으로 둘러싸여 나무가 친구이고 숲이 이웃이었다. 아침을 깨우는 까치 소리에 눈을 뜨고 온종일 지저귀는 뻐꾸기, 소쩍새 소리로 한적한 골짜기에 생기가 돌았다. 뒷동산에 오르면 빼곡한 소나무와 상수리나무가 반겨주었다.

수생식물원이라는 아담한 연못이 나왔다. 수련이 꽃을 활짝 피우고 있다. 분홍빛 꽃송이가 둥근 초록 잎 위에서 발레를 하는 것 같다. 그 사이로 잉어들이 유유히 헤엄쳐 다니고 있다. 평화로운 모습에 입꼬리가 올라갔다.

오솔길을 따라 올라가자 수국 동산이 기다리고 있었다. 아직 꽃망울을 맺지 않았지만 머지않아 소담한 꽃송이가 피어나리라. 수국은 토양에 따라 분홍, 자주, 보라 등 색색의 꽃으로 물드니 신비한 꽃이다. 어찌 보면 사람도 그러한 것 같다. 어느 환경에서 살아왔는가에 따라 빛이 달라지는 것이다.

나는 가난한 농가에서 태어나고 자랐다. 좋은 토양도 거름도 나를 받쳐 주지 않았기에 나는 어떤 꽃도 피울 수 없었다. 하지만 환경만 탓하기엔 나의 게으름과 나약함을 부정할 수가 없다.

나는 보라색 수국을 좋아한다. 빨간색의 힘과 파란색의 우아함이 합쳐진 색으로 어려서 갖지 못한 우아함과 품위 그리고 화려함을 동경하는 까닭인지도 모르겠다.

소나무 숲으로 걸음을 옮겼다. 쭉 뻗은 소나무가 울창하게 들어서 있다. 소나무는 내가 좋아하는 나무이다. 시골에 살 때 소나무는 가장 가까이 있는 나무였다. 소나무는 아낌없이 주는 나무다. 송홧가루를 받아 다식을 만들고 솔방울이나 삭정이는 땔감으로 쓰고 푸른 솔잎은 추석 송편을 만들 때, 누렇게 익어 쏟아진 솔잎은 불쏘시개로 썼다.

그뿐인가 Y자 모양의 작은 가지는 새총이 되고 큰 가지는 장항아리 뚜껑 받침대로 썼다. 곧은 몸통은 여름철 원두막의 네 기둥이 되고 나머지는 장작이 되어 겨우내 방구들을 달궈 주었다.

소나무 숲에 앉는다. 붉은 기둥 같은 소나무가 의연하게 서 있다. 나무 사이로 바람이 지나가며 진한 솔향을 풀어 놓는다.

나는 2남 5녀 중 5녀였다. 세 살 아래 남동생은 딸 셋을 낳은 후 얻은 귀한 아들이었다. 형제간 싸움을 하면 꾸중을 듣는 쪽은 나였다. 언니에게 덤빈다고 혼나고 동생을 안 봐 준다고 야단을 맞았다. 나의 욕구불만은 고집이 되었다. 미련퉁이로 구박받으며 자란 내가 부모님의 노후를 책임질 때 엄마는 '굽은 소나무가 선산을 지키는구나'라고 했다.

나는 그 말이 듣기 싫었다. 내가 굽은 소나무임을 인정하기 싫었고 혼자서 선산을 지키는 것도 버거웠다. 하지만 나는 선산을 지키는 굽은 소나무처럼 살았다.

아버지의 임종을 지키고 내 집에서 장례를 모셨다. 홀로 된 엄마의 노년을 함께했다. 돌아가시기 전 3년은 유료 요양원에서 지냈지만, 마지막 40일간 병상을 지킨 것도 나였다.

굽은 소나무라 말하는 엄마가 사라졌지만 내 마음은 곧게 펴지지 않았다. 좋았던 엄마와 나의 관계가 유종의 미를 거두지 못한 것 같은 앙금이 남았다. 관계가 좋았던 사람은 그리움으로 힘들고 관계가 나빴던 사람은 회한으로 아프다는 말이 맞는가 보았다.

소나무 숲을 거닌다. 곧게 자란 소나무들이 하늘을 향해 늠름한 기상을 뽐낸다. 수목원이라는 울타리 안에서 영양분을 듬뿍 받고 자라서인지 빛이 나고 당당하다.

우리 집 뒷산에 있는 소나무는 늠름하지 않았다. 다른 잡목에 치어 굽거나 비스듬히 자랐다. 든든한 울타리도 영양분도 없었기 때문이다. 한 번 굽은 소나무는 굽은 채로 자랐다. 기를 펴지 못하는 소나무는 나를 보는 것 같았다. 그래서 엄마가 그 사실을 확인시켜 주는 게 싫었다. 열등감이었다.

굽은 소나무 같은 나에게 울타리를 쳐주고 영양분을 준 건 남편이었다. 어려운 상황에서도 뭐든 배울 수 있게 지원하고 용기를 북돋아 줬다. 덕분에 나는 당당하게 일어설 수 있었다.

어느 날 시 한 편을 읽고 내 안에 스며있던 열등감을 내보낼 수 있었다. 구광렬 시인의 '굽은 나무가 더 좋은 이유'였다.

굽은 나무가 더 좋은 이유는 곡선이 직선보다 아름답고, 굽었다는 것은 높은 곳만 바라보지 않고 낮은 곳도 살폈다는 증표이고, 곡선이 직선보다 부드럽고, 굽었다는 것은 더 사랑하고 더 열심히 살았다는 증표라고 했다.

그 후 생각했다. '맞아 소나무 분재를 봐' 소나무 분재는 운치 있는 곡선미와 소탈한 멋을 표현한다. 곡선을 만들기 위해 철사로 수형을 잡는다. 수목의 줄기가 여러 방향으로 기울어지면서 자라는 수형을 '모양목'이라 한다. 휘어진 곡선에 따라 미를 평가한다. 직선이 아닌 곡선이 주는 아름다움을 찾는 것이다.

불현듯 고향의 소나무가 보고 싶다. 세월을 먹고 나만큼이나 단단해지고 의연해졌을 굽은 소나무가 그립고 또 그립다. 송진 같은 눈물이 맺혔다.

갈등

6월의 푸르름을 만끽하고자 친구들과 제주도를 찾았다. 제주도를 여러 번 다녀봤지만, 곶자왈 환상의 숲은 처음이었다. 숲해설가가 동행하며 자생하는 식물과 나무들을 알려 주었다. 숲은 고즈넉했다. 무성한 나무들이 아름다움을 만들어 내고 있었다. 숲해설가의 나지막한 목소리가 자연의 섭리와 신비로움을 배가시켰다. 나무들은 환경에 맞춰 키를 키우고 몸을 불리고 가지를 구부리며 적응하고 있었다. 생명을 유지하기 위해 안간힘을 쓰는 것은 사람이나 다를 바 없다는 진리 앞에 숙연해졌다.

숲이 깊어질수록 나무들이 우거졌다. 은은한 새 울음소리가 공간을 채웠다. 골짜기에 오래된 등나무가 서 있었다. 칡덩굴이 등나무를 휘감은 것 같기도 하고, 등나무가 칡덩굴을 옥죄고 있는 것 같기도 했다. 숲해설가는 갈등이라고 했다.

갈등은 칡과 등나무가 서로 얽히는 것에서 유래된 말이다. 칡은 시계방향으로 감아 올라가고 등나무는 시계 반대 방향으로 말아 올라간다. 하여 칡과 등나무 덩굴처럼 서로 뒤엉켜 일이 풀기 어려운 상태를 말했다.

어릴 적 나는 풀지 못한 갈등이 있다. 우리 집은 동네와 외떨어진 산 중턱에 있었다. 100여 미터 아래에 이웃집이 한 채 있을 뿐이었다.

아랫집은 번듯한 기와집이었다. 너른 밭뙈기와 기름진 논마지기도 있었다. 우리 집과는 비교가 되지 않았다. 동등하다면 2남 5녀를 두었고 두 딸이 외지로 나간 상태라는 것이었다. 칠 남매가 나이도 얼추 비슷했다. 다만 아랫집 아저씨는 아버지보다 열 살이 적었다.

끼니때가 되면 아랫집에선 비릿하게 생선 굽는 냄새가 나거나, 고기 누린내 섞인 고추장찌개 냄새가 올라왔다. 마치 일부러 부엌문을 열어놓은 것 같았다.

아랫집은 뽕밭을 갈아엎고 수박을 심었다. 밭고랑마다 탱글탱글한 수박들이 매달렸다. 좁은 논길로 용달차가 들락거리며 수박을 실어날랐다. 장정 서넛이 나란히 서서 수박을 던지고 받고 쌓는 일은 아슬아슬하면서 신기했다. 가끔 박자를 놓쳐 수박이 땅에 떨어졌다. 산산이 부서진 수박은 벌건 속을 드러내고 단물을 줄줄 흘렸다. 하지만 깨진 수박조차 이웃에 나누는 법이 없었다.

내가 제일 부러운 건 감나무였다. 집 주변을 둘러싸고 있는 감나무는 풍성하게 열매를 맺었다. 특히 장독대 옆에 있는 두 그루는 우리 집을 향해 있었다. 가을이 깊어지면 나무 끝에 매달린 빨간 홍시는 작은 등불 같았다. 등불은 한 번도 내 마음을 밝히지 않았다.

아래 집은 뭐든 실하게 잘 됐다. 하다못해 뒷산 밤나무도 어른 주먹만 한 밤송이가 너울너울 달렸다. 우리는 그 흔한 감나무 한 그루 없었고 몇 개 열린 수박은 껍질이 두껍고 씨가 많았다. 오래된 밤나무는 은행알보다 조금 큰 쥐 밤으로 그조차 반은 벌레를 먹었다. 이웃집으로 인해 나는 슬슬 부아가 나고 배가 아팠다.

아랫집 아저씨는 목수였다. 남의 집으로 일을 다녀오는 날은 어김없이 소동이 일었다. 와장창 유리창 깨지는 소리와 탁한 고성이 지붕을 뚫고 나왔다. 아저씬 담배를 많이 태운 탓인지 목에 가시가 걸린 듯한 소리가 났다. 문이 부서지고 부엌에서 양은 냄비 팽개치는 소리가 나면 뒷문으로 아주머니와 아이들이 후다닥 뛰쳐나왔다. 아이들은 사방으로 흩어지고 아주머니는 우리집 나뭇간에 숨어있었다.

다음날 아저씨는 아무 일 없었다는 듯 뚱땅거리며 깨진 유리창을 갈아 끼우고 부서진 장지문을 고쳐 달았다. 그리곤 며칠 안가 똑같은 주사를 부리고 아주머니와 아이들이 달아나고 이튿날 고치기를 반복했다.

아래 집은 안방과 건넌방 사이에 넓은 툇마루가 있었다. 장판이 아닌 나무로 된 바닥은 은은한 향기가 났다. 새로 들인 아래채는 대궐 같은 방이 두 개나 있었다. 누에를 키우던 방은 창고로 썼다. 구석에는 곡식을 품은 자루가 여러 개 쌓여 있었다.

아랫집은 마을에 3대 밖에 없는 흑백텔레비전도 있었다. 전기가 들어오지 않던 때로 배터리를 연결해 볼 수 있었다. 배터리는 금세 달았다.

어느 일요일 아저씨가 일을 나간 사이 언니들과 텔레비전을 보고 있었다. 갑자기 나타난 아저씨는 냅다 소리를 질렀다. 도망치듯 빠져나온 나는 두 번 다시 텔레비전을 보러 가지 않았다.

그 집 막내아들은 나보다 한 살 아래였으나 생일이 빨라 같이 학교에 들어갔다. 5학년 때는 같은 반이었다. 그 애는 키가 작고 까무잡잡하며 곱슬머리였다. 공부는 거의 꼴찌요 장난은 둘째가라면 서러울 정도로 말썽꾸러기였다. 툭하면 친구들을 때리고 여학생 치마를 들치고 고무줄을 칼로 끊고 다녔다.

어느 날 밭에서 돌아온 아버지가 변소 앞에서 역정이 나셨다. 여간해서 화를 내지 않는 아버지였다. 오줌독이 줄줄 새고 있었다. 금이 가다 못해 산산조각이 난 상태였다. 비료가 귀했던 시절로 오줌과 인분 거름이 주를 이루던 때였다.

겁을 먹은 아홉 살 남동생이 눈물 콧물 범벅이 되어 실토했다. 아랫집 형아 꼬임에 빠져 오줌독에 돌 던지기 놀이를 했던 모양이다. 삽으로 건져낸 돌멩이는 작은 삼태기로 하나였다. 아버지는 조각 난 오줌독을 파내고 다시 항아리를 묻고 판자때기로 뚜껑을 만들어 덮었다.

하루는 아랫집에 놀러 갔던 남동생이 시무룩한 얼굴로 돌아왔다. 아저씨한테 야단을 맞았나 싶었는데 형이 안 놀아준다고 가라 했다는 것이었다. 콘센트에 젓가락을 꽂으라고 시켰는데 마다했다는 이유였다. 어리지만 똑똑했던 동생은 그것만은 왠지 겁이 나서 주저하였다.

귀한 막내아들을 하마터면 저승길로 보낼 뻔한 엄마는 놀란 가슴을 부여잡고 따지러 갔다. 아랫집 아저씨는 사과는커녕 되려 언성을 높였다. 적반하장이었다. 엄마는 더는 아랫집과 왕래하지 않았다. 나도 그 애를 만날 때마다 눈을 흘겼다.

6학년이 되면서 그 애와 반이 갈렸다. 동생 일이 있고 더는 부딪히고 싶지 않았는데 내심 잘된 일이라고 생각했다.

4월이 시작되고 그 애 반 반장이 나를 찾아왔다. 그 애가 요즘 계속 결석 중이라며 무슨 일 있냐고 물었다. 그러고 보니 요즘 부엌문도 잘 열어놓지 않고 소동도 없었다.

얼마 후 그 애가 병원에 입원했다는 얘길 들었다. 엄마는 마음을 풀고 다음 날 문병을 다녀왔다.

"그 어린 것이 몹쓸 병에 걸리다니."

엄마가 혀를 찼다.

냇가엔 아카시아 꽃이 활짝 피어나 벌들이 윙윙거렸다. 학교에서 돌아오던 나는 오랜만에 그 애와 마주쳤다. 그 애는 아저씨 등에 등을 대고 업혀 있었다. 배는 커다란 풍선처럼 부풀어 있었다. 까무잡잡하던 얼굴은 창백하고 곱슬머리는 온데간데없었다. 나와 눈이 마주친 그 애는 전구처럼 반들거리는 머리를 만지며 희미하게 웃었다.

한 달 후 엄마를 따라 조문을 하러 갔다. 내가 그 애를 너무 미워해서 그렇게 된 것만 같아 사진 속 얼굴을 똑바로 볼 수가 없었다.

"우리 철이 하늘나라 갔슈."

쉰 목소리에 고인 슬픔이 눈물이 되어 흘러내렸다. 생전 울 것 같지 않던 아니 눈물 한 방울 흘리지 않을 것 같던 아저씨가 시커먼 얼굴을 일그러트리며 울었다.

"갈등이 해결되면 아름다운 숲이 됩니다."

숲해설가가 말했다.

그러고 보니 등나무와 칡덩굴은 서로를 부둥켜안고 있는 것처럼 보였다.

벗님네야

3년 전 겨울을 마지막으로 10년 넘게 지속해 오던 중학교 재경동창회를 마무리 지었다. 시간이 지날수록 동창회는 시들했다. 모이는 숫자가 점차 줄어들던 차에 코로나 19를 핑계로 마지막 모임을 했다. 한결같이 관심과 애정을 쏟던 몇몇 친구들이 아쉬워했다. 하여 마음이 맞는 친구들이 소모임을 만든 것이 '벗님네야'다.

벗님네야는 열두 명으로 매일 단톡방에서 소통을 이어가고 있다.

오십이 넘으니 새로운 친구 사귀기가 만만치 않았다. 동해에서 요양보호사를 배우며 사귄 두 친구는 이사하며 소식이 끊겼고, 회계와 컴퓨터를 함께 공부한 동료들은 수업이 끝나자마자 흐지부지됐다. 함께 있을 때는 영원할 것처럼 친분을 드러내다가 눈에서 멀어지면 바로 잊히는 것이 현실이다.

친구는 오랜 시간을 함께하며 신뢰를 쌓아야만 진정한 친구가 되는 것이다. 벗님네야도 중학교 동창이긴 하나, 대부분 같은 반을 하지 않아 교집합이 없었다. 설령 있다 해도 오랜 공백이 친분을 지운 상태였다. 카톡방에서 매일 안부를 묻고 일상을 공유하면서 서로를 알게 되고 시나브로 우정이 돈독해졌다.

친구의 소중함을 깨달은 건 몇 년 기억을 소환하지 않을 수 없다.

늦은 저녁 친구에게 걸려온 한 통의 전화는 순식간에 뼈 마디마디 나사를 풀어 놓기에 충분했다. 아무것도 할 수 없고 뜬금없는 허기가 밀려왔다. 밤새 무수한 상념과 불안으로 뒤척이다 아침을 맞았다. 해가 낮달처럼 희미하게 떠올랐다. 날씨는 제법 풀렸으나 시끄러운 속내를 대변하듯 하늘은 노여움을 품고 있었다.

S가 대장암이라고 했다. 어설프게 주워들은 바에 의하면 대장암은 증세가 없어 발견하면 이미 늦다는 말이 섬뜩하게 떠올랐다. 생각이란 곱씹을수록 심술궂어 한 줄기 희망마저 앗아가며 고약하게 굴었다. '요즘 의학이 얼마나 좋은데 괜찮을 거야' 나는 허공에 대고 혼자 중얼거렸다.

S를 만난 건 5년 전이었다. 중학교 재경동창회를 통해 알게 되었다. 초등학교를 같이 다녔지만 같은 반을 한 적이 없었다. 게다가 중학교는 남, 녀가 반이 달랐다.

40대를 막 넘기고 우연히 중학교 때 임원을 하던 친구와 연락이 닿았다. 어릴 적 친구들이 그리울 나이였다. 세 사람이 의견을 모아 재경동창회를 구성했다.

첫 모임은 성황리에 이루어졌다. 거의 30년 만에 만난 친구들은 수상쩍은 중년의 모습을 하고 있음에도 '너 옛날 그대로다'라며 허풍스럽게 반겼다.

S가 초대 회장으로 당선되고 내가 총무가 되면서 자연스레 교류가 많아졌다. 모임 장소를 정하거나 모임 관련 준비물이나 비용 등을 산출하느라 전화 통화를 해야 했다. S는 책임감 있고 경우를 아는 친구였다. 과하지 않고 중심을 지키며 모임을 잘 이끌어 나갔다.

환자복을 입고 병실 침대에 누워있는 S의 모습은 어색했다. 벅차오르는 눈물을 애써 누르며 담담하게 웃었다. S도 병실에서의 만남이 멋쩍은 듯 얼굴을 붉혔다.

S는 둘째이자 막내아들로 노모를 모시고 살았다. 시어머니를 모시던 큰아들과 큰며느리가 구박을 일삼자 S의 아내가 먼저 말을 꺼냈다.

“내가 잘 모실 자신은 없어. 하지만 구박은 하지 않을 거 아냐”

그 말이 참 고마웠다고. 세상에서 아내가 제일 사랑스럽다고 했다. 그 사랑스러운 아내는 침대 머리맡에서 긴장한 빛이 역력했다.

수술실에 들어가는 S는 대수롭지 않게 굴었다. 마치 맹장 수술이라도 하러 가는 듯 손을 흔들며 잘 다녀오겠다고 했다. 그러나 눈빛에 두려움이 묻어났다. 다만 애써 삼키고 있음이리라. 왜 안 그러하겠는가. 등에 콩알만 한 종기 하나 제거하는데도 수술실이라는 다른 세상에 들어가는 순간 의심과 두려움이 짓누르는데 말이다.

병실을 나와 집으로 가는 길에 내 의지와 상관없이 방정맞은 생각이 고개를 들었다. '구심점이 사라지면 어떻게 될까. 만에 하나….' 나는 있는 힘껏 고개를 저었다. S는 재경동창회의 구심점이었다. S가 없는 동창회는 상상이 되지 않았다.

3년 전 우리는 교통사고로 친구를 먼저 보낸 아픔이 있다. 동창회를 누구보다 사랑하고 적극적이던 친구였다. 그날의 충격은 우리의 삶을, 삶의 태도를 바꿔 놓았다. 사십 대는 삶과 치열하게 싸우며 미래를 준비할 때였다. 그러나 아무런 예고 없이 세상을 떠날 수 있음을 자각하게 했다. 앞만 보고 달리던 자신에게 잠시 쉬어 가는 법을 일깨웠다.

이별은 아프다. 추억의 그림자는 오래도록 곁을 맴돈다. 하다못해 늘 보던 나무 한 그루가 사라져도 마음이 허전하다.

몇 해 전 출근길이었다. 회색빛 구름이 낮게 드리워져 금방이라도 가을비가 후드득 내릴 것 같았다. 라디오에서 흘러나오는 느리고 눅눅한 선율은 몸과 마음을 무겁게 했다. 뿌연 안개를 헤집고 주차장으로 들어서는데 익숙하던 풍경이 새삼 낯설었다. 주차장 한편에 늠름하게 서 있던 느티나무가 밑동만 남긴 채 사라진 것이다.

"아름드리 느티나무가 말유, 뿌리가 너무 왕성해 옆집이 무너지게 생겼대유."

뜨악한 얼굴을 한 나에게 경비아저씨가 변명하듯 말했다.

나는 3년 전 이곳에서 느티나무를 만났다. 사계절 변화를 제일 먼저 알려주는 전령사였다. 연록의 잎들을 피워 올려 싱그러움으로 봄을 알리고, 짙은 녹색의 잎들은 손에 손을 잡고 한여름 열기를 식혀주었다. 초록에 지쳐 붉은빛이 감돌기 시작하면 창가를 기웃거리며 가을을 노래하고, 순백의 눈꽃을 피워 한겨울 추위를 녹여냈다.

낡은 건물의 치부를 가려주고, 바람을 보듬고 햇살을 안아주었으며, 새들의 재잘거림에 귀 기울이는 듬직한 나무였다. 힘들 때나 즐거울 때나 바라만 보고 있어도 위로가 되는 그런 친구 같은 나무였다.

가슴이 쨍하게 아려왔다. 나는 한동안 그루터기만 남은 느티나무를 그리워하며 시린 가슴을 어루만졌다.

H가 남편을 보내고 넋을 놓고 있을 때 우리는 폭우 속을 달려갔다. 아픔을 대신할 순 없지만, 같이 아파하며 그의 손을 잡아주었다. 우리 나이가 그렇듯 친구들 대부분이 부모를 보내는 슬픔을 겪었다. 그때마다 함께 슬픔을 나누고 위로를 건넸다. 그 시간이 모여 지금의 벗님네야를 굳건하게 했다.

얼마 전 복날이었다. 카톡방에 보양식을 같이 먹을 친구가 없다고 하니 삼계탕 이모티콘이 올라왔다. 그 사소한 관심이 잠시나마 외로움을 지우는 것이다.

나이를 먹을수록 두려운 건 외로움이다. 몸과 마음이 시들어가기 시작한 우리는 서로를 다독이며 함께 시들어갈 친구가 필요하다. 좋은 친구를 곁에 두려면 나의 결점을 묵인하고 친구의 결점에 촉각을 곤두세우지 말아야 하리라. 친구에게 나는 어떤 사랑을 베풀고 있는지 가끔 나를 돌아볼 필요가 있는 것이다.

숨 막히게 하던 무더위가 물러가고 선선해지면 열두 명이 한 자리에 모여 카톡에서 못다 한 수다를 늘어놔야겠다.

외발 수레와 시베리안 샤머니즘

신상성(문학박사, 서울문예디지털대학 초대총장)

1.

윤은숙 수필가의 첫 번째 수필집이 세상에 빛을 보았다. 그미는 선천적 이야기꾼 같다. 조선조 말 전국 시골 마을을 돌며 옛이야기를 들려주던 '담화꾼' 같이 재미있다. 특히 '외발 수레(한반도문학 2024년 수필 신인상)'는 대표적 명작이다. 소설 같은 이 수필은 시어머니의 일생을 압축한 스토리이다. 주제, 문체, 서사구조 등 본 수필집 전체를 관통하는 상징적 이미지이다.

윤 작가는 전통적인 시골 오두막 산골에서 2남 5녀의 시끌벅적한 형제자매들 속에서 조용하게 자랐다. 늘 한발 뒤처져 채이면서도 모든 것을 수용하며 긍정적으로 살아내었다. 가난한 농가지만 또 특별한 개성을 지닌 가족들이어서 이 수필집에는 주로 식구들 얘기가 많다. '짚 동가리 아지트'에서 그미의 문학에 대한 본능적 기질을 보여주었다.

화려한 언어 구사나 꾸밈없는 진솔한 이야기가 오히려 지루할 것 같으면서도 독자들을 끝까지 몰입하게 하는 마력도 있다. 얼핏 법정스님 문체나 일본 무라카미 하루키의 서사구조 등을 떠올리게 한다. 하루키의 문장은 덤덤한 일거식으로 흘러간다. 특별하거나 대담하거나 그런 것이 없는 평범함에도 세계적인 독자들을 거느리고 있다. 입담이 매력과 감동의 깊은 우물물을 길어 올리게 하는 것 같다.

윤 작가는 학원을 운영하면서 자녀들을 다 키우고 나서야 늦깎이 50줄에 문예창작과에 입학했다. 어려서부터 꿈꾸던 문학의 꿈을 실현시키기 위해 뒤늦은 공부를 시작했다. 그러나 뒤늦은 것이 아니고 사회적 경험을 쌓은 수련 기간이다. 오히려 어려서부터 독자적으로 자습하던 문학을 재정리하는 기회가 된 것이다.

소설가로서도 성공할 수 있는 우주적 통찰력과 시각도 엿보인다. 최근 신춘문예 당선 작가들의 평균 나이가 60대 안팎이라는 소설가협회의 통계를 보면 그미의 반백 년 체험이 박경리 같은 소설가로서 기대도 된다. 윤은숙과 같이 세상에 대해 늘 긴장과 열정을 보인다는 것은 특히 문학가들에게는 특권이자 사회적 의무이기도 하다.

최근 한국 최초의 노벨문학상을 받은 한강의 작품들(소년이 온다 등 연작)이 유난히 논란이 되고 있는 것은 바로 문학가들의 역사의식과 시대인식이다. 문장력이 아무리 화려해도 작가정신 즉 작가의 가치관과 양심의 문제이다. 작가들은 개인의식보다는 인류와 역사와 시대를 객관적으로 크게 바라보아야 한다. 한쪽으로만 치우친 외눈박이 시각의 고집은 사회의 독약이 될 수도 있다.

즉, 우주와 대자연의 섭리에 순응하고 생명을 경외하는 샤머니즘 shamanism 또는 인류적 휴머니즘이 잠재되어 있어야 한다. 세계 명작들의 공통적 유형이 바로 이러한 샤머니즘이 바탕에 내재되어 있다. 우주 최초의 경전 '天符經'에도 존재론적 인간의 정체와 가치관이 함의되어 있다.

2.

윤은숙 수필집의 일관적 주제와 철학적 배경은 시베리안 샤머니즘이다. 우주 만물에 대한 경외심이다. 윤은숙은 숲과 나무를 유난히 좋아했다. 그미가 자란 오두막집은 자연 그대로의 정신적 고향이기도 하다. 고조선의 대표적 노래 '公無渡河歌'에서 왕이 새벽에 강을 건너는 것은 생사의 요단강을 건너는 것이다.

예컨대, 윤 작가는 아버지의 죽음을 통해서 자연에 순응하는 작가의 심리 과정이 다음의 '이제는 가야겠다'에 잘 드러나 있다.

> '금혼식 날이었다. 부부가 50년을 해로한다는 건 대단한 축복이 아닐 수 없다. 몇 해 전부터 계획한 사모관대의 꿈은 물거품이 되었

지만 조촐한 생일상 앞에 가족들이 둘러앉았다. 오랜만에 아버지가 환하게 웃었다. 희망이 다시 꿈틀거렸다. 가족들이 돌아가고 밤이 되자, 아버지는 다시 외로운 싸움을 이어갔다. 일흔다섯 번째 생신을 보낸 지 열흘이 지났다. 자정 무렵 아버지가 나와 동생을 찾았다.

"내가 갖은 애를 다 써봤는데 안 되는구나. 이제는 가야겠다. 마음 굳게 먹고 있어" 아버지는 묘한 웃음을 흘리듯 웃고는 덧붙였다. "네 엄마에게 잘 해드려라" 우리가 들은 아버지의 마지막 음성이었다.

– 이제는 가야겠다

부친의 죽음을 그대로 담담하게 수용하고 자연의 섭리에 순응하는 자세이다. 물론 애통하겠지만 거부하거나 몸부림치는 것이 아니다. 우주와 자연은 또한 거부한다고 해서 거부가 되는 것도 아니다. 샤머니즘 우주적 생태계로 순환되는 것이다. 우리 한민족과 아주 유사한 바이칼 호수 시베리안 부랴트족과 같이 생사 순환 인연법으로 살아가는 지혜이다.

'밭에서 돌아온 아버지가 사돈 어르신과 사위 안부로 반가움을 대신했다. 큰언니는 가방에서 꺼낸 새마을 담배 한 보루를 아버지께 디밀고 닭 한 마리와 고등어 한 손을 엄마께 내밀었다. 나와 동생은 양말 한 켤레씩을 받아 들고 새 양말에서 나는 석유 냄새를 킁킁거렸다. 노란 보따리를 펼치자 아직 온기가 남아있는 인절미가 뽀얀 자태를 드러냈다. 엄마가 하나를 집어 내 입에 넣었다. 고소한 콩가루 향

이 입안 가득 퍼졌다’

– 다시 까치가 울면

작가는 성장 과정에서 많은 고생을 했지만 이제 5십 줄에 들어서 되돌아보면 그 가난은 오히려 인절미같이 찰진 사랑이고 향수였다. 유년 시절의 고통을 잘 수용하고 긍정적으로 살아가고 있다. 이 부분이 바로 윤은숙의 창작 씨앗이며 작가정신이 아닐까, 다음은 가장 절정이 되는 작품 ‘외발 수레’이며 한반도 문학 신인상 당선작이기도 하다.

처음 외발 수레에 고구마를 실은 시어머니는 수레와 함께 넘어졌다. 붉은 고구마가 밭고랑에 나뒹굴었다. 외발 수레 균형을 잡는 일은 시어머니의 홀로서기 같았다. 절름발이 같은 외발 수레는 작은 돌부리에도 넘어지기 일쑤였다. 마침내 외발 수레와 시어머니 삶이 균형을 찾아갈 무렵, 홍거리 마을에 사는 친정 노모가 치매 증상을 보였다. 시외할머니는 금반지를 훔쳐 갔다며 시어머니에게 종주먹을 들이댔다. 그게 시작이었다.

그 전부터 맏딸인 시어머니는 분풀이 대상이었다. 동생이 셋 있으나 맏딸인 시어머니에게만 유독 차갑고 모질게 대했다. 욕설과 악담도 서슴지 않았다. 치매는 삼 년이 채 못 되어 혼자서 끼니조차 챙기지 못하는 중증으로 발전하고 말았다. 시내에 버젓이 아들이 살고 있으나 병간호는 오롯이 시어머니 몫이었다. 산막으로 데려온 노모는 부지불식간에 당신 집으로 갔다. 기억은 가물가물해도 다 쓰러져가는 오두막은 잘도 찾아간다며 시어머닌 허공에 대고 지청구를 퍼부었다.

\- 외발수레 1

'외발 수레' 같은 시어머니의 삶을 수채화로 그린 것같이 텍스트로 살려내었다. 생생한 표현력과 설득력 그리고 심리적 기법이 탁월하다. 자칫 상투적이고 지루한 이야기를 윤 작가는 마법의 동굴 반지같이 재미있게 끌어갔다. 특별한 소재가 아닌데도 마치 법정스님(무소유), 이어령(흙 속에 저 바람 속에), 찰스 램(영국 수필가) 등의 명수필을 읽는 착각이 들기도 한다. 다음 '항아리 탈출기'는 법정스님의 '육환장' 작품과 같고, 그다음 '경찰차 타 본 여자'는 찰스 램 수필 같은 문체이다.

사실 나무 지팡이가 절실해진 것은 며칠 전 일 때문이기도 하다. 그날도 화합공원을 한 바퀴 돌고 바람개비 공원을 지나 산길을 걸었다. 낮이라 인적은 거의 없었다. 방축공원을 찍고 돌아오는 길이었다. 파크 골프장을 막 지나 산으로 들어서는데 풀숲에서 수상한 기척이 느껴졌다. 반사적으로 고개를 돌린 순간 비명을 지르며 뒷걸음질 쳤다. 뱀이었다. 짙은 녹색에 검은색 줄무늬가 있는 놈이었다.

머리가 세모꼴인지 보진 못했으나 독사임이 분명했다. 그놈은 길고 커다란 몸뚱이로 S자를 그리며 유유히 풀숲으로 사라졌다. 사르륵 나뭇잎 스치는 소리에 소름이 돋았다. 나는 어려서 산골에 살았다. 산이나 밭고랑에서 뱀을 만나는 건 예사였다. 그놈들은 겁 없이 마당이나 길로 기어 나오기도 했다 오히려 겁을 먹은 건 나였다. 뒷산 너럭바위는 특히 뱀들의 집합소였다. 뱀 허물이 늘 바위 자락에 걸려 있었다. 허연 허물은 비늘 자국이 선명하게 박혀 오싹했다.

-항아리 탈출기

옆에 있던 중년 형사가 눈을 반짝이며 알은체했다. 내 편을 만난 것처럼 반가웠다. 그 후 나를 대하는 태도가 한결 부드러워졌다. "아주머니는 학원장이고 남편은…. 여기 오실 분이 아닌데" 담당 형사가 취조실로 데려갔다. 1문 1답 식으로 즉석에서 컴퓨터 자판을 두드리며 조서를 작성했다. 완성된 조서를 내밀며 읽어 본 후 사인하라고 했다. "남의 물건 함부로 주우면 큰일납니다. 인생 공부하셨다고 생각하세요. 저 만나서 다행인 줄 아세요. 피의자 조사는 기록이 남아서 참고인 조사로 했어요"

눈물이 주르륵 흘러내렸다. 내 죄명은 점유물이탈죄였다. 두 시간 만에 건물 밖으로 나오니 그믐달이 어슴푸레 떠 있었다. 남동생은 얼마나 간을 조렸는지 얼굴이 희부연 달빛 같았다. 집에 도착하니 새벽 3시가 넘어가고 있었다. 피해 학생이 악의가 있어 현금이 없어졌다고 했더라면, 나쁜 경찰관을 만나 빨간 줄이 남기라도 했다면, 생각할수록 아찔했다. 그 후 나의 바른생활은 더 확고해졌다.

-경찰차 타 본 여자

거침없는 입담이 마치 몽골말이 황폐한 초원을 달리는 듯한 문장력이다. 독자들에게 순간이지만 깊은 인상을 주는 심층심리 기법이다, '엄마 이름 세 글자가 금방이라도 걸어 나올 것 같았다'(오빠의 검은 실타래), '미닫이문이 드르륵 간지러운 소리를 냈다' / '잘 익은 해가' / '세찬 바람에 앓는 소리를 냈다'(짚동가리 아지트) 윤은숙 문체의 특유한 생동감이다.

3.

마지막으로 작가 자신의 말을 들어보자. 그미는 무엇을 숨기려하거나 바꿔치기하려고 들지 않는다. 그냥 진솔하고 담담하다. 장점이기도 하고 단점이기도 하다. 의사들은 때로 거짓말을 잘한다. 특히 암 환자에게 '지금 이런 정도 병은 아무것도 아닙니다. 본인의 노력에 따라 얼마든지 나아질 수 있습니다. 힘내세요!'

가능성이 50% 반반의 암 환자는 본인의 운동력과 식생활 개선에 따라 실제 재생도 될 수 있다. 그러나 그냥 "당신은 이제 안돼!" 하고 싹둑 절망으로 내모는 것보다 일단 희망의 확률도 보아야 할 것이 아닌가. 문학가의 사회적 의무 가운데 하나가 바로 희망을 주는 의사와 같은 역할이다. 절망과 분노보다는 단 하루를 살더라고 행복하게 만들어 주는 장치가 문학이며 작가정신이 아닌가.

소나무 숲에 앉는다. 붉은 기둥 같은 소나무가 의연하게 서 있다. 나무 사이로 바람이 지나가며 진한 솔향을 풀어 놓는다. 나는 2남 5녀 중 5녀였다. 언니에게 덤빈다고 혼나고 동생을 안 봐 준다고 야단을 맞았다. 나의 욕구불만은 고집이 되었다. 미련퉁이로 구박받으며 자란 내가 부모님의 노후를 책임질 때 엄마는 '굽은 소나무가 선산을 지키는구나'라고 했다. 나는 그 말이 듣기 싫었다. 내가 굽은 소나무임을 인정하기 싫었고 혼자서 선산을 지키는 것도 버거웠다.

하지만 나는 선산을 지키는 굽은 소나무처럼 살았다. 아버지의 임종을 지키고 내 집에서 장례를 모셨다. 홀로 된 엄마의 노년을 함께 했다. 돌아가시기 전 3년은 유료 요양원에서 지냈지만, 마지막 40일간 병상을 지킨 것도 나였다. 굽은 소나무라 말하는 엄마가 사라졌지만 내 마음은 곧게 펴지지 않았다. 좋았던 엄마와 나의 관계가 유종의 미를 거두지 못한 것 같은 앙금이 남았다. 관계가 좋았던 사람은 그리움으로 힘들고 관계가 나빴던 사람은 회한으로 아프다는 말이 맞는가 보았다.

- 굽은 소나무

나는 퇴고를 좋아한다. 글을 쓸 때는 처음부터 끝까지 서사가 끊어지지 않게 한 번에 써나가는 편이다. 그리고 여러 번 퇴고한다. 오늘 보이지 않던 오류가 내일은 보이고, 최선인 양 썼던 오늘의 문장보다 내일 더 좋은 문장이 떠오르기도 한다. 퇴고하면 할수록 글이 좋아지는 걸 실감하고 있다.

나의 오십 년 삶도 퇴고할 수 있다면 얼마나 좋을까. 만일 가능하다면 나는 스무 살부터 글을 쓸 것이다. 치열한 삶 앞에 굴하지 않고 문학을 택할 것이다. 나의 꿈을 위해 문학의 길을 씩씩하게 걸어가리라. 흔한 풍경과 인간이 주제가 되는 소소한 이야기를 실컷 써보리라.

- 내가 꿈꾸는 문학

결론적으로 윤은숙은 '굽은 소나무'에서 어머니의 진심을 뒤늦게 깨우쳤고 '내가 꿈꾸는 문학'에서 퇴고하는 행복을 찾아냈다. 인생은 퇴고할수록 의미 있는 작가로서 존재감을 재확인하는 것이다. 헤밍웨이는 출판사에 원고를 넘기기 전에 9번을 퇴고하고 난 뒤에야 넘긴다고 했다.

'天符經(析三極無盡本)'을 다시 꺼내보자. '析三極, 無盡本(석삼극, 무진본)'이란 태극기를 보면 이 글귀가 풀려진다. 우리 민족 태극기는 세계의 국기 가운데 유난히 철학적이다. 세 가지 무늬 빨강, 청색, 황색은 하나의 둥근 원 안에 '天地人' 세 가지 상징으로 이미지화되어 있다.

셋으로 나뉘어 있지만 그 근본은 하나이다. 하나는 동시에 셋이 된다. 즉, 내가 하늘이고 하늘이 나라는 대종교의 '人乃天' 사상이며 동학과 증산도의 핵심 철학성이기도 하다.

내가 눈 뜨고 살아 있기 때문에 하늘도, 땅도 보이는 것이다. 내가 눈 감고 죽으면 사실 세상 무엇도 보이지 않는 것이다. 내가 존재하기 때문에 세상이 존재하는 것이다. 그러나 뒤집어 놓고 보면 세상은, 우주는 여전히 내가 죽으나 사나 그 근본은 변함이 없다.

따라서 인간은 더구나 작가들 본인은 그 존재가치를 스스로 재확인해 보아야 할 것이다. 굳이, 내가 왜 글을 쓰는가? 쓴다면 어떻게 써야 하는가? 하는 철학적 물음의 긴장이다. 작가의 철학은 작품의 주제이며 정신이다. 작품의 영혼이다. 주제는 작가가 독자들에게 과연 무엇을 이야기하려고 하는가? 냉엄한 자기 성찰이 있어야 한다.

이광수, 김동리, 토스토옙스키 등 세계적 문학 호걸들의 공통된 유형은 태평양 같은 주제와 샤머니즘 즉 휴머니즘이다. 바로 檀君의 5천 년 홍산문화 홍익사상이 바탕이다. 그것을 상징화시킨 것이 81자로 함축된 '天符經'이다. 한국 작가들은 특히 한민족의 근본 철학과 뿌리에 천착해야 할 것 같다,

'그래서 어쨌다는 것인가?'를 우리 작가들은 항상 명심해야 한다. 즉, 인류와 국가에 대해서 동시에 우주적 독자들에게 어떤 존재론적 의미를 줄 것인가? 긴장해야 할 문제를 우리는 윤은숙의 이번 수필집을 통해서 다시 들여다보는 기회도 될 것이다. 한국문학의 긴 지평선에서 윤은숙 작가의 감동적인 다음 작품집을 또 한 번 기대해 본다.